Stauden und Sommerblumen	Gehölze

Juli

- Zweijährige wie Bart-Nelken aussäen für die Blüte im Folgejahr
- verblühte Hochsommerstauden wie Rittersporn und Ehrenpreis zurückschneiden für eine zweite Herbstblüte
- Prachtstauden düngen und ausputzen

Gehölze Juli:
- alte Äste von Blütensträuchern entfernen
- Rosen immer wieder ausputzen, damit sich wieder neue Blüten entwickeln
- bei lang anhaltender Trockenheit gelegentlich durchdringend wässern
- gefährdete Gehölz-Arten auf Befall durch Feuerdorn kontrollieren

August

- kranke Pflanzenteile entfernen
- Blütenstauden bei Bedarf stützen oder zurückschneiden
- Risslinge, Ableger oder Tochterpflanzen abnehmen und im Topf kultivieren
- Samen von hübschen Sorten abnehmen, trocknen lassen und eintüten

Gehölze August:
- Lavendel, Heiligenkraut kräftig zurückschneiden
- Mulchschichten erneuern

September

- umgeknickte Samenstände wegschneiden, stabile Fruchtstände stehen lassen
- neue Stauden in entstandene Lücken setzen: Sie wurzeln vor dem Winter noch gut ein

Oktober

- Blätter von Iris mit einem scharfen Messer kappen
- Dahlienknollen aus der Erde holen
- einjährige Beetpflanzen ausreißen und kompostieren
- Polsterstauden bei Bedarf aufnehmen und teilen

Gehölze Oktober:
- verblühte Rosentriebe wegschneiden
- Rosen, Hortensien und andere empfindlichere Sträucher erhalten eine Laubschüttung

November

- Zwiebelblumen stecken
- Wurzel- oder Rhizomschnittlinge nach Bedarf schneiden; Weiterkultur im Kasten oder unter Folie
- Stauden, die zum Keimen eine Kälteruhe benötigen, in Töpfe aussäen und an einer geschützten Stelle im Freien aufstellen

Gehölze November:
- Laub unter die Sträucher rechen, vielleicht einen Laubkompost anlegen
- Asthaufen für die Igelfamilie aufschichten

Dezember

- kühl gelagerte Zwiebeln von Tulpen oder Hyazinthen in Töpfe pflanzen und im Zimmer antreiben

Gehölze Dezember:
- ab 4. Dezember (Barbara-Tag) Blütenzweige z.B. Kirschen schneiden, die in der Vase um Weihnachten aufblühen

Agnes Pahler

Schnell und einfach zum
Gartenparadies

Erfolgreich gestalten und entspannt genießen

Den Garten einteilen

Den Garten bepflanzen

Den Garten gestalten

Den Garten nutzen

Den Garten pflegen

Den Garten genießen

Den Garten einteilen

Lange bevor es ans Pflanzen geht, braucht der Garten ein schlüssiges, wohl durchdachtes Konzept. Die Planung muss auf die Bedürfnisse und Wünsche der verschiedenen Garten-Nutzer abgestimmt sein. Dabei ist neben den Kosten der zukünftige Pflegeaufwand zu beachten. Flexible Einteilungen des Gartens ermöglichen oder vereinfachen zukünftige Veränderungen und Anpassungen.

Den eigenen Stil finden

Mehr noch als die Wohnung oder das Wohnhaus spiegelt der Garten die Auffassungen und Vorlieben seiner Nutzer und Bewohner wider. Er zeugt von einer Vorliebe für bestimmte Pflanzen (vielleicht für Rosen oder für die mediterrane Flora) oder er spricht für eine besondere Freude am Arrangieren von Farben und Formen. Der Garten zeigt handwerkliches Können, aber auch unterschiedliche Vorstellungen vom „richtigen" Gartenbild. Während die einen zu häufig falsch verstandener Ordnungsliebe tendieren, pflegen andere bewusst die Toleranz des von Natur aus Vorhandenen bis hin zur (gewollten oder unfreiwilligen) Vernachlässigung des Gartens.

Wie soll der Garten aussehen?

Ein Garten mit seinen Bauten und seiner Bepflanzung wirkt auf Besucher und Passanten ein. Vor allem die höher wachsenden Gehölze haben eine Fernwirkung über mehrere Grundstücke hinweg, womöglich strahlen sie auf die Gesamterscheinung einer Straße oder eines Wohnviertels aus. Somit sollte man sich vor allem die Gehölzauswahl für das eigene,

Ein Bauerngarten verlangt traditionell nach einer streng geometrischen Aufteilung. Niedrige, geschnittene Buchshecken säumen Blumen- und Gemüsebeete.

meist kleine Gartenstück gründlich überlegen. Mit Ihrer individuellen Pflanzenwahl wird Ihr Garten unverwechselbar. Ist es nicht schöner zu sagen: „Wir wohnen im Bauerngarten mit der Mirabelle" oder „hinter dem blauen Zaun mit der Kletterrose" als nur die Hausnummer zu nennen?

Außerdem heißt der eigens ausgesuchte, selbst gepflanzte Baum bei jeder Rückkehr von einer Reise die Bewohner schon von weitem willkommen. Es gibt keine „richtigen" oder „falschen" Gärten, es gibt aber viele fantasielose Grünflächen. Leider wird im innerstädtischen sowie im Siedlungsbereich allzu oft einfach nur das kopiert, was man in den umliegenden Gärten wahrnimmt: Langweilige und ökologisch wertlose Säulen-Koniferen riegeln nach außen ab und umgrenzen eine

Recycling-Steine wurden für Wegbelag und Stützmauer geschickt kombiniert. Im fröhlichen Kontrast zum grauen Stein stehen die rot glasierten Einklinker, die roten Eingangssäulen und die farbkräftige Bepflanzung.

Rasenfläche, die fortwährend gejätet und gemäht wird. Dazu kommen ein paar Meter Blumenbeet im Vorgarten oder in Terrassennähe, bestückt mit einem bunten Gemisch aus dem übereilten Einkauf im Gartencenter beim Baumarkt. Gartenzeitschriften und Hochglanzbroschüren versprechen ein herrliches Bild vom üppig blühenden Garten mit reicher Obst- und Gemüse-Ernte. Bedenken Sie dabei aber immer: Das dort Gezeigte lässt sich in aller Regel nur mit einigem körperlichen, zeitlichem und finanziellem Aufwand erreichen! Beschränkt man sich auf das Notwendige, was zum eigenen Lebensstil passt, und auf das Bewährte, das Raum lässt für Experimente, dann ist der Grundstein für die Freude im und am Garten gelegt.

Vielfalt auf beschränktem Raum

Jeder Garten wirkt schön, wenn er pflanzliche Vielfalt birgt, die sich selbst bei begrenztem Platzangebot verwirklichen lässt. Je nach Lichteinfall variieren in unseren Hausgärten die Standortverhältnisse auf engem Raum: Mauern und Hauswände werfen Schatten, an der Süd- und Westseite fällt die Sonneneinstrahlung ungehindert ein, die Ostseite mag im lichten Regenschatten liegen, während Gartenbereiche an der Nordseite fast ständig feucht sind. Alle diese Zonen lassen sich mit einer geeigneten Pflanzenauswahl standortgerecht bepflanzen.

Für jeden Bereich sucht man sich passende Arten in variablen Wuchsformen und mit verschiedenen Blütezeiten aus. Zwischen einzelne dominante, hohe Gewächse setzt man Gruppen mit niedrigen, zurück-

haltenden Wuchsformen. Pflanzenlisten in guten Fachbüchern helfen bei der Auswahl, der Gartenneuling findet gute Beratung bei erfahrenen Garten- und Landschaftsgärtnern oder in einer guten Staudengärtnerei. Mit einer gezielten Artenwahl schafft man in den unterschiedlichen Gartenbereichen dauerhafte Pflanzengesellschaften, die sich über Jahre hinweg bei geringem Pflegeaufwand erhalten lassen.

Stimmige Gartenbilder kreieren

Dennoch müssen Sie von Beginn an einige grundsätzliche Entscheidungen treffen, wohin die Richtung gehen soll: Wollen Sie einen naturnahen Garten, müssen Baumaterialien, Wegebelag und Gehölzauswahl darauf ausgerichtet sein. Eine Magnolie wäre hier genauso fehl am Platz wie ein Terrassenbelag aus eingefärbten Kunststeinen. In diesem Fall entscheidet man sich eher für einen Belag aus Feinkies und einheimische Gehölze wie Felsenbirne (*Amelanchier ovalis*) oder Haselstrauch (*Corylus avellana*).

Genauso wenig passt ein natürlich geformter Teich zu einem Beet im mediterranen Stil. Der Wunsch nach einer Wasserfläche lässt sich hier mit Hilfe eines geometrisch aufgemauerten Beckens realisieren. Bei wenig Platz sorgt auch schon ein Wasserspeier an der Wand für südländisches Flair. Natursteinbeläge, eine trocken aufgesetzte Mauer und einige bepflanzte Terrakotta-Gefäße vervollständigen das Bild vom Mittelmeergarten.

Wunschträume *contra Kassensturz*

In einem zeitgemäßen Garten sollte sich der Pflegeaufwand in Grenzen halten.

Vor allem Leute, die zum ersten Mal einen eigenen Garten gestalten, nutzen und pflegen wollen, erstellen für sich eine lange Wunschliste mit Gartenelementen. Sobald die Planung konkret und die benötigten Flächen für Autostellplatz, Mülltonne, womöglich noch für Sandplatz und Wäschespinne abgezogen werden, macht sich bei den heutigen Grundstücksgrößen bald Ernüchterung breit: Der ersehnte Bauerngarten lässt sich auf wenigen Quadratmetern nicht verwirklichen, die beabsichtigte englische „Mixed Border" schrumpft auf ein kleines Blumenbeet zusammen, für den Kirschbaum findet sich kein Platz, von der Laube, vom Schwimmteich oder von ausladenden exotischen Bäumen ganz zu schweigen. Andererseits lässt sich mit Hilfe von Fantasie scheinbar Unmögliches in abgewandelter, verkleinerter Form verwirklichen: So stehen drei Spindelbäumchen stellvertretend für den Obstgarten und einige nordamerikanische Blütenstauden – kombiniert mit hohen Ziergräsern – imitieren nordamerikanische Prärielandschaften.

Geduld zahlt sich langfristig aus

Als erstes müssen Sie sich mit den vorhandenen Verhältnissen vertraut machen: Welche Gartenbereiche liegen besonnt, welche im Schatten; wie ändern sich die Verhältnisse während der verschiedenen Tages- und Jahreszeiten? Es lohnt sich, möglichst für die Dauer eines Jahres Aufzeichnungen zu machen: An der Nordseite eines Hauses mag den ganzen Winter über Schatten herrschen, während das Licht in den Sommerwochen bei hohem Sonnenstand ungehindert einfällt. Nicht zu unterschätzen sind die wechselnden Schattenwürfe von Bäumen und Sträuchern:

Der Garten dient als erweiterter Wohnbereich. Zugleich soll er Erholung, aber auch Naturerlebnisse verschiedenster Art bieten.

Die Rose 'Frühlingsgold' blüht bereits im Mai.

Im Sommer können sie wohltuende Kühle bewirken, während gerade Laubbäume im Winter das willkommene Sonnenlicht ungefiltert durchlassen. In den Boden gerammte Pfähle geben selbst auf kahlen Flächen eine Vorstellung von der Länge und der Richtung der Schatten. An diesen festgestellten Lichtverhältnissen orientiert sich die Verteilung der Gartenbereiche: Ein überwiegend im Schatten angelegtes Gemüsebeet ist zum Scheitern verurteilt, ebenso wie bestimmte Stauden und Gehölze in prallsonniger Lage versagen.

Beziehen Sie daher in aller Ruhe das Haus, stören Sie sich nicht an der vermeintlichen „Garten-Ödnis", sondern verbringen Sie eine Vegetationsperiode mit Beobachten – und mit Planen. Basierend auf den Wünschen der einzelnen Familienmitglieder (siehe Kasten rechts) können Sie abschätzen, was Sie unbedingt brauchen (oder wollen) und was zu einem späteren Zeitpunkt realisiert werden könnte. Schließlich setzen sowohl die zur Verfügung stehende Zeit als auch die finanziellen Mittel dem „Traumgarten" Grenzen.

Am Anfang steht ein gutes Konzept

Es empfiehlt sich, für den Garten ein langfristiges Konzept auszuarbeiten. Darin werden die einzelnen Gartenbereiche mit Wegen, Treppen und Mauern festgelegt. Auch der Platz für Bäume und Sträucher wird schon zu Beginn bestimmt. Ein gutes Konzept sieht bereits die auf später verschobenen Wünsche vor: Zum Beispiel kann auf der Stelle des späteren Gartenteiches zunächst für einige Jahre eine

Wunschliste für den Garten

Kinder
- ☐ Bereiche zum ungestörten Spielen
- ☐ Kletterbaum mit Baumhaus
- ☐ Sträucher zum Verstecken
- ☐ Baustelle mit Materiallager
- ☐ Hügel als Beobachtungspunkt und Startplatz für Aktivitäten
- ☐ Platz für den „Fuhrpark" (Fahrräder, Skateboard, Roller)

Jugendliche und Erwachsene
- ☐ Geselligkeit am Sitzplatz
- ☐ vor Einblicken geschützte Plätze
- ☐ sportliche Betätigung
- ☐ Element Wasser als Gartenteich, Bachlauf oder Brunnen
- ☐ bepflanzte Trockenmauer
- ☐ Naturerlebnisse: Jahreszeiten verfolgen, Vögel und andere Tiere beobachten
- ☐ Stimmungen erfahren: viele Blumen, natürliche Geräusche, Lichteinfall, Raureif

Sand- oder Kiesgrube für Kleinkinder entstehen. Die Kuhle braucht man dann nur einmal ausheben. Flexibilität ist ein Baustein guter Planung: Nicht jeder Pfad durch den Garten muss mit Beton befestigt werden. Oft genügt es, Platten und Pflastersteine in einem Splittbett zu verlegen. So lassen sich Wegbreite und Wegeverlauf leicht ändern. Das gilt erst recht für Pfade aus verdichtetem Schotter, die die einzelnen Gartenbereiche bequem erschließen.

Den *Garten* sinnvoll *gliedern*

Die konkrete Planung gleicht einem Puzzle – schließlich kommt es darauf an, die einzelnen Gartenbereiche möglichst optimal zu platzieren. Zunächst braucht der Garten eine Umfriedung in Form eines Zaunes, einer Mauer, einer schützenden Böschung oder Hecke. Als nächstes sollten Sie offene Bereiche für Grünflächen und Beete freischlagen, während geschickt angeordnete Bäume und Sträucher das Gerüst für die weitere Planung darstellen. Gehölze dürfen nicht einfach wahllos verteilt werden: Zu einer Gruppe arrangiert, formen verschieden hohe Sträucher in einer Gartenecke ein Gebüsch, während im Vorgarten oder am Rand der Grünfläche ein einzelner Baum zum Blickpunkt wird. Immer müssen Sie dabei die zu erwartende Höhe und Breite des Gehölzes berücksichtigen und sich den Schattenwurf in Abhängigkeit von Tages- und Jahreszeit vergegenwärtigen.

Die Gehölzkulisse wiederum muss optisch mit Blumenbeeten, Teich, Wegen und Terrassen in Beziehung stehen. Das Bild auf der rechten Seite zeigt, wie die Verzahnung unterschiedlicher Gartenbereiche gelingen kann: Ein Staudenbeet säumt die Wasserfläche, vom Rasen abgegrenzt durch einen einfachen Plattenweg. Im Steingarten vor dem Gartenzaun entspringt ein kleiner „Wildbach" als Verbindung zur Feuchtzone.

Ruheplätze für Jung und Alt

Die meisten Gartenbesitzer wünschen sich Sitzplätze am Haus für gesellige Runden, aber zugleich Ruheplätze im Garten (siehe Seite 130/131). Leben Kleinkinder mit Ihnen im Haus, sollten Sie einen Spielbereich in unmittelbarer Hausnähe vorsehen, wo ständiger Hör- oder Sichtkontakt besteht. Dagegen entziehen sich Schulkinder gerne im Gebüsch, in selbst gebauten Lauben, Hochsitzen und Baumhäusern den Blicken der Erwachsenen. Bei den Jugendlichen sind große, befestigte Flächen begehrt, wo sie die Tischtennisplatte aufstellen, am Fahrrad herumbasteln oder Figuren auf dem Skateboard üben können.

Ein eigenes Reich für den Küchengarten

Dem relativ arbeitsintensiven Nutzgarten sollten Sie seinen eigenen, umgrenzten Bereich zuweisen. Er braucht einen gut befestigten Zugang, damit man selbst bei widriger Witterung sicher und trockenen Fußes dorthin gelangt. Außerdem müssen die Wege breit genug sein, um sich mit der Schubkarre darauf bewegen zu können. Der Kompostplatz oder die Komposttonne sollte am Rand des Wirtschaftsgarten liegen. Hier fallen regelmäßig Abfälle an, und der verrottete Kompost wird später am häufigsten für die nährstoffbedürftigen Gemüsebeete benötigt. Kräuter allerdings möchte man in Hausnähe ernten. Allzu oft wird unter Zeitdruck gekocht, und so unternehmen Koch oder Köchin den Gang zum Kräuterbeet nur bei geringer Entfernung. Im Idealfall wachsen die wichtigsten Küchenkräuter in unmittelbarer Nähe zur Küche, gleich neben der Tür ins Freie oder am Rand der Terrasse, wo man sie auch ohne festes Schuhwerk vom befestigten Weg aus ernten kann.

Von der Terrasse aus streift der Blick über ein vielfältiges Gartenreich mit trockenen und feuchten, vollsonnigen und schattigen Zonen.

Verjüngungskur für alte Gärten

Einen guten Plan brauchen Sie ebenso bei der Umgestaltung eines bestehenden, eingewachsenen Gartens: Zu hohe, zu dicht stehende Bäume nehmen Pflanzen und Menschen Raum und Licht. Der starke Schatten lässt kaum noch Unterbewuchs zu und der Garten lockt nicht mehr zum Aufenthalt im Freien. Anstelle eines rigorosen Kahlschlags heißt es hier behutsam vorgehen: Unter maßvollem Auslichten sollte ein Teil des alten Bestandes erhalten bleiben. Dies hat den Nachteil, dass sich die Eingliederung neuer Elemente am Bestehenden orientieren muss. Andererseits bedeutet es eine Chance, wenn die Umgestaltung am bereits vorhandenen grünen, lebendigen Hintergrund anknüpfen kann.

Nicht nur Bäume oder Sträucher verdienen den Erhalt, sondern ebenso markante Bauten wie ein schmiedeeiserner Zaun, Lauben aus Holz oder Klinkermauern, die mit ihren Verwitterungsspuren von der individuellen Gartengeschichte zeugen. Kritisch zu bewerten sind dagegen alte Beläge: Abgesenkte und gegeneinander verschobene Platten ergeben gefährliche Stolperstellen. Solche schadhaften Beläge müssen im Zuge einer Gartenumgestaltug erneuert oder ausgebessert werden.

„Wechseljahre" eines Gartens

Alter Garten

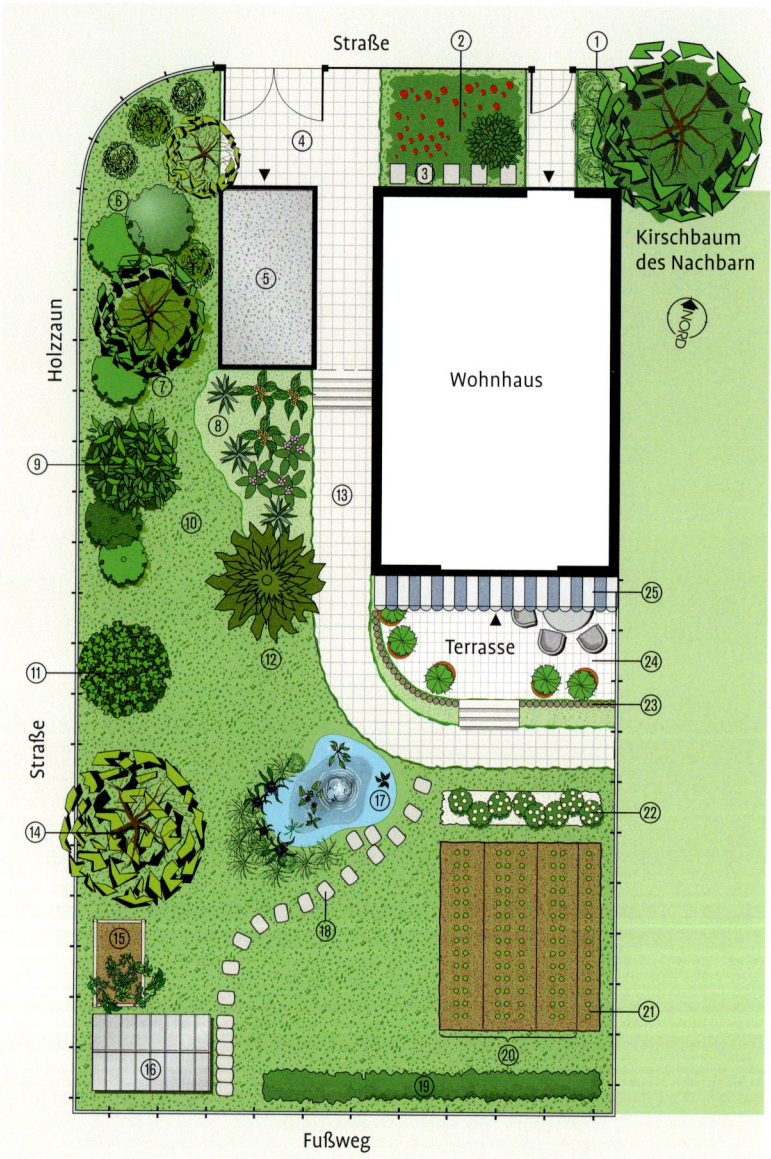

(1) Stark verschatteter Gehölzbereich mit Japanischen Azaleen – (2) Stechpalme und im lichteren Bereich Beetrosen – (3) Trittplatten aus Waschbeton – (4) Betonpflaster – (5) Flachdach mit Kiesauflage – (6) Dickicht aus Essigbaum, Pfeifenstrauch, Wacholder, Säckelblumen – (7) Flieder und Forsythie – (8) Prachtstaudenbeet mit Päonien, Sonnenhut, Rittersporn, Polster-Phlox und Herbst-Astern – (9) Hochgewachsene Esche – (10) Rasen – (11) Rotdorn – (12) Fichte (ehemaliger Weihnachtsbaum) – (13) Plattenweg – (14) Apfelbaum – (15) Kompostplatz – (16) Gartenhaus – (17) Teich mit Sumpfzone und Sprudler – (18) Trittplatten im Rasen – (19) Niedrige, streng geschnittene Fichtenhecke – (20) Gemüse- und Erdbeerbeete – (21) Himbeeren – (22) Dahlienbeet – (23) Holzpalisaden beginnen auszubrechen – (24) Terrasse mit bepflanzten Terrakotta-Töpfen – (25) Markise

Umgestalteter Garten

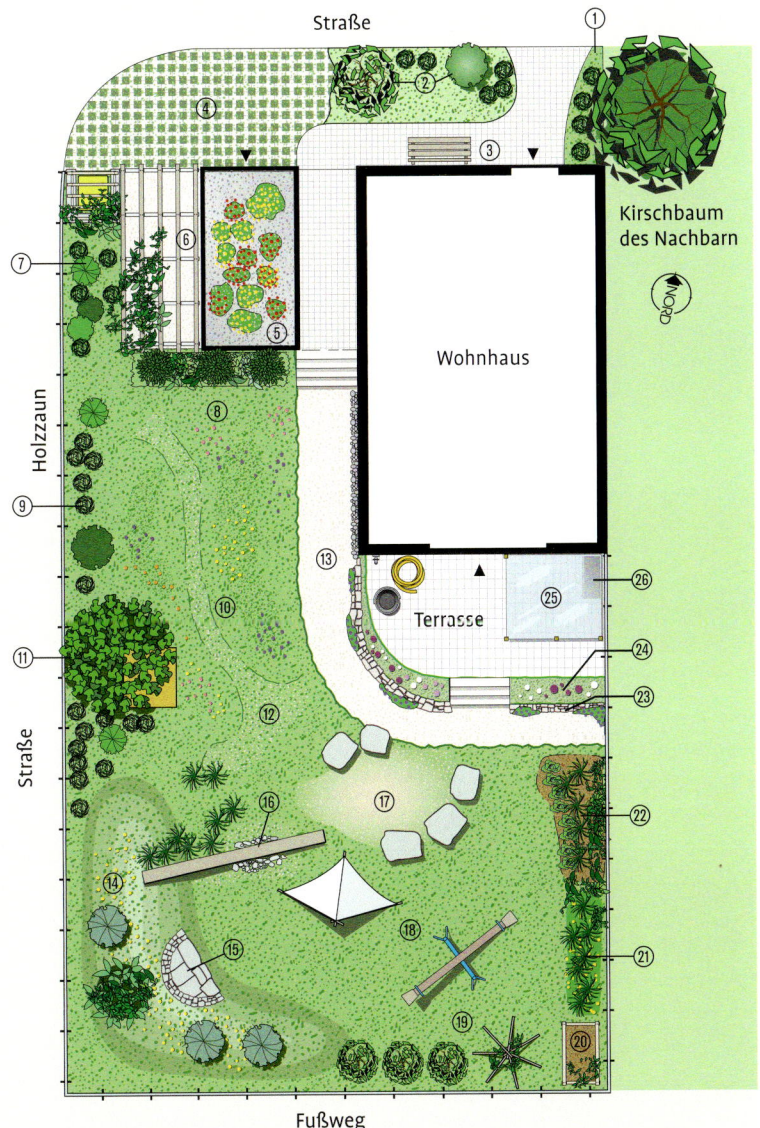

(1) Kirschbaum wurde gekappt und ausgelichtet, Unterpflanzung aus schatten- und trockenheitsverträglichen Stauden – (2) Felsenbirne und Duft-Schneeball – (3) Betonplatten wurden durch Kleinsteinpflaster ersetzt, Bank – (4) Entsiegelte Fläche mit Rasengitterplatten, Zaun und Tor wurden entfernt – (5) Flachdach mit Dachbegrünung – (6) Carport mit Splittbelag unter offener Holzpfettenkonstruktion – (7) Schmales Beet für Rankpflanzen wie Clematis, Wisterie, Prunkwinde – (8) Drei Kiwi-Pflanzen und eine Weinrebe – (9) Niedrige Besenginster (mit Blüten in Weiß und Rot) und zwei Kartoffel-Rosen ('Moje Hammarberg') – (10) Wiesenfläche mit Pfad zum Betreten – (11) Der alte Rotdorn erhält Schnüre zum Hochhangeln sowie ein Holzpodest als Baumhausersatz – (12) Schotterbelag mit jährlich wechselnder Rohbodenvegetation – (13) Verdichteter Splittbelag, entlang der Hauswand Kiesschüttung – (14) Wall als Sichtschutz, Steingartenpflanzen zwischen Schotter und Tuffsteinen – (15) Steinbank – (16) Schotterbeet mit darüber führendem Balancierbalken – (17) Offener Sand- und Kiesplatz mit Sitzsteinen – (18) Sonnensegel als Schattenspender, Wippe – (19) Ein Birnen- und zwei Apfelkordons, Platz für ein Bohnenzelt – (20) Kompostmiete – (21) Beerensträucher, Unterpflanzung mit Einjährigen – (22) Kleines Beet für Schnittsalate und Kräuter – (23) Natursteinmauer mit Polsterpflanzen am Fuß der Mauer – (24) Schmales Beet mit der dornenlosen Rose 'Königin von Dänemark', der stark duftenden Englischen Rose 'Othello' und einem Rosenhochstamm ('Rosarium Uetersen') mit Unterpflanzung – (25) Leichte Stahlkonstruktion mit Plexiglas-Eindeckung und Schattiergewebe – (26) Geräteschrank

Modellieren mit Erde

Das flexibelste und zugleich preiswerteste Gestaltungsmittel für den Garten ist Erde. Dieses ausgezeichnete Baumaterial ist leicht zu formen und es lässt sich begrünen. Bei Gärten am Hang sind Erdbewegungen zwangsläufig erforderlich, in der Ebene dagegen erscheinen Modellierungen zunächst unnötig. Dennoch eröffnet das Ausformen eines Reliefs viele Möglichkeiten: Ein welliges Gelände mit Hügel und Senken schafft für sich allein optische Anreize; Böschungen bilden fließende Übergänge zum Haus. Zur Grundstücksgrenze hin ergeben Böschungen einen weichen Abschluss. Der Erdwall dient hier als Sicht- und Windschutz, in entsprechender Höhe aufgebaut kann er Lärm abschirmen. In jedem Fall birgt der Erdwall ästhetische Qualitäten: Er gibt dem Gartenraum eine Kontur, die durchaus bewegt, also in unterschiedlichen Höhen und Breiten verlaufen darf.

Wie man mehr Fläche erhält

Sanft ausgeformte Mulden und Hügel vergrößern die Gartenfläche: Zum einen hat man rein rechnerisch mehr Pflanzfläche zur Verfügung, zumal die Flächen je nach Neigung und Ausrichtung unterschiedlich viel Licht und Schatten erhalten. Dadurch entstehen verschiedenartige Standorte für die Pflanzen. Zum anderen sorgt die Modellierung optisch für eine Erweiterung des Gartenraumes, indem der Blick über die Mulden hinweg zu benachbarten Flächen gleitet. Von verschiedenen Blickwinkeln aus betrachtet, sorgt der Garten immer wieder für Überraschungen. Selbst im kleinen Reihenhausgarten macht sich dieser Effekt bemerkbar, bereits ein etwa 1 m hoher Wall vermittelt ein Gefühl von Behaglichkeit. Für Kinder sind schon kleinste Erhebungen gute Beobachtungsposten, und die Ausformungen regen zu verschiedenen Bewegungsspielen an.

Setzt man auf den Wall noch einige Sträucher, so erreicht man einen noch besseren Schutz vor Wind und unerwünschten Einblicken. Es müssen allerdings robuste, trockenheitsverträgliche Arten sein, die nicht zu groß werden, damit die Dimensionen gewahrt bleiben. Besenginster (*Cytisus*), Sanddorn (*Hippophae*), Blasenstrauch (*Caragena*) und Säckelblume (*Ceanothus*) sind geeignete Sträucher für die Gartenböschung, da sie licht bleiben und nicht abriegeln. Lärm allerdings schirmt eine derart bepflanzte Böschung nicht ab.

Barrierefreie Kieswege verlaufen über sanft geschwungene Böschungen und vermitteln ein natürliches Bild.

„Styling" schon beim Hausbau

Eine Modellierung des Gartengeländes sollte immer zusammen mit dem Hausbau erfolgen – zu einer Zeit also, wenn alle Entscheidungen zur Aufteilung und Ausstattung des Hauses anstehen. Die Gartenplanung erscheint in dieser Phase leider oft erst als nachrangiges Problem. Dennoch ist rechtzeitiges Agieren gefragt, denn in einem bestehenden Garten ist eine Bodenmodellierung logistisch kaum mehr durchzuführen. Zu teuer käme auch das erforderliche Abtransportieren von Erde beziehungsweise der Ankauf von Material wie Sand, Kies oder Schotter.

Es ist kostengünstiger, auf der Baustelle mit dem vorhandenen Unterboden zu arbeiten, von dem durch den Kelleraushub ohnehin reichliche Mengen vorhanden sind. Die Modellierung erspart also zugleich die Deponiekosten. Der belebte, durchwurzelte Oberboden wird dafür vorsichtig abgetragen und an geschützter Stelle gelagert.

Am besten bespricht man sich mit der Firma, die den Erdaushub für das Haus vornimmt und lässt vom Baggerführer gleich die Grobmodellierung vornehmen. Dabei sollte aber der Bauherr oder ein beauftragter Garten- und Landschaftsbauer die Regie nach einem zuvor ausgearbeiteten Plan führen.

Wichtig ist, dass bei dieser Rohplanie das Material nur jeweils in 30 cm dicken Schichten aufgetragen und anschließend immer wieder verdichtet wird. Falls im Gegenteil nur einmal zum Schluss verdichtet wird, besteht die Gefahr, dass die Hänge abrutschen.

Böschungen dürfen nicht steiler aufgebaut werden, als es dem natürlichen Schüttwinkel entspricht: Das bedeutet bei einer Höhe von 1 m, dass der Sockel 1,5 m breit sein muss. Für eine Rasenböschung empfiehlt sich sogar nur eine Steigung von 1:3, damit man ungefährdet mähen kann. Schmaler lässt sich die Böschung aufbauen, wenn sie an einer (meist der nach außen weisenden) Seite durch eine senkrechte oder auch abgestufte Mauer gestützt wird. Die Böschung kann dann in den Garten hinein sanft auslaufen.

Mit Formen spielen

Macht eine Hanglage ohnehin eine Böschung notwendig, hat sich der gestalterische Trick bewährt, die obere Hangkante und den Hangfuß zusätzlich auszumulden. Die obere Kante wird höher gezogen, als es die Hangneigung erfordert. Dadurch wirkt der Geländeverlauf gefälliger und die räumliche Wirkung steigert sich beträchtlich.

Bei Terrassen an abschüssigen Hängen bietet es sich an, eine Vertiefung in die Hanglinie zu formen. Der Ausgang in den Garten liegt dann weniger offen. Flankierend aufgeschüttete kleine Wälle oder seitlich aus dem Hang tretende Mauern verbessern den Schutzeffekt, sodass ein windgeschützter Aufenthaltsbereich im Freien entsteht.

Das „Rahmenprogramm"

Rustikal und zweckmäßig: Holzzäune

Ein Holzzaun schafft eine lichte, freundliche Barriere. Darüber hinweg lässt es sich herrlich zum Thema Gartenarbeit fachsimpeln. Zaunlatten gibt es in unterschiedlichen Profilen in jedem Baumarkt zu kaufen. Individueller wirken selbst zugeschnittene Bretter oder mittig gespaltene Äste: Jedes Stück sieht anders aus und altert unterschiedlich. Holz unterliegt der natürlichen Verwitterung und braucht daher eine geeignete Imprägnierung. Schon beim Bau sollten Sie darauf achten, dass die Latten nicht den Erdboden berühren, damit keine Nässe eindringen kann, die zu Fäulnis führt.

Zeitlos schön: Stabgitter

Glücklich, wer einen älteren Garten mit einem nostalgischen Zaun aus Schmiedeeisen übernehmen konnte. Solche herrlichen Handwerksarbeiten überdauern Generationen, wenn sie von Zeit zu Zeit von Rost befreit werden und einen neuen Anstrich erhalten. Schmiedeeiserne Zäune markieren eine zwar durchsichtige, aber dennoch feste, in den Boden eingelassene Barriere. Während sie dem Passanten Distanz signalisieren, dürfen Stauden, Wildblumen und Bodendecker die Grenze ungehindert passieren. Kunstschmiede fertigen auch heute noch derartige Zäune nach persönlichem Wunsch und maßgenau an.

Akkurat, aber lebendig: Formschnitthecke

Eine streng geschnittene Hecke schützt das Grundstück vor unerwünschten Einblicken. Allerdings darf so eine grüne Wand ein Grundstück nicht einmauern und übermäßig beschatten. Der Blick nach draußen muss zumindest an einigen Stellen gewährleistet sein. Eine gute Lösung stellen unterschiedlich hohe Heckenwände dar. Aus dem Gartenraum darf sich ein schönes Blütengehölz über die Hecke hinweg frei entfalten. Es stört nicht, wenn einzelne Äste in Richtung Gehsteig herausragen. Schnittverträgliche Laubgehölze wirken lebendiger als Säulenkoniferen.

Ideen für Sie: Das „Rahmenprogramm"

Im Gartenland England betrachtet man schützende Mauern als wesentliches Element der Gartengestaltung: Sie schirmen kalte Winde ab und speichern die Wärme des Tages, sodass in ihrem Schutz empfindsame Gewächse gedeihen. Im Gegensatz dazu betrachtet man Mauern, die einen Garten umschließen, hierzulande als mehr oder weniger gelungene architektonische Notwendigkeit in bestimmten Wohnsituationen. Fassaden, die Gartenhöfe umgeben, verbindet man eher mit abweisender Kühle und zu viel Schatten. In Reihenhaussiedlungen und Wohnblöcken schirmen häufig Mauern die Privatsphären voneinander ab. Im Sommer können sich stark erhitzte Mauern sogar problematisch auf die Pflanzen auswirken. Dazu kommt die anhaltende Trockenheit am Fuß der Mauer.

Die Mauern können ganz unterschiedliche Gesichter zeigen: Sachlich modern, aber etwas nackt und öde präsentiert sich die schlichte Betonwand.

Schattenverträgliche Stauden und Gehölze sorgen für Atmosphäre im ummauerten Hof.

Mit Holzschalung hergestellter Sichtbeton ergibt einen neutralen Hintergrund, der sich nach Belieben einfärben lässt. Wem Beton zu nüchtern oder zu kalt erscheint, mag sich für eine vorgemauerte Verblendung aus Naturstein entscheiden. Vorgefertigte Kunststein-Elemente, die inzwischen behauenem Naturstein täuschend ähnlich sehen können, gibt es in Baustoffhandlungen zu kaufen. Das ist bedeutend günstiger, als wenn für eine Natursteinmauer jeder Stein extra zurecht gehauen wird. Diese arbeits- und kostenintensive Variante belohnt dafür mit einem natürlichen, abwechslungsreichen Anblick.

Behaglich oder postmodern?

Wärme und Behaglichkeit strahlen aufgemauerte Wände aus Klinker aus: Das angenehme Ziegelrot harmoniert mit den Grüntönen der Vegetation. Rankhilfen lassen sich leicht anbringen. Zum Schutz vor rascher Verwitterung empfehlen sich leicht überstehende Mauerabschlüsse aus Steinplatten oder Zinkblech.

Wer es gern exklusiv mag, kann eine Mauer aus Cortenstahl errichten: Dieses neuartige Material rostet nur oberflächlich, während die Substanz (im Gegensatz zu Eisen) nicht angegriffen wird. Die rostfarbene Oberfläche fügt sich gut in die Vegetation ein und das in der Anschaffung teure Material ist unverwüstlich.

Die grüne Holzpergola entlang des Zugangsweges schützt die eng stehenden Häuser vor neugierigen Einblicken, wirkt aber dennoch licht.

Ein offenes Rankgitter schließt die kleine Garteneinheit ab.

Gliedern und trennen: *grüne Vorhänge*

Geeignete Kletterpflanzen werden auf Seite 48 bis 51 vorgestellt.

Wo eine Mauer zu wuchtig erscheint und der Platz nicht für eine Hecke ausreicht, lassen sich mit Hilfe von Rankgerüsten Gartenräume gliedern. Sie benötigen nur wenig Platz und wirken trennend oder bei Bedarf abschirmend, ohne jedoch abzuschließen. Die Bepflanzung sollte nicht zu dicht wuchern, damit die Konstruktion mit ihrer Geometrie sichtbar bleibt. Die gemütliche Laubenstimmung lebt davon, dass Licht durch das Blattwerk einfällt.

Zu den prägenden Elementen eines Gartens zählt eine sorgfältig platzierte Pergola: Sie kann die Grundstücksgrenze markieren, den Autostellplatz abtrennen, den Sitzplatz einrahmen oder Zugangswege begleiten. Für die Konstruktion eignen sich Rund- oder Kanthölzer, die man fertig zugeschnitten im Baumarkt kaufen kann. Wichtig ist, dass das Holz nicht mit feuchtem Erdreich in Berührung kommt. Daher werden die senkrechten Pfosten mit Hilfe eines Metallschuhs im Boden verankert. Zwischen Holz und Boden muss etwa 20 cm Abstand bleiben. Schön wirken aufgemauerte Stützpfeiler oder Naturstein-Monolithen. Das kostet Geld und kommt nur in einem größeren Garten so richtig zu Geltung.

Laubenwirkung durch Bögen und Rankgitter

Bei beschränktem Raum bieten sich als aufgelockerte Alternative einzeln stehende Bögen an. Schon zwei oder drei Bögen schaffen die Illusion eines Laubenganges. Das Holz dafür kann eckig geformt sein, aber es sind auch jochartig gebogene Balken im Angebot. Das Holz wird massiv oder mehrfach verleimt verwendet.

Stimmungsvoll wirkt ein einzelner Torbogen, zumal wenn sich daran Kletterrosen und *Clematis* ineinander weben. Weil so ein berankter Bogen einen besonderen

Blickpunkt darstellt, sollten Sie auf eine gute handwerkliche Ausführung achten. Witterungsbeständige, aber leicht wirkende Konstruktion bestehen entweder aus feuerverzinktem und pulverbeschichtetem Metall oder aus Edelstahl bzw. aus nur oberflächlich rostendem Cortenstahl. Unentbehrlich für Kletterrosen sind leiterartige Querbalken, zwischen denen sich die Triebe durchspreizen können.

Eine weitere, Platz sparende Variante stellen Metallsäulen und -pyramiden dar. Stabil gebaut, können sie mit Gehölzen wie etwa nicht allzu wüchsigen Rosen begrünt werden. Zierlichen Konstruktionen und hölzernem Flechtwerk sollte man dagegen nur einjährige, krautige Schlinger und Ranker zumuten.

Auf Balkonen und Terrassen genügt oft ein temporärer „Paravent". Hier bieten sich frei stehende Treillagen an. Die Gitter aus Holz oder Metall lassen sich in einem Beet verankern oder sind über einem Pflanztrog angebracht. Rasch wachsende Einjährige sorgen innerhalb weniger Wochen für einen hübschen Vorhang, der mit dem Ende der Saison auf dem Kompost entsorgt wird.

Spaliere: stabil und witterungsbeständig

Gut überlegt sein will ein Rankgitter an der Hauswand. Zum einen verlangt die Aufhängung für Drahtgeflechte, Baustahlgewebe und Spannschnüre zahlreiche, fest verdübelte Bohrungen an der Außenwand. Das Rankgitter darf zudem keine Verlegenheitslösung für architektonische Mängel darstellen. Schließlich bedeutet ein zugegeben dekoratives Obstspalier einen erheblichen Arbeitsaufwand! Entscheiden Sie sich für ein Spalier, sollten Sie eine schöne, dauerhafte Konstruktion aus einwandfrei verarbeitetem Holz oder aus Edelstahl wählen.

Rank- und Gitterkonstruktionen

Form	Material	Bepflanzung
Pergola	Holz, Stahl, Stein für die Pfosten (Auflage aus Holz)	Klettergehölze: Weigelien, Duft-Geißblatt, Weinrebe, Clematis, Kiwi, Pfeifenwinde
Bogen, Bogengang	Holz, Metall	Rosen, Clematis, staudige Rankpflanzen
Spalier	Holz, Metall, waagerechte Spanndrähte	Obstgehölze: Birne, Apfel, Quitte, Weinrebe
Rankhilfe	Baustahlmatte, senkrechte Spanndrähte	Kletter-Hortensie, *Clematis*-Arten
Treillage	Holz- oder Metallgitter	kurzlebige Kletter- und Rankpflanzen wie Duftwicke, Kapuzinerkresse, Feuer-Bohne, Prunkwinden, Schwarzäugige Susanne, schwachwüchsige Clematis
frei stehende Säule	Metall, Flechtwerk	

AUF EINEN BLICK

Wege, Treppen und Terrassen

Wird ohne Beton verlegt, lassen sich Beläge besser den sich wandelnden Bedürfnissen anpassen: Man kann bei Bedarf Steine aufnehmen oder hinzufügen und den Verlauf von Wegen verändern.

Befestigte Flächen benötigt man bei Zugangswegen, Stellplätzen und nicht zuletzt für Aufenthaltsbereiche, auf denen Gartenmöbel stehen sollen. Sie werden noch vor der Bepflanzung der Beete und vor der Rasenansaat angelegt. Die Kosten dafür sollten Sie nicht unterschätzen und entsprechend mit einplanen! Da man von Wegen, Terrassen und Treppen Dauerhaftigkeit erwartet, müssen Sie sich über ihren Verlauf, die Art ihrer Ausführung und das Baumaterial rechtzeitig Gedanken machen. Die meisten Hobbygärtner verfügen nicht über die erforderlichen handwerklichen Fähigkeiten oder das nötige Zeitkontingent. Zusätzlich werden für den Wegebau Maschinen benötigt, die nicht jeder bedienen kann. Daher bietet es sich bei diesen aufwändigen und körperlich anstrengenden Tätigkeiten an, einen Fachbetrieb des Garten- und Landschaftsbaues zu beauftragen. Diese gut ausgebildeten Fachkräfte sind in der Lage, mit hochwertigen Materialien „schön" und gleichzeitig dauerhaft zu bauen. Auf diese Weise haben Sie die Garantie für eine handwerklich korrekte Ausführung. Außerdem unterliegt der Betrieb einer Gewährleistungspflicht.

Vor- und Nachteile verschiedener Naturstein-Beläge

Mit Naturstein lassen sich besonders ansprechende und langlebige Oberflächen erstellen. Von der Härte des Gesteins hängt die Art der Bearbeitung ab: Besonders hart (und kostspielig) sind Gneis, Porphyr und Quarzit, die meist mit bruchrauer und dadurch unregelmäßiger Oberfläche angeboten werden. Ebenfalls zu den Hartgesteinen zählen Granit und Basalttuff, die meist mit gesägter Oberfläche erhältlich sind. Die bruchraue, griffigere Oberfläche ist besser zu begehen, während glattere, gesägte Oberflächen schnell rutschig werden. Polierte Materialien scheiden aus diesem Grund für Beläge im Freien von vornherein aus. Unter den Weichgesteinen lässt sich Schiefer noch recht gut spalten, während Kalk- und Sandstein im Steinbruch gesägt werden. Alle Natursteinoberflächen wirken durch die natürliche Struktur und die leicht unregelmäßige Färbung sehr lebendig.
Baustoffhändler bieten die unterschiedlichsten Formate an: Die Platten werden entweder mit unregelmäßigen Kanten belassen und polygonal verlegt. Das erfordert vom ausführenden Betrieb einiges Geschick, damit die Fugen nicht zu groß ausfallen. Jeder Anschluss wird individuell zurecht gehauen oder man zwickelt die freien Flächen zwischen den größeren Platten mit einem kleineren Stein aus.
Gern werden neuerdings farbig glänzende Keramikelemente zwischen einfarbige Platten oder Pflastersteine eingestreut. Interessant gemusterte Flächen ergeben sich durch exakt gesägte Steinformate, deren Längen und Breiten rhythmisch abwechseln.

Konzentrische Ringe aus Pflastersteinen in unterschiedlichen Größen ergeben ein gefälliges Muster.

Der Aufwuchs in begrünten Fugen lässt sich bei Bedarf mähen.

Kunststein: Vielfalt bestimmt das Angebot

Die Baustoffindustrie fertigt eine riesige Produktpalette an preisgünstigen Betonsteinen an. Manche der so genannten Kunststeine lassen sich tatsächlich kaum vom natürlichen Produkt unterscheiden – und erreichen damit fast das Preisniveau von Naturstein. Steine aus blankem Beton finden in Gestalt der Rasengittersteine oder als Lochsteine Verwendung. In die Perforierung wird ein Erde-Sand-Gemisch eingefüllt, sodass darin Gräser und Kräuter wachsen können. Dadurch entsteht eine durchgrünte, aber dennoch stabile, befahrbare Fläche für Auffahrten, Stellplätze und temporäre Sitzplätze, die den Boden nicht versiegelt.

Für Pflaster- und Plattenwege bieten sich Produkte mit veredelter Oberfläche an: Das kann eine geschliffene, sandgestrahlte Oberfläche sein, die den Beton „farbiger" erscheinen lässt. Darüber hinaus gibt es neben komplett durchgefärbten Produkten (in allen erdenklichen Farben) Steine mit aufgepresstem, farbigem Splittvorsatz. Baustoffhändler zeigen auf ihren Ausstellungsflächen eine enorme Vielfalt, aus der sich nach Belieben gestaltete und gemusterte Flächen zusammenstellen lassen. Erste Wahl ist hier ein schlichtes Format, das allein durch sein regelmäßiges Fugenmuster einen schönen grafischen Effekt erzielt.

Pflaster und Platten werden grundsätzlich über einem verdichtetem Baugrund verlegt, auf den eine 20 bis 25 cm starke Tragschicht aus Kies-Sand-Gemisch oder Schotter aufgebracht wurde. Ausgleichsschicht und Fugenfüllung bestehen am besten aus Sand. Das beliebte Ausmörteln bringt keinen Vorteil, da früher oder später Risse entstehen, durch die Wasser eintritt. Im Winter friert der Belag dann auf. Ebenso braucht es keine betonierte Randkante – das Verzahnen von Vegetation und Belagsfläche ist erwünscht.

Die gewählten Materialien für Wegebelag, Legstufen und Mauern müssen miteinander harmonieren. Schön wirkt es, wenn im Garten durchgehend das gleiche Material verwendet wird.

Den Garten **einrichten** und **erschließen**

Ebenso wie ein Wohnhaus lässt sich ein Garten in einzelne Räume gliedern, und die Bewohner staffieren sie nach Bedarf und Belieben aus.

Neben Grünflächen, Blumenbeeten, Hecken und Gehölzen besitzt ein Garten eine Reihe behaglicher, nützlicher oder unumgänglicher Elemente. Die Kunst der Gartengestaltung besteht darin dies alles – von der Sandkiste bis zur Wäschespinne, vom Kirschbaum bis zur Kräuterspirale – sinnvoll zueinander anzuordnen. Bei den Gartenneulingen führen Gartenteich und Gartenlaube die „Wunschliste" an. Beides bedeutet einen erheblichen Aufwand an Material und Geld. Bevor die Entscheidung für eine nicht befriedigende Sparlösung fällt, verschieben Sie die Investition besser um ein paar Jahre. In der Zwischenzeit können Sie Informationen sammeln und Angebote bei verschiedenen Fachfirmen einholen. Individuell gefertigte Bauten haben ihren Preis, aber sie sind dauerhafter als voreilig gekaufte, vorgefertigte Massenware. Das gilt für eine stilvoll umrankte Sitzgelegenheit (Bild rechte Seite) ebenso wie für den optimal eingepassten und bepflanzten Gartenteich (Bild unten).

Nützliches und Wichtiges unterbringen

Als praktisch erweist sich ein Geräteschuppen, der Gartenwerkzeug, Schubkarre und alle Utensilien aufnimmt. Das hat den Vorteil, dass alles rasch zur Hand ist. Gartenhäuschen sind sehr beliebt, weil man zugleich Fahrräder und Spielzeug unterbringen kann. Dennoch verbrauchen sie im kleinen Reihenhausgarten zu viel Platz. Hier empfehlen sich schlichte Kästen oder Schränke, die man an der Hauswand anbringt.

Gartenstühle aus witterungsbeständigem Holz laden am Rand der Wasserfläche zum Entspannen ein.

Originelle Bauten in handwerklicher Perfektion trifft man in England häufig an. Die romantisch berankte Laube bietet Schutz und Ausblick zugleich.

Ein Problem stellt das wenig ansehnliche Mülltonnen-Arsenal dar. Es soll am Straßenrand stehen, verunstaltet aber den Vorgarten. Aufwändige Mülltonnen-Häuschen oder wuchtige Palisadenreihen verschärfen das Problem nur. Die Tonnen lassen sich aber hinter einer architektonisch gelungenen Mauer verbergen, oder man gliedert sie durch ein Rankgitter vom übrigen Garten ab. Eine Bepflanzung kaschiert den Schönheitsfehler auf charmante Weise.

Rechtzeitig bedenken: Anschlüsse für Wasser und Strom

Schon in der Planungsphase müssen wir uns überlegen, wo im Garten Wasser- und Stromanschlüsse benötigt werden. Einen Wasserhahn im Freien brauchen Sie allein fürs Gießen, somit sollten sowohl an der Terrasse (für die Kübelpflanzen) als auch möglichst nahe beim Gemüsebeet Wasserhähne oder -anschlüsse liegen. Die Wasserzufuhr muss ebenso für Brunnen und Bachläufe gesichert sein. Zugleich wird Strom benötigt, um Wasserpumpen und Wasserspiele zu betreiben. Außerdem sollten Sie am Sitzplatz und entlang der Hauptwege Lichtquellen vorsehen, wenn Sie sich nach Einbruch der Dunkelheit dort aufhalten wollen. Vor allem Treppen oder Ranpen sollten sich aus Sicherheitsgründen gut ausleuchten lassen. Sogar auf dem Weg zum Kompostplatz will man ausreichend Licht haben.

In größeren Gärten und im innerstädtischen Bereich vermitteln fest installierte Bewegungsmelder ein Gefühl von Sicherheit. Licht dient außerdem ästhetischen Zwecken: Einzelne Strahler innerhalb des Gartens ermöglichen es vor allem in der lichtarmen Jahreszeit, den Garten vom Haus aus stimmungsvoll zu erleben. Alle diese Lichtquellen arbeiten mit Strom, von stromunabhängigen Solarleuchten einmal abgesehen.

Wo die Anschlüsse liegen sollen und wie die Leitungen zu verlegen sind, sollten Sie bereits zu Beginn bedenken. In einem bepflanzten, eingewachsenen Garten kann man nur noch mit großem Aufwand Leitungen nachträglich verlegen.

Elemente für den Garten

- ☐ Zäune und Mauern
- ☐ befestigte Wege und Treppen
- ☐ variable, unbefestigte Pfade
- ☐ Grünflächen
- ☐ Blumenbeete
- ☐ Nutzgarten
- ☐ Teich, Bach, Brunnen oder Wassertrog
- ☐ Raum für ungestörte Natur
- ☐ Kompostplatz
- ☐ Abstellplatz für Fahrräder und Auto
- ☐ Mülltonnen-Arsenal
- ☐ Wäschetrockenplatz
- ☐ Sitzplätze und Sitzgelegenheiten
- ☐ Beobachtungsplätze
- ☐ Sandplatz
- ☐ Bauecke, „Forschungsstation" für Kinder
- ☐ Hochsitz, Baumhaus

Naturnah gärtnern

Philosophie der offenen Grenzen

Unkomplizierte Blütenstauden, die auch ohne regelmäßige Düngung und dauerndes Gießen blühen, stehen in Nachbarschaft zu vorwiegend einheimischen Sträuchern. Gehölze und Stauden dürfen sich in gelenkten Bahnen frei entwickeln. Grünfläche, Stauden und Gehölzrand verzahnen ineinander. Einzelne Pflanzen wie der zweijährige Fingerhut (*Digitalis purpurea*) tauchen von Jahr zu Jahr an immer wieder anderen Stellen auf. Durch zu häufiges Hacken und rigoroses Jäten verschwinden solche Vagabunden rasch. Die fließenden Übergänge erlauben auf der Grünfläche ein problemloses Mähen bis an die Beete heran. Die Wiese wird nur zwei- bis dreimal im Jahr geschnitten, aber einzelne gemähte Pfade erschließen die Fläche. Ein derartiger Garten lässt sich mit wesentlich weniger Aufwand instand halten als kurz geschorener Rasen, der mindestens alle zwei Wochen zum Mähen zwingt.

Bitte nicht stören!

Auf dem trockenen Beet entlang des Kiesweges gedeihen in wiesenartiger Mischung viele verschiedene Stauden. Arten mit Wildcharakter und gärtnerische Auslesen blühen in fröhlicher Eintracht nebeneinander. Für ein solches Beet eignen sich nur konkurrenzstarke Pflanzen, die typischen Vertreter der Prachtstauden würden sich hier nicht entfalten. Hier wurde besonderer Wert auf pflegeleichte, trockenheitsverträgliche Pflanzen wie Beifuß-Arten (*Artemisia*), Pfirsichblättrige Glockenblume (*Campanula persicifolia*) und Gold-Garbe (*Achillea*-Hybriden) gelegt. Die Blütenrispen, -dolden und -trauben blühen über einen längeren Zeitraum ab. Danach dürfen die dekorativen Fruchtstände und selbst noch die vertrockneten Stängel stehen bleiben. Sie dienen anderen Pflanzen als Halt oder Klettergerüst und liefern Nahrung für Vögel. Die Pflanzengemeinschaft hat ihre eigene Dynamik – ihre Zusammensetzung wird sich von Jahr zu Jahr ändern.

Ideen für Sie: Naturnah gärtnern

Trotz aller Mühe, die man sich mit der Planung und Erstanlage eines Garten bereitet: Der Garten ist niemals fertig, sondern verändert sich im Verlauf der Jahre ständig. Allein nach dem Setzen der Stauden und Gehölze wird es mindestens drei Jahre dauern, bis die Bepflanzung einigermaßen eingewachsen ist. Wo es Ausfälle gab, wird man nachpflanzen müssen. Andererseits wird so manches (Un-)Kraut zu üppig wachsen, sodass man korrigierend eingreifen muss. Reißen Sie nicht ungeduldig Pflanzen heraus, wenn das Ergebnis noch nicht befriedigt. Meist lohnt es sich, den Einzelpflanzen sowie der Pflanzengesellschaft Zeit für die natürliche Entwicklung einzuräumen.

Oft schwebt uns ein bestimmtes Bild vor, wie der Garten auszusehen hat. Blühzeiten und Pflanzenentwicklungen lassen sich aber nicht exakt vorausberechnen. Man muss lernen, das Ungeplante zu akzeptieren. Beschränken Sie sich nicht ausschließlich auf das, was Sie selbst in den Garten gesät oder gepflanzt haben. Tolerieren Sie bis zu einem gewissen Grad, dass sich Pflanzen von selbst ansiedeln. Damit sind nicht die wirklich lästigen Wurzelunkräuter gemeint, sondern hübsche einheimische Gewächse wie Sigmarskraut (*Malva alcea*), Pimpinelle (*Pimpinella*), Königskerzen (*Verbascum*), Witwenblume (*Knautia*), Johanniskraut (*Hypericum*) und sogar Karden (*Dipsacus*). Lassen Sie diese „wilde Zierde" zumindest außerhalb von Blumenrabatten und Gemüsebeeten gewähren. Geduld und Toleranz sind eben Eigenschaften, die einen guten Gärtner auszeichnen!

Wohnrecht für Tiere

Zum Leben im Garten gehören außerdem die Tiere, die man nicht nur dulden, sondern bewusst anlocken sollte. Vögel finden Nistplätze vor – und dazu gehört ein breites Nahrungsangebot in Gestalt von Früchten, Samen und Insekten. Der Igel baut sein Lager unter dem Asthaufen, Eidechsen sonnen sich auf Mauerkronen, Spinnen weben ihre Netze in der Hecke und vielleicht auch einmal an der Schuppentüre. Altholz darf im Garten bleiben, erst recht Stümpfe gefällter Bäume. Garniert mit ein, zwei Farnen entsteht ein naturnahes Bild. Wenn dann sogar noch im Altholz Blindschleichen ihr Refugium finden, dann sind Sie auf dem besten Weg zum naturnahen, erlebnisreichen Garten.

Noch ein Wort zum Aufräumen

Hygiene, wie wir sie aus dem Wohnbereich kennen, ist im Garten völlig fehl am Platz. Jedes angelegte Stück braucht Pflege, sonst wuchert es innerhalb weniger Jahre zu. Selbstverständlich müssen kranke Pflanzen rasch aus dem Garten entfernt werden. Um Probleme rechtzeitig zu erkennen, empfehlen sich häufige Kontrollen und regelmäßige kleinere Pflegegänge. So wird die Gartenarbeit effektiver und weniger beschwerlich, als wenn man wenige, aber dafür anstrengende Großaktionen pro Jahr durchführt. Mit der Zeit entwickelt sich ein Gespür dafür, wo ein Rückschnitt oder Jäten notwendig ist.

Den Garten bepflanzen

Gärtnern mit der Natur lautet der Schlüssel für den Erfolg! Die Pflanzenauswahl hängt in erster Linie von den Bedingungen am Standort ab. Doch zugleich sollen Stauden und Gehölze ästhetische Ansprüche erfüllen: Dazu gehören ein lang anhaltender Blütenflor, Fruchtschmuck, ansprechende Wuchsformen, eine schöne Herbstfärbung und Standfestigkeit im Winter.

Eine gute Grundlage: der **Gartenboden**

Von Natur aus aufkeimende Wildpflanzen, so genannte „Zeigerpflanzen", geben wertvolle Hinweise auf chemische und physikalische Eigenschaften des Bodens.

Vor der Gartenplanung müssen Sie die Gegebenheiten des Standorts kennenlernen, um abschätzen zu können, welche Kulturen dort Erfolg versprechen. Sollte der Boden noch roh oder bereits ausgelaugt sein, können Sie mit geeigneten Maßnahmen im Laufe der Zeit die Bodeneigenschaften verbessern (Seite 30/31). Rückschlüsse über die vorhandene Bodenqualität lassen sich aus den am Standort natürlich aufkeimenden Wildkräutern ziehen. Zu Unkräutern werden sie dann, wenn sie in lästigem Ausmaß an unerwünschten Stellen wachsen und mit den Kulturpflanzen um Wasser, Licht und Nährstoffe konkurrieren. Viele heimische Arten sind an bestimmte Boden- und Standorteigenschaften gebunden: Vogelmiere, Franzosenkraut, Brennnessel und Rote Taubnessel wachsen auf humosen Böden und finden sich häufig in verwilderten Gärten. Silbergras und Sand-Beifuß zeigen sandigen Boden an. Acker-Hahnenfuß, Kleiner Wiesenknopf und Kletten-Labkraut wachsen auf lehmigen Böden, während Kriechender Hahnenfuß und Gänsefingerkraut tonigen Boden signalisieren. Wegwarte und Wiesen-Salbei finden sich auf trocken-lehmigen Böden ein, im Gegensatz dazu zeigen Wiesen-Schaumkraut, Acker-Minze und Blut-Weiderich feuchte Stellen an.

Achtung, gestörte Bodenverhältnisse!

Schachtelhalm und Huflattich „warnen" vor staunassen Schichten im Untergrund. An solchen Stellen müssen Sie eine gründliche Tiefenlockerung vornehmen, sonst sind alle Pflanzversuche zum Scheitern verurteilt. Ebenso müssen Sie Maßnahmen

Unerwünschte Wildkräuter

1 Brennnessel
Urtica dioica

Da sie bevorzugt an nährstoffreichen Plätzen wächst, steht die Brennnessel symbolisch für den verwilderten, ungepflegten Garten. In neuerer Zeit empfehlen Ökologen, diese viel geschmähte Pflanze in einer wenig beachteten Ecke zu dulden: Sie ist die alleinige Futterpflanze für die Raupen von Tagpfauenauge und Kleinem Fuchs.
Bekämpfung: Die Brennnessel wird selten lästig. Ein bodennaher Schnitt vor der Samenbildung kontrolliert den Aufwuchs.
Verwendung: Junge Blätter ergeben mit geriebenen Äpfeln und etwas Sahne einen feinen Salat. Triebe und Blätter werden wie Spinat zubereitet, ganze Blätter schmecken in Suppen. Brennnesseltee ist ein Hausmittel gegen Gicht, Asthma und Eisenmangel im Blut.

2 Löwenzahn
Taraxacum officinale

Schmuckwert haben sowohl die auffälligen Körbchenblüten als auch die runden Fruchtstände aus zahlreichen Fallschirmfrüchten. Das Unangenehme der Pflanze besteht darin, dass die Rosetten sehr breit werden und damit die Nachbarpflanzen verdrängen.
Bekämpfung: Aufkeimende Pflanzen rasch entfernen: Weghacken oder Herausziehen genügt bei jungen Pflanzen, ältere Pflanzen muss man ausstechen. Ehrgeizige Gärtner tun dies sogar im Rasen. Auf nährstoffarmen Flächen bleibt Löwenzahn aus.
Verwendung: Zarte Blätter geben in saurer Marinade einen würzigen Salat. Stülpt man Blumentöpfe für etwa zwei Wochen über die Rosetten, kann man gebleichte Blätter mit milderem Geschmack ernten.

Das Wiesen-Schaumkraut blüht im Mai auf offenen, feuchten Flächen.

ergreifen, sobald Acker-Kratzdistel, Strahlenlose Kamille und Wegerich verdichtete Böden anzeigen.

Die meisten Kulturpflanzen gedeihen am besten auf Böden mit neutraler bis leicht saurer Reaktion; zu viel Kalk im Boden lässt viele Pflanzen kümmern. Kleiner Wiesenknopf, Wegwarte und Wiesen-Salbei bevorzugen kalkreiche Böden, Acker-Stiefmütterchen, Sauer-Ampfer und Hühnerhirse besiedeln kalkarme Böden.

Unerwünschte Kräuter wird es im Garten immer geben, schließlich birgt jeder Gartenboden unzählige Samen. Sobald diese günstige Bedingungen vorfinden, beginnen sie zu keimen. Gelegentliches, aber rechtzeitiges Jäten sorgt dafür, dass Unkräuter nicht zum Dauerproblem werden. Viele Veröffentlichungen neuerer Zeit befassen sich mit der Verwertung von Wildpflanzen in der Küche. Warum nicht einmal Giersch-Lasagne mit Brennnessel-Salat servieren?

Wurzelunkräuter beseitigen

Entschiedenes Vorgehen verlangen Wurzelunkräuter, vor allem wenn sich auf der zukünftigen Gartenfläche Quecke, Giersch, Winden und Brombeeren breit gemacht haben. Die rigoroseste Bekämpfungsmethode wäre das Ausbaggern oder eine einmalige Behandlung mit einem Herbizid. Eine wirkungsvolle Methode besteht darin, die betroffene Fläche für einige Monate mit einer festen schwarzen Mulchfolie abzudecken (siehe Seite 141).

3 Giersch
Aegopodium podagraria

Mit ihren tief geschlitzten Blättern und den ausladenden Blütendolden handelt es sich um eine reizende, aber wuchernde Pflanze. Wo sie sich einmal angesiedelt hat – bevorzugt in schattigen Innenhöfen oder unter der Hecke –, wird man sie kaum mehr los.
Bekämpfung: Bereits bestehende Bestände wiederholt mähen. Durch unterirdische Ausläufer breitet sich die Pflanze gnadenlos aus. Ein Abdecken der betroffenen Fläche mit schwarzer Folie für einige Monate kann Abhilfe schaffen. Kartoffeln oder Kapuzinerkresse wachsen stärker als der Giersch und hungern ihn aus.
Verwendung: Giersch lässt sich wie Spinat zubereiten und man kann Tomaten damit füllen. Die Stängel werden wie Gemüse zubereitet.

4 Acker-Schachtelhalm
Equisetum arvense

Diese urzeitliche Pflanze baut sich aus quirlig verzweigten Trieben auf. Das Auftreten von Schachtelhalm deutet auf wasserführende Schichten im Untergrund hin, entstanden durch Verdichtungen oder wasserundurchlässige Tonschichten.
Bekämpfung: Das Wurzelwerk des Schachtelhalms durchzieht den Boden in 1 bis 2 m Tiefe. Da sein Auftreten mit einem ernsteren Problem zusammenhängt, bleibt nur, die Halme von Zeit zu Zeit auszureißen. Über kurz oder lang wird eine tief greifende Bodenlockerung erforderlich sein.
Verwendung: Schachtelhalmbrühe und -jauche ergibt ein hervorragendes Spritzmittel zum Schutz der Kulturpflanzen vor Pilzkrankheiten. Der hohe Silikatanteil bewirkt eine Stärkung des Blattgewebes.

Fruchtbarer *Boden* – *gesundes* **Wachstum**

Den anstehenden Boden müssen Sie akzeptieren, ungünstige Eigenschaften des Oberbodens lassen sich jedoch abmildern.

Grundsätzlich fordern unsere Zier- und Nutzpflanzen nährstoffreiche, gut durchlüftete Böden, die Wasser speichern und ein Übermaß an Niederschlägen zuverlässig ableiten. Ein hoher Humusanteil steht für einen fruchtbaren Boden. Humusstoffe entstehen durch den Abbau organischer Substanz. Sie wirken ausgleichend sowohl auf den Wasser- als auch auf den Nährstoffhaushalt.

Wie sich die vorhandene Bodenart im Groben bestimmen lässt, zeigt die nebenstehende Tabelle. Jede Maßnahme zur Bodenverbesserung zielt darauf ab, den Anteil organischer Substanz im Boden zu erhöhen und ein ausgewogenes Verhältnis zwischen groben und feinen Poren im Bodengefüge herzustellen. In Grobporen fließt Wasser rasch nach unten ab, dagegen halten Feinporen Wasser im durchwurzelten Bereich fest. Ein guter Gartenboden weist also ein ausgewogenes Verhältnis von feinen und groben mineralischen Teilen auf. Zusammen mit organischen Abbauprodukten entstehen unter Einwirkung der Bodenlebewesen stabile Bodenkrümel, die weder bei Trockenheit zerfallen noch bei Nässe zerfließen. Sie sorgen für eine lockere Bodenstruktur und setzen im Zuge ihrer Um- und Abbauvorgänge für die Pflanzen verfügbare Nährstoffe frei.

Locker muss der Boden sein

Bevor es an die Gartenanlage geht, sollten Sie ungünstige Bodenverhältnisse beheben. Verdichtete Böden müssen bis in tiefere Bodenschichten gelockert werden. Das kann ein Fachbetrieb mit speziellen Geräten vornehmen. Oder man gräbt (schweißtreibend) zwei oder drei Spatenstiche tief um und lockert und durchmischt die zu Tage geförderte Erde lagenweise. Eingreifen muss man auch, wenn sich im Untergrund eine Wasser stauende Schicht gebildet hat. Hier wird man meistens den verdichteten Bereich oder sogar das ganze Gelände ausbaggern müssen. Vor dem Auffüllen einer neuen Erdschicht wird der Unterboden mit Sand und etwas Splitt durchmischt. Eine einmalige, tief greifende Bodenverbesserung empfiehlt sich auch bei sehr tonigem Boden oder wenn wechselweise graue, rote oder schwarze Erdbrocken den häufigen Wechsel zwischen Nässe und Trockenheit anzeigen.

Vor der Erstanlage lohnt sich eine Bodenuntersuchung durch ein staatliches oder privates Labor. Man entnimmt von mehreren Stellen der Gartenfläche Erde, mischt alles in einem Kübel und schickt etwa eine Hand voll Material ein. Routinemäßig

Brach liegenden Flächen bekommt eine Einsaat mit Büschelschön (Phacelia) bestens. Wochenlang zieren die Blütenstände dieser Bienenfutterpflanze das Beet.

werden die Bodenart (siehe Tabelle unten), der pH-Wert sowie die Anteile an Stickstoff, Kalium und Phosphor bestimmt. Auf Wunsch lässt sich die pflanzenverfügbare Menge weiterer Elemente wie Magnesium, Bor, Mangan oder Eisen ermitteln.

Fruchtbarkeit durch Gründüngung

Für rohen, bislang nicht bebauten Boden ebenso wie für lange bewirtschaftete, erschöpfte Gartenböden bedeutet die Einsaat einer Gründüngung eine Art Kur. Hervorragend eignen sich hierfür Pflanzen aus der Familie der Schmetterlingsblütler: Klee, Lupinen und Wicken besitzen an ihren Wurzeln Knöllchenbakterien, die Stickstoff aus der Luft aufnehmen können und den Boden mit diesem wertvollen Nährstoff anreichern. Eine ausgezeichnete Bodenstruktur hinterlassen Einsaaten mit Büschelschön (*Phacelia tanacetifolia*) oder Ringelblume (*Calendula officinalis*). Beide blühen zudem hübsch. Die Gründüngung sät man im Frühling oder im Herbst ein, um den Boden bedeckt zu halten. Die gemähte Pflanzenmasse lässt man für einige Tage auf der Fläche welken, bevor man sie oberflächlich einarbeitet.

Die wichtigsten Bodenarten

Bodenart	Fingerprobe	Eigenschaften	Wege zur Verbesserung
Steinboden (Kies, Schotter)	die groben Steine sind ohne Fingerprobe zu erkennen	Feinerde fehlt, unfruchtbar, Wasser versickert rasch	viel Feinboden (Mutterboden) und regelmäßig Kompost untermischen
Sandboden	reibt man Erde zwischen den Fingern, sind die enthaltenen Sandkörner zu spüren, Erde haftet nicht an den Händen	leicht zu bearbeiten, gut durchlüftet, trocknet gut ab und erwärmt sich rasch, Nährstoffe werden leicht ausgewaschen	den Humusanteil erhöhen mit Hilfe von Gründüngung, regelmäßiger Kompostzufuhr und Mulchen
Lehmboden	gut formbar, beschmiert die Finger stark, geringer Gehalt an rauen Bestandteilen	gut zu bearbeiten, allgemein sehr fruchtbar, erwärmt sich langsam und kühlt nur allmählich ab, in nassem Zustand schwer zu bearbeiten	durch Gründüngung und Kompostgaben für einen hohen Anteil organischer Substanz sorgen, gelegentliche Zugaben von Algenkalk fördern die Nährstofffreisetzung
Tonboden	hervorragend formbar: eine geformte Rolle behält ihre Form und zeigt eine glatte, glänzende Oberfläche	hohe Fähigkeit zur Wasserspeicherung, dafür schlecht durchlüftet, kalt, neigt zu Verdichtungen und zum Verschlämmen, schwer zu bearbeiten, bei Trockenheit entstehen Risse	große Mengen an Sand und Humus untermischen, um die Belüftung zu verbessern; Lupinen als Gründüngung lockern den Boden durch ihre tief reichenden Wurzeln
Mergelboden	schmiert in feuchtem Zustand, trocken zerbröselt die Bodenprobe in kleine Plättchen	flachgründig, Wasser fließt rasch ab, organische Bestandteile zersetzen sich schnell, geht einher mit hohem Kalkgehalt (alkalische Bodenreaktion)	für hohen Feinbodenanteil sorgen: grobkörnigen Rohboden und organische Substanz zufügen, den pH-Wert im Oberboden regelmäßig kontrollieren
Humusboden	in trockenem Zustand pulverig, wassergesättigt fühlt er sich nass und speckig an	sehr hoher Gehalt an organischer Substanz, erwärmt sich rasch, speichert gut Feuchtigkeit, wird bei Trockenheit vom Wind verweht, sauer	durch Zugabe mineralischen Bodens die Durchlässigkeit erhöhen, Gesteinsmehl führt Nährstoffe zu, Algenkalk hebt den pH-Wert an

AUF EINEN BLICK

Natürliche Säume: frei wachsende **Hecken**

Ein Garten verlangt nach einer Umrandung. Hecken formen einen lebendigen grünen Rahmen und bilden den Hintergrund für Stauden und Sommerblumen.

Hecken besitzen neben ihrer Funktion eines „Schutzwalles" um die Grundstücksgrenzen auch einen hohen ökologischen Wert. Wer einen belebten Garten mit Wildbienen, Schmetterlingen, Käfern und Singvögeln schätzt, entscheidet sich am besten für eine gemischte Hecke aus heimischen Gehölzen. Leider werden die meisten unserer Waldrand- oder Heckengehölze wie Hasel (*Corylus avellana*), Traubenkirsche (*Prunus padus*), Vogelbeere (*Sorbus aucuparia*), Holunder (*Sambucus nigra*) oder Feld-Ahorn (*Acer campestre*) für die Ausmaße eines Hausgartens zu groß, sofern sie nicht geschnitten werden. Besser schon eignen sich Pfaffenhütchen (*Euonymus europaeus*), Hartriegel (*Cornus*-Arten), Liguster (*Ligustrum vulgare*), Schlehe (*Prunus spinosa*) und Weißdorn (*Crataegus*-Arten). Sie alle erreichen aber gut und gern 3 m Höhe und nehmen eine Breite von mindestens 2 m ein.

Ganzjährig ein schöner Anblick

Zwischen diesen eher zurückhaltenden Gehölzen treten zur jeweiligen Blütezeit die prächtigen Blütensträucher in Erscheinung: im Mai die anhaltend blühende Weigelie (*Weigela*-Hybriden) mit ihren rosa- bis pinkfarbenen Röhrenblüten, wobei die dunkelsten Blüten die Sorte 'Bristol Ruby' trägt. Eine gute Alternative für beschattete oder trockene Plätze ist die äußerst robuste Kolkwitzie (*Kolkwitzia amabilis*). Auch sie blüht wochenlang mit ihren rosa Blütenröhren, die im Innern ein gelbes Saftmal zur Schau stellen. Besonders beliebt ist der Sommerflieder (*Buddleja davidii*), der sich erst im Juli oder August mit prächtigen Blütenrispen in Weiß, Vio-

Naturnahe Hecken

Vielfalt, kein buntes Gemisch

Für die Anlage einer abwechslungsreichen Hecke hat es sich bewährt, vier oder fünf Arten auszuwählen und im harmonischen Wechsel zu pflanzen. Ein kleiner Baum, vielleicht ein Feld-Ahorn, eine kleinwüchsige Eberesche oder ein hübscher Zierapfel, darf die Hecke überragen. Vor die Lücken setzt man einige Kleinsträucher, die nach einigen Jahren den breiter und dichter werdenden Sträuchern weichen müssen. Geeignete Füllsträucher für die ersten Jahre stellen Kartoffel-Rosen (*Rosa rugosa*), Säckelblumen (*Ceanothus*), niedrig bleibende Deutzien (z.B. *Deutzia gracilis*) oder Spireen (z.B. *Spiraea japonica*) dar. An sonnigen, trockenen Plätzen gedeihen Lavendel (*Lavandula officinalis*), Heiligenkraut (*Santolina chamaecyparissias*) und Beifuß-Arten (*Artemisia*) gut.

Ein Saum schafft Übergänge

Hecken in der Natur besitzen einen Staudensaum mit einer ganz speziellen Artenzusammensetzung, je nachdem wie stark die Seite besonnt bzw. beschattet wird. Ähnliches können wir im Garten nachahmen. Den Übergang zum Rasen oder zur Wiese können höher wachsende Waldsaumstauden bilden, zum Beispiel die Pfirsichblättrige Glockenblume (*Campanula persicifolia*), Wald-Geißbart (*Aruncus dioicus*), Jakobs-Greiskraut (*Senecio jakobaea*), Getüpfeltes Hartheu (*Hypericum perforatum*), Rosen- oder Moschus-Malven (*Malva alcea, M. moschata*) an der sonnenzuwandten Seite.
Für die absonnige Heckenseite eignen sich Nieswurz-Arten (z.B. *Helleborus foetidus, H. viridis*), Steinsame (*Lithospermum purpureocaeruleum*), Großblütiger Beinwell

(*Symphytum grandiflorum*) oder auch verschiedene Storchschnabel-Arten wie *Geranium × oxonianum*, *G. nodosum* oder *G. sanguineum*. Soll es etwas „kultivierter" aussehen, ergeben Frauenmantel (*Alchemilla mollis*), Bergenien (*Bergenia cordifolia*), Fingerkräuter (*Potentilla aurea* und *P. fruticosa*) oder Akelei (*Aquilegia vulgaris*) eine hübsche Front.
Im Bereich zwischen den Sträuchern könnte man Bär-Lauch (*Allium ursinum*), Busch-Windröschen (*Anemone nemorosa*), Winterlinge (*Eranthis hyemalis*) oder Lerchensporn (*Pseudofumaria* bzw. *Corydalis*) flächig verwildern lassen. Besonders wichtig ist es hier, Übergänge zu schaffen oder besser gesagt zuzulassen. Das angrenzende Beet oder die Wiese sollen fließend in die Gehölzzone übergehen.

Die frei wachsende Hecke enthält verschiedene Blütengehölze.

lett oder Purpurrot schmückt. Seine Bezeichnung „Schmetterlingsstrauch" trägt er zu Recht: An sonnigen Tagen wird er von Schmetterlingen regelrecht umschwärmt. Allerdings friert er im Winter regelmäßig zurück.

Die Sorten des Gewöhnlichen Flieders (*Syringa vulgaris*) fügen sich ebenso in eine naturnahe Hecke ein, obwohl sie recht sparrig wachsen. Schöne, gleichmäßig verzweigte Büsche formen die chinesischen Flieder *Syringa reflexa*, *S. sweginzowii* oder die Hybride aus beiden, *S. × swegiflexa*. Ihre langen, gebogenen Blütenrispen im Frühsommer sind eine wahre Attraktion.

Zu den vielseitigsten Heckengehölzen zählen die Felsenbirnen. Das gilt sowohl für *Amelanchier lamarckii* aus Nordamerika als auch für die einheimische Gewöhnliche Felsenbirne (*Amelanchier ovalis*). Beide tragen Büschel fragiler weißer Blüten im Frühjahr, wenn zugleich der kupferbraune Austrieb erscheint. Im Herbst fällt der lichte und gleichmäßig verzweigte Strauch durch die leuchtend orangerote Herbstfärbung auf. Aus den schwarzen Beeren lässt sich leckere Marmelade kochen.

Neben dem bekannten heimischen Pfaffenhütchen kommt ebenso der asiatische Flügel-Spindelstrauch (*Euonymus alatus*) in Frage. Er besitzt vier grüne Leisten, die längs der Zweige verlaufen. Diese Eigenart tritt besonders im Winter hervor. Im Herbst leuchtet der Strauch in Purpurrot.

Unter den verschiedenen Schneeball-Arten empfehlen sich die ostasiatischen *Viburnum*-Auslesen. Sie gedeihen willig, wollen aber im Normalfall leicht beschattet stehen: *Viburnum carlesii* aus Korea wird nur gut 1 m hoch und schmückt sich mit dichten Blütendolden im April oder Mai. Das hübsche Farbspiel der rosa, später weiß aufblühenden Knospen wird ergänzt durch den intensiven Duft. *Viburnum plicatum* aus China und Japan wächst eher breit als hoch und trägt flach ausgebreitete Blütenstände von Mai bis Juni. Im Gegensatz dazu trägt *Viburnum farreri* zierliches Laub an eher straff aufrechten Trieben, diese Art kann 2,5 bis 3 m hoch werden. Der äußerst robuste Strauch blüht in den Wintermonaten: In manchen Jahren trägt er von Dezember bis März feine Büschel aus zartrosa bis weißen Blüten. Zu dieser Jahreszeit genießt jeder Passant den feinen Duft.

Im *Rahmen* bleiben: geschnittene Hecken

Die Hecke aus Hainbuchen bildet einen grünen, blickdichten Rahmen um den Garten.

Während ein Zaun als Barriere, nicht aber als Sichtschutz dient, schirmt eine geschnittene Hecke nach außen hin blickdicht ab. Die grünen Wände schützen zugleich vor kalten Winden, sie schaffen ein günstiges Kleinklima und bilden eine ideale Kulisse für Blumenbeete. Streng geschnittene Hecken brauchen wesentlich weniger Platz als frei wachsende, oft kommen sie mit 50 bis 70 cm Breite aus. Allerdings müssen die Gehölze korrekt erzogen und immer wieder exakt nachgeschnitten werden.

Lebendige Grundstücksgrenzen

Für streng geschnittene Hecken eignet sich eine ganze Reihe von Gehölzen: Sie brauchen eine gewisse Wuchskraft, sie müssen sich gut verzweigen und vor allem müssen sie in der Lage sein, aus schlafenden Knospen im alten Holz wieder auszutreiben. Klassische Gehölze für streng geschnittene Hecken sind Buchsbaum und Berberitze, die sich – wenn es sein muss – recht niedrig, sprich auf Hüfthöhe halten lassen. Dagegen sollten Schnitthecken aus Rot-Buche, Hasel, Feld-Ahorn oder Liguster höher, also mindestens mannshoch wachsen können.

Dabei macht es nichts aus, wenn die Äste sich in Richtung Straße neigen, solange die Vorgaben für die verkehrstechnisch erforderliche „lichte Weite" erfüllt sind und Fußgänger und Fahrzeuge hier ungehindert passieren können.

Sehr schön wirken einige Blütengehölze, selbst wenn sie einem strengen Schnitt unterzogen werden. Zwar geht mit dem Rückschnitt ein Großteil der Blütenanlagen verloren, aber an einzelnen Partien der Heckenreihe werden zur rechten Zeit Blüten erscheinen. Das trifft zum Beispiel zu für Hecken aus Forsythien (*Forsythia* × *intermedia*), Duft-Schneeball (*Viburnum farreri*) oder Zierquitte (*Chaenomeles japonica*). Dauerhafte, dicht wachsende und blühende Hecken entwickeln außerdem die Zierformen der Johannisbeere: die Gold-Johannisbeere (*Ribes aureum*) mit gelben Blütentrauben oder die Blut-Johannisbeere (*Ribes sanguineum*) mit pupurrotem Blütenschmuck. Wo es weniger auf Blüten, sondern auf ein dichtes Astgeflecht ankommt, bieten sich neben den häufig verwendeten Hainbuchen oder Rot-Buchen auch die Eichen-Arten oder die Feld-Ulme an.

Wer eine immergrüne Wand möchte, findet in der Eibe (*Taxus baccata*) eine ansprechende Alternative zu einförmigen Reihen aus Säulen-Wacholder, Lebensbaum oder Scheinzypressen. Solche aus Unkenntnis gesetzten Reihen aus Koniferensäulen wirken steril – und sind an Reizlosigkeit kaum zu überbieten. Wenn es nun wirklich eine blickdichte, immergrüne Barriere sein soll, strahlen die dunkelgrünen Eiben vornehme Ruhe aus – obendrein bieten sie geschützte Nistplätze für Vögel. Von Natur aus schmal bleibt die Sorte *Taxus baccata* 'Fastigiata'.

Stachelige Abwehrwände bilden Berberitzen (*Berberis vulgaris*) und Feuerdorn (*Pyracantha coccinea*). Doch der Schnitt von Hecken aus diesen beiden Gehölzen bedeutet weder eine leichte noch eine angenehme Arbeit: Die harten Dornen bohren sich sogar durch lederne Arbeitshandschuhe!

Gezielter Aufbau von Jahr zu Jahr

Zum Pflanzen einer Hecke setzt man gut bestockte Jungpflanzen nebeneinander in einen ausgehobenen, 30 cm breiten Pflanzgraben mit gut vorbereiteter Erde. Dabei richtet sich der einzuhaltende Abstand nach der Qualität beziehungsweise dem Entwicklungszustand der Pflanzware. Nach der Pflanzung schneidet man die Pflanzen grundsätzlich auf 20 bis 30 cm Höhe zurück. Nur so verzweigt sich das Gehölz und wurzelt erfolgreich ein. In den Folgejahren baut man die Hecke allmählich auf: Nach jedem Schnitt darf die Hecke 5 bis höchstens 10 cm höher und rund 2 cm breiter werden. Zu schnell heranwachsende Hecken bilden in den unteren Partien zu wenig Seitentriebe aus.

Eine leichte Trapezform erleichtert den Schnitt und beugt einer verkahlenden Basis vor. Anfangs wird man dreimal im Jahr schneiden müssen: im März oder April, im Juni und im September; später genügen zwei Schnitte pro Jahr. Wird die Hecke zu hoch oder zu breit, ist bei den oben aufgelisteten, schnittverträglichen Gehölzen auch ein Schnitt ins alte Holz möglich. Diese Arbeit geschieht im Winter. Danach werden die Gehölze ein paar Jahre brauchen, um entstandene Lücken wieder dicht zu schließen.

Gehölze für streng geschnittene Hecken

Laubabwerfende Gehölze
Feld-Ahorn, *Acer campestre*
Hainbuche, *Carpinus betulus*
Kornelkirsche, *Cornus mas*
Roter Hartriegel, *Cornus sanguinea*
Zweigriffeliger Weißdorn, *Crataegus laevigata*
Rot-Buche, *Fagus sylvatica* und fo. *purpurea*
Rainweide, Liguster, *Ligustrum vulgare* 'Atrovirens' und 'Atrovirens Select'
Heckenkirschen, *Lonicera tatarica, L. xylosteum*
Eichen, *Quercus ilicifolia, Q. petraea*
Faulbaum, *Rhamnus catharticus, R. frangula*
Gold-Johannisbeere, *Ribes aureum*
Feld-Ulme, *Ulmus minor*
Duft-Schneeball, *Viburnum farreri*

Immergrüne Laubgehölze
Berberitzen, *Berberis*-Arten
Buchsbaum, *Buxus sempervirens* in Sorten
Stechpalme, *Ilex aquifolium*
Liguster, *Ligustrum ovalifolium* (wintergrün)

Nadelgehölze
Wacholder, *Juniperus communis*
Lärche, *Larix decidua, L. kaempferi*
Eiben, *Taxus*-Arten
Fichte, *Picea abies* 'Cupressina'
Serbische Fichte, *Picea omorika*

Treuer Begleiter: der **Hausbaum**

Infomieren Sie sich vor Ihrer Wahl mit Hilfe von Baumschul-Katalogen über die verschiedenen Eigenschaften der Gehölze.

Ein Baum dient als Blickpunkt im Garten, er erschließt die „dritte Dimension" und verbindet das Haus mit seinem Umfeld. Während in früheren Zeiten eine Linde, ein Ahorn oder ein Walnussbaum das Haus wie seine Bewohner über Jahrzehnte oder gar Generationen begleitete, bieten die heutigen Hausgärten nur noch Raum für ein Bäumchen; im Reihenhausgarten bleibt oft nur Platz für einen dekorativen Zierstrauch.

Der herausragende und oft auch frei stehende Hausbaum liegt ständig im Blickfeld der Bewohner. Machen Sie sich deshalb vor seiner Auswahl Gedanken über Ihre Ansprüche an das Gehölz und informieren Sie sich über die verschiedenen Gewächse, ihre Eigenschaften und Ansprüche. Es lohnt sich, den nicht geringen Betrag für ein hochwertiges, in der Baumschule fachgerecht herangezogenes Gehölz auszugeben. In botanischen Gärten, auf Gartenschauen und in den Baumschulen selbst kann man geeignete Arten und Sorten kennenlernen und beurteilen.

Zierliche Bäume mit Charakter

Bei der Auswahl ist zuerst die zu erwartende Wuchshöhe zu erfragen: Ein Gehölz, das rasch zum unproportionierten Riesen heranwächst, wird auf beschränktem Raum wenig Freude bereiten. Zwar lassen sich Bäume fast immer zurückschneiden, doch der korrekte Schnitt erfordert Kenntnisse über das individuelle Wuchsverhalten der Art. Mit der Zeit wird nur noch ein ausgebildeter Baumpfleger den Schnitt durchführen können.

Zieräpfel bleiben in überschaubarer Höhe und blühen berauschend im Frühjahr.

Durch jährlichen starken Schnitt entstehen die dichten, ornamentalen Kronen der Kugelakazien.

Ein einmal geschnittener Baum braucht immer wieder einen Korrekturschnitt.

Neben einer ansprechenden Wuchsform erwartet man ein gesundes Laub, das sich möglichst im Herbst in leuchtenden Farben verabschiedet. Die Blütezeit sollte einen Höhepunkt im Laufe des Gartenjahres darstellen, zusätzlich können Früchte den Baum schmücken.

Besonders schöne Bäumchen ergeben die Zierformen unserer Äpfel und Kirschen. Zieräpfel blühen überreich mit zierlichen Blüten in Weiß, Rosa oder Pink. Die dunkelsten Blüten in unwirklichem Purpurrosa trägt *Malus* 'Almey'. Diese Sorte formt von Natur aus eine runde Krone, während die weißblütigen Sorten 'Red Jade' oder 'Everest' eine breite Krone mit hängenden Zweigen bilden. Nur gut 2 m hoch werden 'Tina' und *Malus toringo*, beide mit weißen Blüten und dunkelroten Äpfelchen, die monatelang hängen bleiben. Die Früchte lassen sich in der Küche verwerten, zum Beispiel für Apfelmus.

Größere Blüten, ebenfalls in allen Tönen zwischen Weiß und Dunkelrosa, bringen die Zierkirschen hervor, allerdings erreichen sie in der Regel Wuchshöhen über 5 m, somit sollten Sie sich ihre Verwendung gut überlegen. Auf einem Stämmchen veredelt, entwickelt sich das Mandelbäumchen (*Prunus triloba*) nur 3 m hoch. Im März/April überrascht es mit dem überreichen Besatz an großen, rosettenartig dicht gefüllten, rosa Blüten. Die verbreiteten Sorten von *Prunus serrulata* wachsen zu kräftigen, pflegeleichten Bäumen heran. Eine besondere Schönheit ist die Sorte 'Shimidsu-zakura', deren Geäst ein übergeneigtes, ausladendes Gewölbe formt. Die reinweißen Blüten hängen dekorativ in kleinen Büscheln über.

Kleinkronige Bäume für den Hausgarten

deutscher und botanischer Name	Wuchstyp	Blüten	Ansprüche und Pflege
Judasbaum, *Cercis siliquastrum*	locker aufgebaute Krone, wird allmählich bis 6 m hoch	zahlreiche duftende Schmetterlingsblüten in Pink sitzen entlang der Zweige und Äste, Blütezeit Mai	braucht einen warmen, sonnigen Platz und kalkhaltigen, durchlässigen Boden
Japanischer Blumen-Hartriegel, *Cornus kousa*	eleganter Wuchs mit ausladenden Ästen, bis 5 m hoch	vier Hochblätter (5 cm lang und vorne lang zugespitzt) umgeben das kleine Blütenköpfchen, Blütezeit Juni	wenig anspruchsvoll in Bezug auf den Standort, insgesamt genügsamer als *Cornus florida* aus Nordamerika
Zierapfel, *Malus toringo* var. *sargentii*	breit ausladende Krone, 2 bis 4 m hoch	bildet Mitte Mai aus rosa Knospen weiße Blüten in überschwänglicher Fülle, später dunkelrote, winzige, lang gestielte Äpfelchen	anspruchsloses Gehölz, das in jedem Kulturboden gedeiht, gelb-orangefarbenes Herbstlaub
Japanische Aprikose, *Prunus mume*	rundkroniger Baum mit dünnen, grünen Trieben, bis 6 m hoch	weiße oder rosa Blüten in großer Dichte an den Trieben des Vorjahres im März/April, noch vor der Laubentfaltung	lässt sich durch Rückschnitt gleich nach der Blüte klein halten, in Mitteleuropa zuverlässig frosthart, kann sehr alt werden
Späte Eberesche, *Sorbus serotina*	zierlicher, 5 bis 8 m hoher Baum, im Alter breite, aufgelockerte Krone	blüht im Mai in weißgelben Doldenrispen, trägt im Sommer viele Büschel mit orangeroten Früchten	anspruchsvoll an Boden und Lage, verträgt pralle Sonne, leichten Schatten und Trockenheit, intensiv rote Herbstfärbung

AUF EINEN BLICK

Markant und elegant: *Großsträucher*

Sträucher werden verjüngt, indem man die älteren Äste an der Basis herausnimmt. So wird das natürliche Wuchsbild am wenigsten gestört.

Im sehr kleinen Hausgarten kann selbst ein Bäumchen zu wuchtig wirken; hier stellt ein schön gewachsener, blühender Großstrauch eine gute Alternative dar. Sträucher werden jedoch auch im größeren, weitläufigen Garten benötigt: Man pflanzt sie in Teilbereichen des Gartens zu inselartigen Strauchgruppen zusammmen. Großsträucher eignen sich ebenfalls gut als Hintergrund für Blumenbeete und Grünflächen. Bei der Auswahl der Arten oder Sorten sollten Sie mit der gleichen Sorgfalt vorgehen wie beim Hausbaum. Gehölze sollen an ihrem einmal gesetzten Standort jahrelang bleiben und sich ungehindert entfalten können. Sträucher lassen sich relativ leicht zurückschneiden, indem man alte Äste an der Basis herausschneidet. Dennoch erzielt ein natürlich gewachsenes Gehölz mit seiner artgemäßen Wuchsform die beste Wirkung.

Ein guter Platz für Dauergäste

Neben der zu erwartenden Wuchshöhe (die ein Gehölz trotz Rückschnitt immer anstreben will) spielen die Standortansprüche eine wesentliche Rolle. Bei ungünstigen Bodenverhältnissen verzichtet man besser von vornherein auf empfindliche Arten und greift auf Bewährtes zurück: Genügsame Einzelsträucher sind beispielsweise Kolkwitzien (*Kolkwitzia amabilis,* siehe Seite 32), ebenso die Kahle Felsenbirne (*Amelanchier laevis*), die Zier-Johannisbeere (*Ribes sanguineum*) oder die asiatischen Arten und Sorten des Duft-Schneeballs (siehe Seite 33). Als eine Besonderheit unter den Schneeball-Arten behält *Viburnum rhytidophyllum* seine großen, ovalen, runzli-

Ausgewählte Blütensträucher

1 Zaubernuss
Hamamelis × intermedia

Bereits im ausgehenden Winter rollen sich die vier langen, fädigen Blütenblätter aus den Knospen. Wochenlang leuchten die gelben oder rostroten Blütenbüschel an den locker verteilten, breit ausladenden Ästen. Im Herbst verfärbt sich das großblättrige Laub goldgelb.
Ansprüche: Der langsam wachsende Strauch gedeiht auf jedem gepflegten Boden, sollte aber nicht in heißen Lagen stehen. Am besten setzt man ihn in Hausnähe, wo die Passanten die zur ungewöhnlichen Zeit erscheinenden Blüten wahrnehmen. Zaubernüsse brauchen ausreichend Platz, da sie ein Umpflanzen schlecht vertragen.
Arten/Sorten: *Hamamelis mollis,* die Chinesische Zaubernuss, kann 5 m Höhe erreichen.

2 Garten-Hortensie
Hydrangea macrophylla

Der breit ausladende Strauch blüht im Juni / Juli mit flachen oder gewölbten Doldenrispen und schmückt sich dann mit weiß, rosa oder bläulich gefärbten Hochblättern. Selbst lange nach der Blüte wirken die vertrockneten Blütenstände sehr dekorativ.
Ansprüche: Der Strauch mag sonnige bis halbschattige, windgeschützte Plätze. Der Wasserbedarf im Sommer liegt recht hoch. Frostgeschädigte Triebe lassen sich im Frühjahr bis knapp über dem Erdboden zurücknehmen. Bedenken Sie aber: Ein Schnitt geht zu Lasten der Blüte!
Arten/Sorten: *Hydrangea paniculata* 'Grandiflora', die Rispen-Hortensie, hat weiße, kegelförmige Blütenstände. Sie kommt mit trockeneren Plätzen zurecht.

gen Blätter den Winter über: Bei Frost klappen die bereiften Blätter nach unten, so als wolle der Strauch seine Ohren anlegen. Zur gleichen Gattung zählt die fast schon vornehm anmutende japanische Art *Viburnum plicatum* fo. *tomentosum* 'Mariesii'. Die horizontal ausladenden Zweige tragen flache Blütendolden mit großen Randblüten.

Die chinesischen Flieder verzweigen sich im Vergleich zum Gewöhnlichen Flieder von unter her besser und schießen nicht so leicht in die Höhe: *Syringa* × *chinensis* und *S.* × *josiflexa* sind ausgesprochen winterfeste Kreuzungen mit aufrechten, kompakten Blütenrispen. *S. reflexa* und *S.* × *swegiflexa* bilden locker verzweigte Büsche; ihre überhängenden Blütenrispen zeigen ein schönes Farbspiel aus rosa Blüten und dunkleren Knospen.

Anspruchsvolles Solitärgehölz: Blumen-Hartriegel (Cornus florida fo. rubra).

Als robust erweisen sich die höher wüchsigen Arten der Maiglöckchensträucher und Spireen: *Deutzia* × *kalmiiflora* mit rosa-weißen Blüten im Juni, *Deutzia* × *hybrida* mit einem Flor in Altrosa, *Spiraea nipponica* oder *Spiraea* × *arguta*, beide mit überhängenden Trieben, die zur Blütezeit mit den feinen Blütenbüscheln überschäumen. Der Schmalblättrige Sommerflieder (*Buddleja alternifolia*) wächst zu einem dichten, hohen Busch heran, dessen dünne Zweige kaskadenartig herabhängen. Im Juni sind die Triebe dicht an dicht mit Blütchen in Rotviolett-Tönen besetzt.

3 Stern-Magnolie
Magnolia stellata

Lange vor dem Blattaustrieb öffnen sich im März die weißen, duftenden Blüten mit zahlreichen länglichen Blütenblättern. Der zierliche Strauch bleibt kleiner als die meisten anderen Magnolien und blüht überreich.

Ansprüche: Die Stern-Magnolie braucht gut vorbereiteten, nährstoffreichen, frischen und lockeren Gartenboden an einem sonnigen Platz. Die Bodenreaktion sollte leicht sauer sein. Als Flachwurzler verträgt sie Bodenbearbeitung im Wurzelbereich nicht. Bringen Sie während der Wintermonate eine schützende Mulchabdeckung im Wurzelbereich aus.

Arten/Sorten: *Magnolia* × *soulangeana*, die Tulpen-Magnolie, hat imposante Blüten. Sie wird aber für die meisten Hausgärten zu groß.

4 Kahle Felsenbirne
Amelanchier laevis

Diese aparteste unter den Felsenbirnen entwickelt besonders große Blüten Ende März bis Mitte April. Sie stehen in hübschem Kontrast zum zarten, bräunlichen Austrieb und zur dunklen Rinde. Aus den schwarzen, süß-saftigen Beeren lässt sich Marmelade bereiten. Die Herbstfärbung zeigt ein herrliches Farbspiel in Tönen von Orange- bis Purpurrot (siehe auch S. 33).

Ansprüche: Der anspruchslose Strauch wächst in der Sonne wie im lichten Schatten. Sein gleichmäßiges Astgerüst sollte sich frei entfalten können.

Arten/Sorten: *Amelanchier ovalis*, die Gewöhnliche Felsenbirne, gedeiht noch auf trocken-steinigen Plätzen. Die Beeren der einheimischen Art sind eine wichtige Nahrung für die Vögel.

Spiraea japonica 'Bumalda' und Kleinstrauch-Rosen dienen als Stütze für Stauden und Sommerblumen im Beet.

Vielseitige Kleinsträucher

Während Bäume und Groß-
sträucher dominant auf die
Gartenumgebung ausstrahlen,
ordnen sich klein bleibende
Gehölze ihren pflanzlichen
Nachbarn unter. Kleingehölze
pflanzt man in die Gesellschaft
von Großsträuchern, um deren
kahlen Fuß zu kaschieren und
um einen üppigen Saum zu
schaffen. Unentbehrlich sind sie
in der anfangs noch lückigen,
frei wachsenden Hecke. Sie halten den Platz für einige Jahre
besetzt, während die größeren
Heckensträucher ihr Kronenge-
rüst allmählich entwickeln. Die
Kleinsträucher sorgen für ein
einigermaßen geschlossenes
Bild, müssen aber weichen,
sobald die eigentlichen Heckensträucher mehr Raum für sich
beanspruchen.
Schließlich sind kleinere und
höhere Gehölze unverzichtbar
für gemischte Rabatten nach
englischem Vorbild. In der
„Mixed Border" formen Gehölze
das dauerhafte Gerüst für Stauden und Sommerblumen. Die
Sträucher dienen nicht nur als
Kulisse für die Blumen: Ihre
Struktur bleibt im Winter erhal-

Fußvolk und Lückenbüßer
Sowohl für den Heckenrand als auch für die Rabatte eignen sich die kleinen Spireen (*Spiraea japonica* 'Bullata' und 'Bumalda'), Maiglöckchensträucher (*Deutzia gracilis, D. compacta*) und Scheinquitten (*Chaenomeles japonica, C. × superba*). Sie alle blühen hübsch, und sie stellen an den Boden keine besonderen Ansprüche. Eine gute Wahl sind Kartoffel-Rosen (*Rosa rugosa*), die sich in Gemeinschaft mit anderen, selbst höheren Gehölznachbarn gut behaupten. Kartoffel-Rosen wie Scheinquitten schmücken mit Früchten, die sogar verwertbar sind.
Besonders der Sonne ausgesetzte Plätze verlangen eine überlegte Pflanzenwahl. Hitze, Trockenheit und Straßenstaub vertragen die Besenginster. Zur Blütezeit sind deren Triebe überreich mit weißlichen, leuchtend gelben oder purpurroten Schmetterlingsblüten bedeckt. Ansonsten wirken die dünnen, aufstrebenden bis niederliegenden Triebe eher unscheinbar. Sowohl vom Elfenbeinginster (*Cytisus × praecox*) als auch vom Purpurginster (*Cytisus purpureus*) und vom heimischen Besenginster (*Cytisus scoparius*) gibt es reich blühende, kompakt wachsende Auslesen. Für den Rand zur Straße hin eignet sich auch der weiß, gelb oder orange blühende, robuste Fingerstrauch (*Potentilla fruticosa*) sowie Heiligenkraut (*Santolina chamaecyparissus*) mit feinem, grauem Laub. Beide lassen

sich durch Schnitt klein und in Form halten.
Generell ist man in Bezug auf Auswahl und Standort bei den Kleinsträuchern nicht so sehr festgelegt wie bei den Solitärgehölzen: Es stehen preiswerte Züchtungen zur Verfügung, die man in kleinen Gruppen setzen kann. Sie nehmen einen radikalen Rückschnitt nicht übel. Da sie relativ schnell vergreisen, sollte man immer wieder einen Verjüngungsschnitt vornehmen, sofern man nicht von vornherein eine beschränkte Lebensdauer einkalkuliert.

Robuste Fuchsien
Wenig bekannt ist, dass selbst in unserem Klima einige Fuchsien-Arten oder -Sorten den Winter überdauern, sofern der Wurzelstock tief genug, also mindestens 30 cm tief in die Erde kommt. Auf diese Weise eignen sich *Fuchsia magellanica* mit ihren Sorten 'Tricolor' und 'Versicolor', ebenso *Fuchsia regia* und einige *Fuchsia*-Hybriden wie 'Dollarpinzessin' und 'Riccartonii' für eine Kultur im Garten. Der Rückschnitt erfolgt im Herbst; die Fuchsien treiben im Frühjahr aus dem Wurzelstock wieder aus.

ten, die Gehölze schmücken mit ihrem Blattwerk, mit Blüten- oder Fruchtschmuck und sie stützen weniger standfeste Arten. Ein dankbarer Kleinstrauch ist hier der immergrüne Buchsbaum mit seinen Sorten. Er lässt sich zu geometrischen oder auch fantasievollen Formen schneiden und wirkt dadurch selbst während der kahlen Winterwochen ornamental.

Mal wild, mal edel: **Rosen**

Rosen zählen zu den ältesten Kulturpflanzen. Bereits aus den Hochkulturen Ägyptens, des Zweistromlandes und des alten Chinas ist die Rose als Zier- und Aromapflanze überliefert. Die Kreuzritter brachten im 12. Jahrhundert die Rosen des Mittelmeeres nach Mitteleuropa. So hielt die vielblütige Zentifolie nicht nur Einzug in die Klostergärten, sie avancierte zum christlichen Symbol, weithin sichtbar als Rosette an der Front gotischer Kathedralen. Die neuzeitliche Rosengeschichte beginnt mit dem Jahr 1798, als erstmals hochrote Bengalrosen aus Fernost nach Europa kamen. Einen weiteren Meilenstein markiert ab 1809 die Einfuhr gelber, so genannter Teerosen aus China. Erst sie versetzten die Rosenzüchter in die Lage, die heutige Vielfalt an Rosenfarben und -formen zu entwickeln. Die gelben, orangen und hochroten Blütenfarben gehen alle auf dieses chinesische Erbe zurück.

Weitläufige Verwandtschaft

Angesichts der unüberschaubar großen Zahl von Sorten bemühen sich Kataloge und Ratgeber, die Rosen nach Blüh- und Wuchstypen zu kennzeichen. Allerdings lassen sich keine klaren Trennlinien zwischen den Klassen ziehen. Wer einige wichtige Begriffe kennt, vermag sich im „Rosen-Dickicht" besser zurechtzufinden: **Edelrosen** gehen unmittelbar auf die chinesischen Teerosen zurück. Die gefüllten Blüten stehen einzeln oder nur zu wenigen an langen Stielen. Die lang gestreckte Blütenform wirkt elegant, zumal sich die Blüten im Idealfall nicht ganz öffnen. Edelrosen ergeben schöne Schnittblumen und wirken am besten aus der Nähe betrachtet.

Im Gegensatz dazu erzielen die vielblütigen **Beetrosen**, flächig oder in Gruppen gepflanzt, weithin sichtbare Farbeffekte: Bei den Polyantha-Rosen stehen viele kleine Blüten in großen, mehr oder weniger dichten Dolden. Polyantha-Hybriden entstanden durch Rückkreuzungen mit Edelrosen und zeigen größere Blüten. Floribunda-Rosen haben edler geformte Blüten, die sich in kleineren und größeren Büscheln entwickeln. Wiederum größere Blüten besitzen die Floribunda-Hybriden oder die Floribunda-Grandiflora-Rosen.

Strauchrosen stehen am besten einzeln oder mit anderen Stauden und Sorten in kleinen Gruppen. Sie schmücken sich und die Umgebung nicht allein mit ihren Blüten, sondern zusätzlich mit ihren lange am Strauch haftenden Hagebutten.

Als **Kletterrosen** bezeichnet man alle Sorten, die lange, oft weiche Triebe bilden, die sich aufbinden lassen oder die sich an Gerüsten oder Stützgehölzen hochspreizen. Innerhalb dieser Gruppe können die Wuchs- und Blüheigenschaften stark voneinander abweichen.

TIPP

Rosen richtig auswählen

Wesentliche Kriterien für die Sortenwahl sind die Winterhärte sowie die Widerstandskraft gegenüber Rosenkrankheiten wie Mehltau und Sternrußtau. Außerdem sollten Sie die zu erwartende Höhe und Ausdehnung in die Breite beachten. Und: Eine Rose sollte duften!

Die unbändigen **Wildrosen** stehen den natürlichen Arten mit ihren einfachen, eher kleinen Blüten und dem kräftigen, strauchförmigen Wuchs noch sehr nahe. Sie sind wenig pflegebedürftig und fügen sich bestens in naturnahe Gärten ein.

Miniatur- oder **Zwergrosen** sind kleinwüchsige Sorten, die sich für beschränkte Gartenräume, aber auch für Tröge und Kästen eignen. Sie verlangen jedoch den gleichen oder sogar mehr Pflegeaufwand als andere Rosenzüchtungen.

Bodendeckende Rosen bilden je nach Sorte mehr oder weniger lange Triebe aus. Nur wenige Sorten eignen sich tatsächlich als Bodendecker, viele unter diesem Begriff angebotene Sorten werden zu hoch oder dehnen sich im Hausgarten zu sehr in die Breite aus. Keine „Bodendecker-Rose" vermag die Erde so weit abzuschirmen, dass Unkraut unterdrückt wird, dafür erfordern sie viel Aufmerksamkeit.

In allen Rosenklassen finden sich Sorten, die nur einmal (dafür besonders überschwänglich) blühen und so genannte Dauerblüher, deren Hauptblüte von immer wieder neuen, schwächeren Blühwellen gefolgt wird.

Rosen-Hochstämmchen und verschiedene Beetrosen blühen im romantischen Rosengarten.

Rosen: *anspruchsvolle* Schönheiten

Rosen stellen gewisse Anforderungen an Standort und Pflege, damit sie gesund bleiben und zuverlässig blühen.

Alle Rosen bevorzugen einen sonnigen Platz im Garten, der nicht zu heiß und nicht zu trocken sein darf. Ein gut durchlüfteter, aber nicht windiger Standort ist wichtig. Stehen Rosen zu nahe an Hauswänden und Mauern, leiden sie eher unter Krankheiten und Schädlingen. Ebenso vertragen sie die starke Lichtreflexion durch helle Anstriche oder Pflasterbeläge schlecht: Die Blüten verblassen und welken früher.

Damit Ihre Rosen optimal gedeihen und zuverlässig blühen, benötigen sie einen gut vorbereiteten Standort mit nährstoffreicher, unverbrauchter Erde. Das Pflanzloch wird im Durchmesser von etwa 60 cm möglichst 40 cm tief ausgehoben. Lockern Sie die Bodensohle gründlich, da Rosen sehr empfindlich auf Staunässe im Wurzelbereich reagieren. Der pH-Wert sollte im Bereich zwischen 6 und 7 liegen. Hier lohnt sich die Untersuchung durch ein Bodenlabor, bei Bedarf wird etwas Algenkalk unter die Erde gemischt. Auch die Erde im Pflanzloch wird gut gelockert und mit etwas Gesteinsmehl vermischt. Unverrottetes Pflanzenmaterial wie Rasensoden oder Blätter sollten Sie nicht mit einarbeiten, da die Rosenwurzeln empfindlich auf faulendes Material reagieren. Setzen Sie den Wurzelstock so tief in das Pflanzloch, dass die Veredelungsstelle etwa 5 cm unter der Erdoberfläche liegt. Nach dem Angießen häufeln Sie die frisch gesetzte Rose leicht an. Im ersten Jahr empfiehlt es sich, etwas gut zersetzte Komposterde oberflächlich einzuarbeiten. Erst ab dem zweiten Jahr erhalten die Rosen zusätzliche Düngergaben in Form von Kompost, organischem oder mineralischem Dünger. Ab Ende Juli wird nicht mehr

Strauchrosen für den Einzelstand

Sorte	Blüte, Duft
'Charles de Mills'	dunkelrot mit Violett, leichter Duft
'Fritz Nobis'	lachsrosa, innen heller, gefüllt, Duft
'Königin von Dänemark'	hellrosa, innen dunkler, gefüllt, Duft
'Graham Thomas'	dottergelb, vergilbend, feiner Duft
'Ilse Haberland'	karminrosa, gefüllt, guter Duft
'Maria Lisa'	pink, einfache Blüten in großen Dolden
'Mozart'	hellrot mit weißem Auge, leichter Duft
Rosa centifolia 'Muscosa'	frisch rosa, rund, gefüllt, würziger Duft
'Othello'	dunkelrot bis bläulich, groß, starker Duft
'Queen Elizabeth'	hellrosa, leicht gefüllt, edle Form
'Schneewittchen'	weiß, gelbe Mitte, gefüllt, leichter Duft
'Red Yesterday'	karminrot, weißes Auge, leichter Duft

Falls Echter Mehltau aufgetreten ist, sollten Sie die Rosentriebe noch im Herbst zurückschneiden: Der Krankheitserreger überwintert in den Zweigspitzen.

gedüngt, damit das Holz ausreifen kann und die Sträucher den Winter unbeschadet überstehen.

Rosen dürfen nie zu eng oder eingezwängt zwischen anderen Gehölzen stehen: Stauende Luft und tropfendes Wasser begünstigen Pilzbefall. Aus dem gleichen Grund dürfen Nachbarpflanzen nicht zu nahe aufrücken. Als Begleiter eignen sich daher am besten niedrige Stauden. Klein bleibende Glockenblumen wirken wunderbar, weil sie in etwa zur selben Zeit wie die Rosen blühen. Zudem sorgen die weißen oder blauen Blütenglocken für einen ansprechenden Farbkontrast. Ebenso hübsch sehen niedrige Ehrenpreis- oder Gamander-Arten aus, außerdem *Sedum spurium* 'Album' oder die rote Sorte 'Fuldaglut', wenn sie im Übergang zu Wegen und Plätzen ausgedehnte Flächen besiedeln dürfen.

Rosenschnitt als Pflegemaßnahme

Für den Gartenneuling empfehlen sich Strauchrosen, die einen Schnitt vertragen, aber nicht zwingend einen Schnitt benötigen. Alte, vergreiste Triebe werden nach Bedarf oder im fünf- bis sechsjährigen Turnus herausgeschnitten. Grundsätzlich müssen Sie alle erfrorenen Triebe im Frühjahr entfernen. Das gilt ebenso für krank wirkendes Holz, da es eine Ansteckungsgefahr für den Strauch und benachbarte Rosen darstellt.

Wildtriebe, die aus der Unterlage treiben, müssen so schnell wie möglich entfernt werden, da sie das Edelreis schwächen. Man erkennt sie an den andersartig gefiederten Blättern und den stark bestachelten Trieben.

Kletterrosen für Spaliere und Rosenbögen

Sorte	Blüte, Duft
'Albéric Barbier'	zart gelb bis weiß, leichter Duft
'Albertine'	kupferrosa-lachs, gefüllt, kräftiger Duft
'Alchymist'	orangegelb, schwacher Duft
'Félicité et Perpetue'	Knospen hellrosa, später weiß, gefüllt
'Flammentanz'	blutrot, gut gefüllt, groß
'Gerbe Rose'	rosa, locker gefüllt, süßlicher Duft
'Ilse Krohn Superior'	weiß, gefüllt, groß, starker Duft
'New Dawn'	zartrosa, gut gefüllt, edle Form
'Paul's Scarlet Climber'	leuchtend karminrot, später rosa
'Sympathie'	samtig dunkelrot, edel, leichter Duft
'Veilchenblau'	purpurviolett, weißes Auge, leichter Duft
'Venusta Pendula'	zartrosa, Knospen altrosa, leichter Duft

Hervorragend: Solitärstauden

Ebenso wie in einem weitläufigen Park ein einzeln stehender Baum innerhalb einer Grünfläche zum Blickfang wird, dienen Solitärstauden als markante Wegmarken innerhalb eines Hausgartens. Diese hohen, oft ausladenden Pflanzen brauchen ausreichend Platz zu ihren Nachbarn. Gut zur Geltung kommen sie zum Beispiel am Terrassenrand, an Wegbiegungen oder vor einer Mauer.

Herausragende Gestalten

Im Gegensatz zum Solitärgehölz, welches das ganze Jahr über mit seinem belaubten oder unbelaubtem Astgerüst präsent ist, entwickeln sich Solitärstauden innerhalb einer Vegetationsperiode quasi aus dem Nichts heraus zu einer imposanten Erscheinung. Das hat den Nachteil, dass sie ihre Wirkung in aller Regel erst ab dem Hochsommer erzielen. Dafür lassen sie uns unmittelbar teilhaben an dem immerwährenden Rhythmus von Neuaustrieb, Aufwachsen, Blühen und Fruchten mit dem anschließenden Welken und Verdorren. Gerade die Solitärstauden bewahren bis weit in den Winter hinein Haltung und zieren – obgleich schon trocken und verblichen – den Garten, wenn winterliches Gegenlicht einfällt oder Raureif die Konturen hervorhebt. Ein Rückschnitt geschieht daher erst im März, wenn sich schon wieder junges Grün im Garten zeigt.

Die füllige Blattmasse muss entsprechend gut mit Nährstoffen versorgt sein. Schon beim Pflanzen kommt es auf ein großzügig bemessenes, gut gelockertes und mit reifem Kompost gut versorgtes Pflanzloch an. Zwischen April und August sollten Sie alle zwei Wochen Dünger verabreichen. Weiches, schlappendes Laub zeigt Wassermangel an. Nur bei ausreichender Wassersorgung entwickeln sich die ersehnten Prachtexemplare.

Die schönsten Solitärstauden

Eindrucksvoll präsentiert sich der Riesen-Alant (*Inula magnifica*) mit seiner Rosette aus übergroßen, herzförmigen Blättern. Bis in 2 m Höhe erhebt sich der verzweigte Blütenstand mit den dottergelben Körbchenblüten. Die orangefarbene Scheibe lockt zur Blütezeit im

Die Halme und Rispen von Miscanthus sinensis fangen das winterliche Streulicht ein.

Rheum palmatum var. tanguticum mit hochroten Blütenständen.

Gräser regieren den Herbst

Für eine Einzelstellung bieten sich die Arten und Sorten des Chinaschilfs (*Miscanthus*) an. Halme und verblühte Rispen trotzen jeder Winterwitterung und sorgen im Zusammenspiel mit Raureif, Eis oder Schnee für stimmungsvolle Bilder. Allerdings kommt das Wachstum erst im Juni in Schwung, davor müssen geeignete Frühjahrblüher die Lücke an der Basis füllen. Schön wirken alle Sorten aus der *Miscanthus*-Sinensis-Gruppe. Bei manchen erreichen die Halme Wuchshöhen von über 2 m, was die Dimensionen eines Reihenhausgartens sprengen kann. Überallhin passen die Sorten 'Kleine Fontäne' mit einem dichten Blatthorst und bis zu 1,60 m hohen silbrigen Blutenstanden oder die nur 1 m hohe 'Chamaeleon' mit olivgrünen, im Herbst rotbunten Blättern. Viele weitere Sorten wie 'Ghana' und 'Feuergold' bestechen durch eine rötliche bzw. goldrote Herbstfärbung. Standfest zeigt sich *Miscanthus purpurascens*; dieses Gras bringt mit seinen Herbstfarben ein loderndes Herbstfeuer ins Beet. Wo diese Gräser zu wuchtig erscheinen, bietet das Pfeifengras guten Ersatz: Die *Molinia*-Arten wirken durch ihr feines Laub und die lockeren Rispen aus winzigen Blüten besonders grazil. Sie wachsen leicht überhängend und brauchen etwas Platz, wirken aber duftig und fast schleierartig. Die Halme von *Molinia arundinacea* erreichen Höhen von knapp 2 m; die Sorten von *Molinia caerulea* hingegen bleiben mit nur 50 bis 80 cm Wuchshöhe deutlich niedriger.

Juli/August viele Insekten an. Stattliche Höhen von 2 bis 3 m erreicht der Weiße Federmohn (*Macleaya cordata*). Schon die feigenblättrigen, oberseits blaugrünen, unterseits weißlich behaarten Blätter unterstreichen den besonderen Charakter dieser fernöstlichen Staude. Die großen, locker besetzten Rispen tragen weiße Blüten zwischen Juli und August, danach bleiben die Blütenstände noch lange dekorativ. Die Art will lange ungestört am selben Platz stehen.
Prächtig wirken die genügsamen Zier-Rhabarber (*Rheum*-

Arten) allein schon durch den rötlichen Austrieb. Über dem grünen, spitz gelappten Laub erheben sich im Juni/Juli die buschigen, zu Rispen vereinten Stände aus hochroten oder weißen Einzelblüten.
An halbschattigen bis schattigen Plätzen behauptet sich der heimische Wald-Geißbart (*Aruncus dioicus*). Zu den besten gärtnerischen Auslesen zählt die 1,80 m hohe Sorte 'Waldgeister' mit stark gesägten Blättern und elegant überhängenden Blütenrispen, die sich aus vielen Ährenästen zusammensetzen.

Zu *Höherem* berufen: *Kletterpflanzen*

Kletter- und Schlingpflanzen erschließen im Garten die dritte Dimension: Gemessen an dem relativ geringen Standplatz, entwickeln sie eine enorme Fülle an Blattmasse, manche bescheren zur Blütezeit einen wahren Farbregen. Vor allem wenn es eintönige Hauswände, Mauern und Zäune zu kaschieren gilt, sind Kletterer, Schlinger und Ranker gefragt.

Kletterer, Ranker, Schlinger

Was landläufig als „Kletterpflanzen" zusammengefasst wird, unterscheidet sich beträchtlich in Bezug auf das Wuchsverhalten. Davon hängt ab, ob und welche Kletter- oder Rankhilfen die Pflanzen benötigen. Schlingende oder windende Pflanzen drehen ihre Sprossachse um eine Stütze, und zwar immer konsequent links- oder rechtsherum. Sie brauchen stabile, senkrecht verlaufende Stützen. Rankpflanzen halten sich mit Hilfe von umgewandelten Sprossen, Blättern oder Blattstielen an einer Rankhilfe fest, so wie man es von den Erbsen und Wicken her kennt. Sie benötigten ein weitmaschiges Rankgitter. Selbstklimmer haften durch ihre Wurzeln (Efeu) oder Haftscheiben (Wilder Wein) aus eigener Kraft an der Unterlage. Allerdings kommen sie nicht mit jedem Anstrich oder Verputz zurecht, außerdem hinterlassen die Haftorgane bleibende Spuren an der Wand. Das kann zum Problem werden, wenn ein starker Rückschnitt erforderlich wird oder ein Neuanstrich ansteht. Spreizklimmer wie die „Kletterrosen" entwickeln lange, biegsame Triebe, die sich durch die Haltevorrichtungen hindurch spreizen. Diesem Wuchsverhalten

Selbstklimmer eignen sich nur für intakte Fassaden: Die Haftwurzeln des Efeus dringen sonst in Mauerritzen und Risse im Verputz ein. Mit der Zeit kann es zu Schäden am Gebäude kommen.

Aufsteigende Tendenz: Kletterpflanzen

1 Windendes Geißblatt
Lonicera × heckrottii

Der Strauch wächst nur leicht schlingend, dafür entwickelt er oft eine buschige Form. Die unkomplizierte Pflanze blüht von Juni bis September in nahezu ununterbrochener Folge. Die röhrenförmigen Blüten sind innen gelb, außen rötlich; sie duften sehr intensiv. Die nektarreiche Pflanze lockt gerade in den Abendstunden unzählige Schmetterlinge wie das Taubenschwänzchen an.
Ansprüche: Kommt mit fast allen Böden zurecht, verträgt Halbschatten.
Arten/Sorten: 'Goldflame' wächst kräftig und entwickelt karminrote Blüten in dichten Ständen. Sie verfärben sich beim Verblühen violett. Ähnlich intensiv blüht (und duftet) das heimische Wald-Geißblatt (*Lonicera periclymenum*).

Wilder Wein verfärbt sich im Herbst leuchtend karminrot, während die Kletter-Hortensie in der Oktobersonne in sattem Gelb strahlt.

kommen Spaliere mit genügend Abstand zur Hauswand oder lichte Säulenkonstruktionen mit Querstreben am besten entgegen.

Ideale, unkomplizierte Kletterpflanzen stellen die Geißblätter dar: *Lonicera × tellmanniana* zeigt seine größeren, gelborangefarbenen Blüten im Mai. Die immergrüne, stark windende Art *Lonicera henryi* gedeiht noch im Schatten. Ihre eher unscheinbaren Blüten locken im Juni/Juli Myriaden von Insekten an. Für großflächige Wandbegrünungen empfehlen sich Wilder Wein (*Parthenocissus tricuspidata*) oder – ein stabiles Rankgerüst vorausgesetzt – die Pfeifenwinde (*Aristolochia macrophylla*) mit ihren großen, herzförmigen Blättern. Für schattige Bereiche kommen Kletter-Hortensien (*Hydrangea anomala* subsp. *petiolaris*) oder die buntlaubigen Sorten des Efeu (*Hedera helix*) in Frage.

Rankgitter, Spalier und gespannte Drähte dürfen nicht unmittelbar an einer Wand angebracht sein. Damit Luft zirkulieren kann, werden sie in einem Abstand von mindestens 10 cm zur Hauswand montiert.

Sichtschutz für die Sommerzeit

Oft genügt für die Dauer der Sommermonate ein Sichtschutz zur Straße oder zum Nachbargrundstück hin: Hier bieten sich leichte, vielleicht auch mobile Rankgerüste an, die sich jedes Jahr neu und anders mit Einjährigen gestalten lassen.

Besonders unkompliziert und dazu noch nützlich sind Feuer-Bohnen, die an jedem Zaun oder jeder in den Boden gesteckten Stange hochranken. Reizvoll wirkt der Hopfen, wenn seine klebrigen Triebe benachbarte Sträucher durchziehen. Nur die weiblichen, zapfenartigen Pflanzen bilden die dekorativen Fruchtstände aus.

2 Glyzine, Wisterie
Wisteria floribunda, W. sinensis

Die lang herabhängenden Blütentrauben in Blau, Weiß oder Rosé bringen jeden Betrachter ins Schwärmen. *Wisteria floribunda* windet rechsherum und blüht im Mai/Juni. Die linkswindende *W. sinensis* öffnet vor dem Blattaustrieb im April/Mai ihre kompakteren Blütentrauben. **Ansprüche:** Glyzinen verlangen einen nährstoffreichen, tiefgründigen Boden. Der Wurzelbereich darf im Sommer nicht austrocknen, deshalb darf man sie nicht in den Regenschatten pflanzen. Wichtig ist ein stabiles Rankgerüst, oder man spannt starke Drähte. **Arten/Sorten:** *Wisteria floribunda* 'Blue Dream', 'Caroline' (Blüten rosé), 'Domino', 'Shiro Noda' (fast weiß), *Wisteria sinensis* 'Amethyst', 'Profilic', 'Alba' (weiß).

3 Prunkwinde
Ipomoea tricolor

Ideal für Rankgerüste an Terrassen, Sitzplätzen oder Balkonen sind die Prunkwinden. Monatelang blüht dieses tropische Gewächs, wobei sich die Trichterblüten früh am Morgen öffnen und sich bereits am frühen Nachmittag schließen. **Ansprüche:** Nur bei sonnigem Stand, reichlichen Nährstoffgaben und ausreichender Wasserzufuhr entwickeln sich die Pflanzen und zeigen einen üppigen Blütenflor. Eine Vorkultur im Topf ab März ist erforderlich, damit bis zum Hochsommer kräftige Pflanzen heranwachsen. **Sorten:** Es gibt weiße, rosarote und blaue Auslesen, die farbigen zeigen immer einen weißen Blütenschlund. Am zuverlässigsten ist die violett blühende Sorte 'Scarlet o' Hara'.

4 Sternwinde
Ipomoea (Syn. *Quamoclit*) *lobata*

Die prächtige Schlingpflanze überrascht durch unterschiedliche Blattformen (an der Basis der Pflanzen herzförmig, am Spross dreilappig) und durch das Farbspiel der Blütenstände: Die hochroten Knospen verfärben sich nach dem Aufblühen cremeweiß, sodass der Blütenstand zweifarbig wirkt. **Ansprüche:** Nur bei Sonne entwickelt sich ein reicher Flor, die enorme Blattmasse erfordert regelmäßige Wasser- und Düngergaben. Für die Vorkultur im März steckt man drei oder vier Samen in einen 10-cm-Topf. Mitte Mai pflanzt man in lockere, tiefgründige, humose Erde aus oder man setzt die Pflanzen in einen großen Trog. Innerhalb von zwei Monaten werden Treillagen und Rankgerüste zuverlässig überwuchert.

Rankend oder kriechend: **Waldreben**

Die große Verwandtschaft der Waldrebe lässt sich auf vielfältige Weise im Garten einsetzen: Ihre Arten oder Sorten ranken über Holz- oder Edelstahlgerüste; sie durchziehen Sträucher und Baumkronen und manche Arten bedecken sogar schattige Beete. Voraussetzung für ein Gedeihen aller *Clematis* ist ein ausreichend großer Wurzelraum mit nährstoffreicher Erde. Der Wurzelbereich sollte nach Möglichkeit beschattet werden: Entweder setzt man die Pflanze von vornherein an die schattige Seite eines Strauches oder man gesellt einen Wurm- oder Straußfarn (*Dryopteris filix-mas, Matteuccia struthiopteris*) hinzu, der den Sommer über als zuverlässiger Sonnenschirm dient.

Mal zierlich, mal riesig: Waldreben-Blüten

Moderne Gärten vertragen großblumige Auslesen in auffälligen Farben. Liebhaber des Natürlichen greifen eher auf dezente Wildarten zurück.

Die großblumigen Auslesen unterteilt man in verschiedene Sortengruppen, die sich hinsichtlich der Blütezeit, Blütenbildung und Blühdauer unterscheiden: Bei der **Florida-Gruppe** erscheinen Blüten einzeln in den Achseln der ausgereiften und alten Triebe. Die Blütezeit erstreckt sich von Frühsommer bis Frühherbst. Die wüchsigen und robusten Sorten der **Jackmanii-Gruppe** öffnen ihre Blüten über einen langen Zeitraum von Juli bis September; die Blüten stehen an jungen Trieben. Sehr große Blüten im Juni/Juli bildet die **Lanuginosa-Gruppe** an kurzen Seitentrieben, verteilt über die ganze Pflanze. Bei der **Patens-Gruppe** stehen die Blüten einzeln und endständig an alten und ausgereiften jungen Trieben und blühen von Juni bis September. Wertvoll erscheint die **Viticella-Gruppe** schon wegen der

Die krautigen Triebe von Clematis × jouiniana kriechen am Boden entlang oder klettern am Gerüst.

Fedrig leicht: Clematis tangutica.

späten, allerdings kurzen Blüte. An den jungen Trieben entwickeln sich zahlreiche Blüten in aparten Blautönen.

Ausbreitungsdrang in die Horizontale

Waldreben müssen nicht immer in die Höhe ranken. Die staudigen Arten eignen sich hervorragend dazu, Flächen im Schatten oder Halbschatten zu bedecken. Die zuverlässigste Art ist *Clematis integrifolia* mit ihren Varietäten und Sorten. Hübsch wirken die nickenden, glockigen, oft leicht verdrehten Blütenblätter in Violetttönen. Die Blütezeit erstreckt sich von Juni bis August. Ein Rückschnitt zu lang gewordener Triebe ist jederzeit möglich.

Ebenso eignet sich die halbstrauchige *Clematis × jouiniana* als Bodendecker. Die nicht rankenden Triebe kriechen dem Boden entlang oder durchziehen robuste Sträucher. Die kleinen, weißlichen bis violetten Blüten erscheinen von August bis Oktober in großen Rispen; sie überraschen mit ihrem feinen Duft.

Alle *Clematis* treiben nach einem Rückschnitt wieder gut durch. Sie erholen sich meist von Frostschäden, wobei dann vorerst keine oder nur wenige Blüten zu erwarten sind. Allerdings vernichten Schnecken gnadenlos jeden Neuaustrieb. Daher brauchen junge oder dem Boden aufliegende Triebe unbedingt Schutz durch Schneckenkorn. Um zuverlässig zu blühen, benötigen alle Waldreben eine reichlich bemessene Kompostgabe im Frühjahr. Im Herbst bekommen sie eine Laubschüttung für einen unbeschadeten Neuaustrieb nach den Wintermonaten.

Wuchskräftige Waldreben

Deutscher und botanischer Name	Wuchstyp	Blüten	Ansprüche und Pflege
Alpen-Waldrebe, *Clematis alpina*	zierliche Art, wächst zu Beginn langsam, 2 bis 3 m hoch	3 bis 4 cm lange Blüten, einzeln in den Blattachseln, aber zahlreich, rot oder blau	wächst am besten im Halbschatten; rankt dekorativ über niedrigere Büsche, auch für den Steingarten
Berg-Waldrebe, *Clematis montana*	wächst sehr kräftig, bis 8 m hoch, reiche Blüte nur an sonnigen Standorten	3 bis 5 cm große Blüten, meist rosa oder rötlich, blüht sehr reich	braucht viel Platz, kommt auch mit weniger günstigen Standorten zurecht, kann wuchern
Orientalische Waldrebe, *Clematis orientalis*	3 bis 4 m hoch, fein gefiedertes Laub	2,5 bis 5 cm große Blüten mit festen Blütenblättern, in Gelbtönen, Fruchtstände im Spätsommer	rankt zuverlässig in die Höhe, braucht wenig Platz, zuverlässig an warmen, stärker besonnten Plätzen
Mongolische Waldrebe, *Clematis tangutica*	wächst kräftig, bis 5 m hoch	blüht ab Mai und schon ab Juni zeigen sich die auffälligen, silbrig fedrigen Fruchtstände	auf schweren Böden oft nicht ausreichend winterhart, bevorzugt vollsonnigen Standort

AUF EINEN BLICK

Den Garten gestalten

Zu jeder Zeit des Jahres sollte im Garten mit Hilfe einer gezielten Pflanzenwahl etwas blühen. Das reicht von einzelnen Blütentupfern im Winter bis hin zum farbenfrohen Blütenreigen während der Sommermonate. Im Sonnen- wie im Schattenbeet, auf trockenen Flächen und im Feuchtbereich lassen sich wechselvolle Gartenbilder in Szene setzen.

Standorte für *Gartenstauden*

Eine standortgerechte Verwendung bildet die Voraussetzung für eine dauerhafte, möglichst pflegeleichte Bepflanzung. Damit Pflanzen optimal gedeihen, muss man sie im Garten ihren natürlichen Ansprüchen gemäß behandeln: Neben dem Bedarf an Wasser und Nährstoffen spielt der angestammte Lebensbereich eine wichtige Rolle.

Der **Lebensbereich Gehölz** ist durch Schatten geprägt. Die Wurzelkonkurrenz der Bäume und Sträucher gibt nur wenigen Stauden eine Überlebenschance. Unter dem Laubdach finden Frühjahrsblüher ihre Nische, die ihren Wachstumsrhythmus vollenden, noch bevor die Laubgehölze ihre Blätter entfalten. Mit dieser Situation kommen auch manche Farne noch zurecht. Vor allem im älteren, eingewachsenen Garten finden sich ausgedehnte Schattenpartien.

Artenreiche Zone des Übergangs

Im Vergleich dazu findet sich im halbschattigen **Lebensbereich Gehölzrand** eine Vielzahl von Arten ein. Die Zusammensetzung unterscheidet sich, je nachdem ob die Fläche sonnig-warm oder eher absonnig und kühler liegt. Diesen Lebensbereich trifft man häufig im Garten an: Etwa am Saum von Hecken, unter Sträuchern und

Lebensbereich Gehölzrand mit Blattschmuckstauden. *Steppenheide auf trockenem Untergrund.*

Die Rhythmen des Wachstums

Nicht allein die Standortsprüche spielen für die Artenauswahl eine wichtige Rolle. Zu beachten ist außerdem der jeder Art eigene Entwicklungszyklus. Manche Gewächse beeilen sich, früh im Jahr zur Blüte zu kommen, um rasch zu fruchten und danach einzuziehen. Ein bekanntes Beispiel dafür ist das Tränende Herz *(Dicentra)*, eine aparte Erscheinung im April, aber kurz darauf unansehnlich durch das gelbe Laub. Ebenso vergilbt das Laub von Orientalischem Mohn, Akeleien und Wiesenrauten kurz nach der Blüte. Andere Gartenblumen überraschen durch ihre über-

wältigende, aber kurzlebige Blütenpracht. Ist diese wie bei Pfingstrosen *(Paeonia)* und Taglilien *(Hemerocallis)* verpufft, steht eine grüne Blattmasse im Beet, die geeigneter Begleiter bedarf. „Langschläfer" wie die Funkien *(Hosta)* oder viele Farne treiben im Frühjahr sehr gemächlich aus, um andererseits im Laufe des Sommers viel Platz um sich herum zu beanspruchen. Hier braucht es geeignete Frühblüher (wie die unkomplizierten Vertreter der Zwiebelblumen, siehe Seite 68/69), die bereits abgeblüht sind, wenn andere erst ihre Blätter zu strecken beginnen.

Ganz wichtig für den ganzjährigen Blütenaspekt sind die Herbstblüher, die monatelang unbeachtet allmählich heranwachsen, um dann für viele Wochen reich zu erblühen. Dazu gehören die lieblichen Herbst-Anemonen in Weiß oder in zarten bis kräftigen Rosatönen. Und natürlich dürfen die Astern nicht fehlen: niedrige Kissen-Astern ebenso wie hohe Raublatt- oder Glattblatt-Astern. Ihnen weist man je nach Wuchshöhe Plätze im Vordergrund oder in der mittleren Beetebene zu, damit sie dann, wenn ihre Zeit gekommen ist, ihrer Hauptrolle gerecht werden.

WUSSTEN SIE SCHON?

Bäumen und ebenso am Rand von Mauern und Hauswänden. Diese Zone bildet oft den Übergang in die angrenzenden entweder vollschattigen Bereiche oder in offene, ganztägig besonnte Flächen.

Freifläche heißt volle Sonne

Der **Lebensbereich Freifläche** bezeichnet eine baum- und strauchfreie Zone, die in den Genuss des vollen Sonnenlichtes kommt. Zu diesem Lebensbereich zählt das klassische Beet mit Schmuckstauden ebenso wie der Rasen oder die Wiese. Die Pflanzenauswahl richtet sich in erster Linie nach dem Wasserangebot: Auf feuchten Böden gedeihen andere Arten als in normal frischem Gartenboden, während extrem trockener Untergrund eine bestimmte Vegetationsform bedingt. Im Extremfall entsteht auf sonnenexponierten, womöglich nach Süden geneigten Plätzen über steinigem Untergrund eine Steppenheide, die nicht nur im Sommer intensiv blüht, sondern sich lange erhält. Auf sandigen, sauren, nährstoffarmen Böden entwickelt sich die typische Heidelandschaft.

Eine Staudenpflanzung schließt sich erst im dritten Jahr nach der Neuanlage. Nur im Steingarten oder auf steppenartigen Flächen bleibt zwischen den Stauden der Boden sichtbar. Bedecken Sie ihn mit Splitt, Feinkies oder Lavagrus.

Eine Sonderform der Freifläche stellt der Steingarten dar, in dem – auf welche Art auch immer – Steinmaterial als gestalterisches Element eingebaut wurde. Alpine Arten finden hier ihren Platz, ebenso trockenheitsverträgliche Stauden, die unter dem Konkurrenzdruck dominanter Nachbarn leiden würden.

Eine besondere Artenzusammensetzung besitzen außerdem der Gartenteich, das Teichufer und die sumpfigen Randbereiche. Beim Pflanzen ist auf die geeignete Wassertiefe zu achten, und bei der Auswahl sollte man die überdurchschnittliche Wuchsfreude der Wasserpflanzen bedenken.

Manche Gartenstauden sind auf einen ganz bestimmten Lebensbereich fixiert. Die meisten jedoch tolerieren recht unterschiedliche Plätze, sofern ihnen ein gärtnerisch aufbereiteter, humoser, tiefgründiger Boden zur Verfügung steht und ihnen ein Mindestmaß an gärtnerischer Pflege zuteil wird.

Gut kombiniert: **Staudenbeete**

Auf Gartenschauen sind prächtig blühende Staudenbeete und schöne Farbzusammenstellungen mit ausgewählten Sorten zu bewundern. Der Gartenanfänger sollte wissen, dass diese herrlichen Beete das Werk kreativer Gartenplaner und erfahrener Staudengärtner darstellen. Man ahnt höchstens, welches Ausmaß an Pflege sich dahinter verbirgt und inwieweit ständiges Nachpflanzen das bunte Bild für das anspruchsvolle Publikum aufrechterhält. Im eigenen Garten müssen Sie dagegen klein mit einem bescheidenen, aber bewährten Sortiment beginnen.

Farben, Strukturen und Texturen

Lange Zeit galten Farbbeete mit fein aufeinander abgestimmten Blütenfarben als Inbegriff guter Gartengestaltung: Rosa-violette Beete (Seite 59), Rabatten in Gelb und Blau oder mit ausschließlich weiß blühenden Pflanzen zeugten von gehobenem Geschmack. Viele Bücher präsentieren lange Listen von Sorten, die einem bestimmten Farbschema zugehören. Glücklicherweise wagen sich heute innovative Gartendesigner an ungewöhnliche Farbkombinationen, so sind dunkle, erdige bis triste Farben derzeit en vogue, und die jahrzehntelang verpönte Gelb-Rot-Kombination (Seite 58) gilt als trendy. Im Privatgarten muss man solchen Strömungen nicht folgen, aber man kann von den Gartenschau-Beispielen lernen. Zu viel Buntes kann zwar lustig, aber auch unruhig oder überladen wirken.

Ein Staudenbeet braucht einige auffällige, höhere **Strukturpflanzen**, die für möglichst lange Zeit präsent sind: Silberkerzen (*Cimicifuga racemosa*), Hoher Stauden-Phlox (*Phlox paniculata*), Purpur-Wasserdost (*Eupatorium purpureum*) oder Chinaschilf (*Miscanthus sinensis*) stehen vor, während und lange nach der Blütezeit auffällig im Beet, oft bleiben Blätter und Fruchtstände den ganzen Winter erhalten. Derartige Stauden bilden das Gerüst einer Pflanzung. Ihnen gegenüber stehen die **Begleitpflanzen**, die nur für relativ kurze Zeit einen Blickfang darstellen: Beispielsweise wirken viele Frühjahrsblüher wie Gämswurz (*Doronicum orientale*) oder Kaukasus-Vergissmeinnicht (*Brunnera macrophylla*) nach dem Verblühen trostlos, das Tränende Herz (*Dicentra spectabilis*) zieht bald nach der Blüte ein. In deren Nachbarschaft müssen „Spätzünder" die entstehenden Lücken schließen. Gleiches gilt im Prinzip für die Rittersporne (*Delphinium*) und für den prächtigen Orientalischen Mohn (*Papaver orientale*): Sie entfachen im Juni ein berauschendes Blütenfeuerwerk, um kurz darauf in die Anonymität zu versinken. Geeignete Hochsommer- oder Herbststauden wie hohe Astern (*Aster novi-belgii*, *A. novae-angliae*), Großer Ehrenpreis (*Veronica teucrium*) oder die langsam aufwachsenden Pracht-Sedum (*Sedum spectabile*) sind hier gute Kombinationspartner.

Füllpflanzen schieben sich im Pulk zwischen die hohen, dominanten Stauden und sorgen erst für eine geschlossene, stimmige Bepflanzung. Dazu gehören Polster-

TIPP

Kaufen mit System

Gehen Sie zum Pflanzenkauf mit einer vorbereiteten Wunschliste ins Gartencenter oder in die Staudengärtnerei und lassen Sie sich von einer fachkundigen Person beraten. Damit sind Sie gefeit vor unüberlegten Griffen in die Ausstellungsfläche: Hübsch anzusehende Schnellkäufe, die nirgendwohin im Garten so recht passen, werden leicht zum Dauerpflegefall und kosten unnötig Geld.

Taglilie 'Crescent Moon'

pflanzen wie Polster-Phlox (*Phlox subulata*), Katzenminze (*Nepeta ×
faassenii*), Horn-Veilchen (*Viola cornuta*), Kissen-Astern (*Aster dumosus*) oder die Glockenblumen mit kriechendem Wuchs (z.B. *Campanula porscharskyana*). Nicht zu vergessen die Gräser wie Blau-Schwin-
gel (*Festuca glauca*) oder Hasenschwanzgras (*Lagurus ovatus*).

Die Vielfalt zum Ganzen vereinen

Wählen Sie am Anfang nicht zu viele verschiedene Arten. Rhythmisch soll sich die
gewählte Kombination aus niedrigen und hohen Stauden im Beet wiederholen,
wobei Variationen des Themas erwünscht sind. Achten Sie nicht nur auf eine Staf-
felung der Blühzeiten, sondern außerdem auf kontrastreiche Blattformen und -far-
ben. Setzen Sie bewusst die Wirkungen der unterschiedlichen Blütenstände ein:
Kompakte Korbblüten stehen in Kontrast zu den Ähren der Lippenblütler, während
Blüten in Rispen oder Dolden eine hübsche Schleierwirkung erzielen.

Die dunklen Töne des Fuchsschwanzes harmonieren mit blauem Rittersporn und Purpur-Sonnenhut.

Sommerstauden in Gelb, Orange oder Rot

Botanischer und deutscher Name	Wuchshöhe, Blütezeit	Sorten
Achillea millefolium und *Achillea*-Hybriden, Schafgarbe	30 bis 50 cm, Juli bis August kleine Körbchenblüten in flachen, großen Dolden, Strahlenblüten in vielen Farben, Scheibenblüten immer gelb	'Coronation Gold' (goldgelb), 'Sammetriese' (dunkelrot), 'Schwefelblüte' (hellgelb), 'Kelwayi' (karminrot), 'Walter Funcke' (orangerot)
Helenium, Sonnenbraut	40 bis 120 cm, Juni bis September hübsche, unkomplizierte Sommerblüher mit regenfesten Körchenblüten	'Baudirektor Linne' (rotbraun), 'Coppelia' (braunorange), 'Kupferzwerg' (rotbraun), 'Moerheim Beauty' (kupferrot)
Hemerocallis, Taglilie	50 bis 120 cm, Juni bis Juli große Blüten aus sechs Blütenblättern, die Einzelblüte öffnet sich nur einen Tag lang	unzählige Sorten in vielen Farben und Farbkombinationen, besonders robust ist *H. middendorffii* mit orangegelben Blüten
Kniphofia in Arten und Sorten, Fackellilie	60 bis 120 cm, Juli bis August dichte Ähren mit zahlreichen Röhrenblüten über grasartigen Blatthorsten	'Fyrverkery' (leuchtend orangerot), *K. citrina* (hellgelb), *K. uvaria* (Knospen rot, geöffnete Blüten gelb)
Lobelia splendens, Lobelie	80 bis 100 cm, Juli bis August röhrige Blüten mit zipfelig auslaufenden Blütenblättern	'Elmfeuer' (scharlachrot, dunkles Blatt), *L. × speciosa* 'Fan'- und 'Kompliment'-Serie in den Farben Scharlach und Tiefrot
Phlomis russeliana, Brandkraut	80 bis 140 cm, Mai bis August große gekrümmte Lippenblüten in bis zu fünf dichten Quirlen	Blütenfarbe schwefelgelb, der reife Blütenstand bleibt bis weit in den Winter aufrecht und dekorativ
Rudbeckia fulgida var. *sullivantii*, Sonnenhut	60 bis 100 cm, August bis September große Blütenköpfchen mit schwarzer Mitte und langen Strahlenblüten	'Goldsturm' (große Blumen), *R. laciniata* 'Goldball' (goldgelb, bis 160 cm hoch, geteilte bis gelappte Blätter)

Bewährte Blüher in Weiß, Rosa oder Violett

Botanischer und deutscher Name	Wuchshöhe, Blütezeit	Sorten
Echinacea purpurea, Purpur-Sonnenhut	60 bis 100 cm, Juli bis September kräftige Körbchenblüten mit hochgewölbter, brauner Scheibe, viele lange Strahlenblüten	'Magnus' (rosarot), 'Rubinstern' (purpurrot), 'White Swan' (weiß), bei *E. angustifolia* sind die rosa Strahlenblüten nach unten geklappt
Lychnis coronaria, Vexiernelke	60 bis 90 cm, Juni bis August auffällige Blüten mit fünf Kronblättern in leuchtendem Pink	sparrig verzweigte Pflanzen, Stängel und Blätter sind grauweiß filzig, Pflanzen sterben nach 2 bis 3 Jahren ab, versamen sich selbst
Penstemon, Bartfaden	50 bis 70 cm, Juni bis Oktober große Röhren, oft mit weißem Schlund, in traubiger Rispe	'Agnes Laing' (himbeerrot, Schlund weiß), 'Evelyn' (lachsrosa), 'Osprey' (dunkelviolett), 'Albus' und 'Thorn' (weiß)
Phlox paniculata, Hoher Stauden-Phlox	80 bis 120 cm, Juli bis September fünfblättrige, unten zu einer schmalen Röhre auslaufende Blüten in dichten Trugdolden	viele Sorten zeigen das gesamte Farbspektrum: 'Düsterlohe' (dunkelviolett), 'Frauenlob' (lachsrosa), 'Pax' (weiß), 'Prospero' (hellviolett)
Pseudolysimachion (*Veronica*) *longifolia*, Wiesen-Ehrenpreis	60 bis 80 cm, Juli bis August zierliche Rachenblüten in lang gestreckten, wenig verzweigten Ständen	'Pink Damask' (rosa), 'Schneeriesin' (weiß), *P. spicatum* bleibt etwas kleiner und kompakt, blüht in Weiß, Blau, Rosa
Salvia nemorosa, Steppen-Salbei	30 bis 70 cm, Juni bis Juli meist violettblaue Lippenblüten in verzweigten, langen ährigen Ständen, Dauerblüher	'Adrian' (weiß), 'Blaukönigin' (blauviolette Saatsorte), 'Caradonna' (violettblau), 'Mainacht' (dunkel violettblau), 'Ostfriesland' (violett)
Salvia sclarea, Muskateller-Salbei	50 bis 100 cm hoch, Juni bis August große rosaweiße Blüten in quirligen Teilblütenständen	auffalliges, runzliges Laub, zweijahrige Pflanze, die sich meist gut versamt; 'Piemont' mit rötlich violetten Hochblättern

Blütenstauden für die Felssteppe

Deutscher, botanischer Name	Blütezeit, Wuchshöhe	Beschreibung
Steppenkerze, *Eremurus*-Hybriden	Juni, 100 bis 200 cm	viele kleine, auffällig gefärbte Blüten an einer langen, unverzweigten Traube
Präriekerze, *Gaura lindheimeri*	Juni bis Oktober, 70 bis 200 cm	etwa 3 cm große, weißliche, schmetterlingsartige Blüten in langen, lockeren Trauben
Junkerlilie, *Asphodeline lutea*	Mai bis Juni, 80 bis 100 cm	über einem grasartigen Horst erhebt sich die dicht mit gelben Blüten besetzte Traube
Nachtkerze, *Oenothera fruticosa*	Juli bis August, 70 cm	große, dottergelbe Schalenblüten kontrastieren mit dunkelgrünem Laub und roten Stängeln
Goldgelbe Teppich-Garbe, *Achillea tomentosa*	Juni bis August, 15 cm	kleine Körbchenblüten stehen in Kontrast zum graugrünen Laub
Blauzungen-Lauch, *Allium karataviense*	April bis Mai, 20 cm	imposante violette Blütenkugel als Blickfang im späten Frühjahr

Gräser für die Felssteppe

Deutscher, botanischer Name	Blütezeit, Wuchshöhe	Beschreibung
Gewimpertes Perlgras, *Melica ciliata*	Juni, Halme bis 70 cm	dichte graugrüne Horste, zierlich anmutende Blütenrispen
Feines Lampenputzergras, *Pennisetum orientale*	bis Oktober, 40 cm	dichte Horste mit vielen Halmen, Blütenstand bürstenartig aus vielen Ährchen bestehend
Nest-Kopfgras, *Sesleria nitida*	April, bis 80 cm	dichte, bläuliche Horste mit dürrefestem, steifem Laub, dichte Rispenähren
Büschelhaargras, *Stipa capillata*	Juni bis August, 70 cm	lockere Horste, die nach der Samenreife auseinanderfallen, sehr lange, glänzende Grannen

Manche mögen's *heiß*

In der Steppenheide finden sich im Hochsommer seltenere Schmetterlinge wie Schachbrett, Apollofalter und Blutströpfchen ein.

Prachtstaudenbeete und mehr noch die Rabatten mit Sommerblumen brauchen während der heißen Sommerwochen regelmäßige Wassergaben. Als genügsamere Alternative bietet sich die Felssteppe an, die Trockenheit gut verträgt und sogar die Zeit eines Sommerurlaubs recht gut übersteht. Vorbilder dieser Vegetationsformen finden sich zum Beispiel an den trockenen Hängen der Mittelgebirge.

Voraussetzung ist ein sehr gut wasserdurchlässiger Boden. Nährstoffreiche Erde wird mit Sand und Geröll vermischt, wobei eine Fräse (die Sie über den Landmaschinenhandel ausleihen können) gute Dienste leistet. Steine sind hier Bestandteil der Gestaltung: Die bepflanzte Fläche wird mit Steinen abgedeckt, Pflanzen erheben sich zwischen Gesteinsbrocken unterschiedlicher Größe oder ranken dekorativ darüber hinweg. Das bietet für die Pflege einige Vorteile: Die Steinauflage verhindert das Aufkommen von unerwünschten Kräutern und Gehölzsämlingen, außerdem lassen sich ebenerdig eingebaute Trittsteine geschickt integrieren.

Sonnenkinder brauchen Platz

Die Pflanzenarten für die Felssteppe stammen aus den unterschiedlichsten Regionen der Erde; sie alle aber wollen frei stehen und dulden keinen beschatteten Wurzelbereich. Es hat seinen Reiz, mit einheimischen Arten einen sonnig-trockenen Gartenbereich zu gestalten: Karde (*Dipsacus sativus*), Natterkopf (*Echium vulgare*), Tüpfel-Johanniskraut (*Hypericum perforatum*), Karthäuser-Nelke (*Dianthus carthusiano-*

Am vollsonnigen, trockenen Platz fühlen sich Königs-kerzen, Wolfsmilch und Gräser wohl.

rum), Resede (*Reseda lutea*) fügen sich zu ein-drucksvollen Gesellschaften. Spannende Bilder entstehen, wenn markante, aber gegensätzliche Charaktere wie *Yucca* oder der Stachelmohn (*Argemone mexicana*) mit Feigenkakteen (*Opuntia*) kombiniert werden. Dazu gesellen sich dezente-re, niedrige Begleiter wie das Portulakröschen (*Portulaca grandiflora*).

Zu den auffälligsten Vertretern der Felssteppe zählen die hoch aufragenden Königskerzen (*Ver-bascum*). Die Einzelpflanzen dieser ornamenta-len Stauden sind recht kurzlebig, doch versa-men sie sich in aller Regel so zuverlässig, dass sie jedes Jahr wieder und oft an unerwarteten Plätzen erscheinen. Von den einheimischen Arten *Verbascum bombyciferum* und *V. nigrum* gibt einige gute Auslesen mit größeren Blüten in intensiven Gelbtönen.

Um einen naturnahen Eindruck zu erreichen, werden Gräser zwischen die hohen Stauden ein-gestreut (siehe Kasten). Die sommerliche Tro-ckenheit entspricht dem natürlichen Wuchs-rhythmus zahlreicher Zwiebel- und Knollenpflanzen: Die kleinen und großen Zier-lauch-Arten finden hier ihren Platz, ebenso wie Steppenlilien (*Eremurus*) oder Schwertlilien, zum Beispiel die hohen Arten *Iris crocea* (mit gelben Blüten) oder *Iris graminea* (violettblau). Als Bodendecker und Randbepflanzung dienen Fingerkräu-ter (*Potentilla*), Habichtskräuter (*Hieracium aurantiacum, H. pilosa, H. pilosella*), niedri-ges Goldauge (*Heterotheca villosa* Syn. *Chrysopsis villosa*) sowie *Sedum-* oder *Sempervi-vum*-Arten. Thymian und Ysop sorgen zusätzlich für Dufterlebnisse.

Grau fängt das Licht

Graulaubige Pflanzen vermitteln von Natur aus den Eindruck süd-licher, sonnenverwöhnter Vegeta-tion. Ihre Blätter schützen sich ent-weder durch eine Wachsschicht oder durch eine besonders dichte Behaarung vor übermäßiger Ver-dunstung. Zugleich reflektiert die helle Oberfläche das auftreffende Licht und beugt einer Überhitzung des Gewebes vor. Im Garten ver-wendet man die Graulaubigen, um ganz bewusst Kontraste zu grünem oder braunem Laub zu schaffen. Zudem hebt die helle Farbe gerade die gelben Blütenfarben besonders hervor.

Zu den unverwüstlichen „grauen Gestalten" zählt die Artemisien-Verwandtschaft: Sowohl der halb-strauchige Wermut (*Artemisia absinthium*) als auch Stauden- und Pontischer Wermut (*Artemisia ludo-viciana* und *A. pontica*) fühlen sich an sonnigen Plätzen mit stein- oder sandhaltigen Böden wohl. Sie behalten ihre straff-aufrechte Form das ganze Jahr über und dienen so als formales Gerüst. Ein besonders hübscher silbriger Strauch ist die Perowskie (*Perovskia abrotanoides*). Ihre blauen Bluten erscheinen erst im Spätsommer und stehen in hüb-schem Kontrast zu Gelbblühern. Die

stark überhängenden Zweige ver-langen immer wieder einen gründ-lichen Fassonschnitt.
Graue Bodendecker gibt es viele: Hübsch sehen die Polster der Gel-ben Teppich-Garbe (*Achillea tomen-tosa*) aus. Nahezu immergrün blei-ben die dichten Matten der Römi-schen Kamille (*Chamaemelum no-bile*) mit kleinen Margeritenblüten. Zuverlässige Begleiter sind ebenso die Silberimmortelle (*Anaphalis margaritacea*) oder die Katzenmin-zen (*Nepeta cataria, N. × faassenii*), die ihre kriechenden Triebe mit blauen Lippenblütchen zwischen die höheren Horste schieben.

WUSSTEN SIE SCHON?

Gebirge im Kleinformat: **Steingärten**

Vorbilder für einen gelungenen Steingarten sind natürliche Gebirgsszenerien.

Steingärten bilden ein Refugium für viele aparte, meist zierliche Arten aus den verschiedenen Gebirgszonen der Erde. Während die klassischen Steingartenpolster wie Blaukissen (*Aubrieta*) und Schleifenblume (*Iberis*) im Frühjahr prächtig blühen, fehlen danach in den meisten Steingärten die Farben. Interessanter wirkt die Anlage durch eingestreute Sommer- und Herbstblüher: So blühen die Polster-Glockenblumen *Campanula portenschlagiana* und *C. porscharskyana* erst im Frühsommer, während die Kisten-Astern (*Aster dumosus*) noch im Herbst leuchten. Kontraste entstehen durch graulaubige Pflanzen wie die Katzenpfötchen (*Antennaria*) oder die silbrigen niedrigen Edelrauten wie *Artemisia vallesiaca*. Zu den Polsterpflanzen gesellen sich einzelne höher wachsende, empfindsame Arten, die sich im Staudenbeet kaum gegen ausbreitungsfreudige Nachbarn durchsetzen würden: etwa die zierliche Präriemalve (*Sidalcea*) oder die Küchenschellen (*Pulsatilla*).

Nischen für Pflanzenraritäten

Die Grundlage bildet ein 30 cm starker Unterbau aus Schotter über einem verdichteten Untergrund. Zwischen großen Findlingssteinen entstehen mit Hilfe von kleineren Steinen und Schotter ganz unterschiedliche Pflanzplätze: Sehr trockene Zonen für *Sedum*- und *Sempervivum*-Sorten, Mittagsblumen (*Dorotheanthus*) und Silberdistel (*Carlina*), magere Stellen für gelbe Hungerblümchen (*Draba*) und blaue Kugelblumen (*Globularia*), während Aurikeln (*Primula auricula*) in humusreichen Nischen wurzeln. Nährstoffreichere Plätze ermöglichen ein gutes Gedeihen von

Steingartenpflanzen – klein, aber fein

1 Mannsschild
Androsace-Arten

Diese unkomplizierten Gebirgspflanzen formen Polster aus kleinen Blattrosetten. Sie treiben viele Ausläufer, an deren Ende sich wieder neue Rosetten bilden, was ein lustiges Bild ergibt. In sehr feuchten Wintern kann es Ausfälle durch Fäulnis geben. Die Blüten stehen häufig in dichten Dolden wie kleine Bällchen zusammen.
A. sarmentosa: Das lockere, fein behaarte Rosettenpolster bringt im Mai/Juni pinkfarbene bis karminrote Blüten hervor. Diese Art entwickelt ein lockeres Polster und sollte in niederschlagsreichen Wintern vor anhaltender Nässe geschützt werden.
A. sempervivoides hat glatte, unbehaarte Rosetten. Die rosa oder rosa-violetten Blüten duften angenehm.

Verschiedene Polsterpflanzen wurzeln in den Löchern des Tuffsteins.

sommerlichen Farbträgern wie Polster-Phlox (*Phlox subulata*), zierlichen Nelken wie Pfingst-Nelke (*Dianthus gratianopolitanus*) sowie niedrigen Storchschnabel-Arten und -Sorten (*Geranium argenteum*, *G. renardii*, *G. cinereum* 'Ballerina').

Die typischen Arten für den Steingarten vertragen Frost und sommerliche Trockenheit sehr gut. Andauernde Nässe im Winter bekommt ihnen dagegen überhaupt nicht; sie beginnen zu faulen. Alle sind auf einen sehr gut wasserabführenden Untergrund aus Schotter angewiesen. Eine Laubschüttung im Winter kann die schützende Schneedecke vom Naturstandort ersetzen.

2 Edeldistel, Alpen-Mannstreu
Eryngium alpinum, E. bourgatii

Einzelne Pflanzen dürfen auch im Steingarten etwas höher aufragen. Die Edeldisteln wirken ganzjährig durch ihren bizarren Wuchs und das graue Laub mit stacheligen Blattzipfeln. Im Hochsommer erscheinen langlebige Blütenköpfe.
E. alpinum: Über der bläulich grünen Pflanze erheben sich die stahlblauen Blütenstände mit stark zerschlitzten Hochblättern. Die Pflanze wird 80 bis 100 cm hoch.
E. bourgatii: Auf den ledrigen Blättern schimmern die Adern weiß. Der verzweigte Blütenstand setzt sich aus blauen Blütenköpfen zusammen. Diese Art wird nur 30 bis 40 cm hoch.
E. × zabelii ging aus einer Kreuzung der beiden genannten Arten hervor. Ihre Stängel und Blütenköpfe leuchten in unwirklichem Stahlblau.

3 Enzian
Gentiana acaulis, G. sinoornata

Enzian-Arten gehören zu den herrlichsten „Blaublütigen" unter den Gartenpflanzen, obgleich es auch hübsche weiße, gelbe und rötliche Sorten gibt. Alle Enzian-Arten brauchen einen sonnigen Platz und einen freien Stand ohne Konkurrenzdruck.
G. acaulis: Der Stängellose Enzian gedeiht nur auf kalkarmen Böden zuverlässig und bildet dann flächige Polster. Seine großen blauen Glocken gelten als Inbegriff der Gebirgsblume. Blütezeit ist Mai bis Juni.
G. sinoornata: Der Herbst-Enzian aus Südwestchina schmückt seine zierlichen Polster von September bis November mit Blüten in Blau- oder Violetttönen. Er verlangt kalkfreien, sauren oder zumindest neutralen und leicht feuchten Boden.

4 Küchenschelle
Pulsatilla grandis, P. vulgaris

Im März/April überraschen die Küchenschellen mit ihren Büscheln weich behaarter, bläulicher Glocken. Den ganzen Sommer hindurch schmücken die weißen, fedrigen Samenstände. Die Pflanzen verlangen durchlässigen Lehmboden und vertragen keinerlei Konkurrenz durch bedrängende Nachbarn.
P. grandis: Je nach Auslese zeigen die Blüten unterschiedliche Violetttöne. Dabei leuchten die behaarten Knospen stimmungsvoll im Sonnenlicht. Die Art verträgt kalkhaltige Böden gut. Blätter erscheinen erst gegen Ende der Blütezeit.
P. vulgaris: Von der einheimischen Art gibt es unterschiedliche Auslesen in Rosa-, Weiß-, Rot- und Blautönen. Die Blüten lassen bei trüber, kalter Witterung die Köpfe hängen.

Elfenblumen (*Epimedium*) schmücken durch die zierlichen violettroten oder gelblichen Blüten und später im Jahr durch die schöne Herbstfärbung des Laubes.

Im schattigen Beet blühen Elfenblumen und Kaukasus-Vergissmeinnicht.

Pflanzen für ein „Schattendasein"

In sonnenabgewandten Gartenteilen können Sie nicht die farbenprächtige Blüte der Beetstauden erwarten. Dennoch steht eine Reihe attraktiver Stauden zur Verfügung, die im Schatten oder Halbschatten zuverlässig blühen und gedeihen. Als hübsche Raumbildner im Garten eignen sich Sträucher wie die immergrüne Stechpalme (*Ilex*-Arten) oder Schneeball-Hortensien (*Hydrangea arborescens* 'Grandiflora'). An einer Mauer oder Holzwand bewährt sich die Kletter-Hortensie (*Hydrangea anomala* subsp. *petiolaris*). Blütensträucher wie die verschiedenen Schneeball-Arten,

Schöne Blütenstauden für den Schatten

1 Herbst-Anemone
Anemone hupehensis

Von August bis September zeigen sich die aparten Schalenblüten in straff aufrechten, lockeren Rispen. Es gibt viele verschiedene Auslesen mit Blütenfarben im Spektrum Weiß, Rosa oder Karminrosa. Die Wuchshöhen variieren zwischen 50 und 90 cm, manche Sorten werden bis 1,20 m hoch. Junge Pflanzen brauchen den Winter über eine dicke Laubschüttung als Winterschutz, eingewachsene Exemplare sind zuverlässig winterhart.
A. hupehensis var. *japonica*, Japan-Anemone: Die Pflanzen werden etwas höher, die Blüten entwickeln mehr Blütenblätter. Besonders schöne, gleichmäßig aufgebaute Blüten in dunklem Karminrosa hat die Sorte 'Herzblut'. 'Honorine Jobert' und 'Schneekönigin' haben weiße Blüten.

2 Geißbart
Aruncus dioicus

Am besten kommen diese bis zu 2 m hohen Stauden einzeln stehend vor Gehölzen zur Geltung. Die winzigen Blütchen mit zahlreichen Staubblättern stehen dicht an dicht in rispig verzweigten Ähren, die im Juni/Juli erscheinen. Die Pflanze ist anspruchslos und dauerhaft. Dekorativ wirkt allein schon der dichte Horst mit seinen doppelt bis dreifach gefiederten Blättern.
A. dioicus, Wald-Geißbart: Von der heimischen Art des Waldrandes gibt es schöne männliche Auslesen mit kompakten, dichten Blütenständen, z.B. 'Waldgeister' mit stark gesägten Blättern und grazil überhängenden, duftig verzweigten Blütenständen.
A. dioicus var. *astilboides* bleibt deutlich niedriger und wirkt insgesamt zierlicher.

3 Silberkerze
Cimicifuga racemosa

Über dunklem, festem Laub erheben sich die rund 2 m hohen, dicht mit cremeweißen Blütchen besetzten Blütenstände. Duftig wirken sie durch die zahlreichen Staubgefäße. Die Pflanzen brauchen frische, humose Böden und lieben luftfeuchte, kühle Plätze. Die Pflanzen können einzeln stehen, wirken aber am schönsten in der Gruppe.
C. racemosa, Juli-Silberkerze: Die bis zu 90 cm langen, teilweise verzweigten Blütentrauben stehen aufrecht oder hängen leicht über. Sie verträgt auf feuchten Böden einen helleren, wärmeren Standort.
C. ramosa, September-Silberkerze: Über sehr großen Blättern erheben sich 2 m hohe Rispen aus 30 cm langen Blütentrauben.
C. simplex, Oktober-Silberkerze: Blüht noch im kühlen Schatten.

Kolkwitzien und Felsenbirnen entwickeln sich problemlos, sofern sie wenigstens für kurze Zeit Sonnenlicht erhalten.

Naturnahe Gartenbilder

Mit höheren, dominanten Stauden wie Wiesenraute (*Thalictrum*), Geißbart (*Aruncus*) und Salomonssiegel (*Polygonatum*) entstehen natürliche Bilder, wenn man sie mit bodendeckenden Wildstauden wie Schaumblüte (*Tiarella cordifolia*), Lungenkraut (*Pulmonaria officinalis*) oder Pfennigkraut (*Lysimachia nummularia*) ergänzt. Am Übergang zu den sonnigeren Bereichen behaupten sich Sterndolde (*Astrantia major*) und Immenblatt (*Melittis melissophyllum*) sowie kurzlebige Blütenpflanzen wie Akelei (*Aquilegia vulgaris*) oder Fingerhut (*Digitalis purpurea*).

Unschlagbar für alle halbschattigen und schattigen Bereiche sind die Funkien (*Hosta*). Relativ spät im Frühjahr strecken sie ihre spitzen Triebe aus dem Boden, um innerhalb von Tagen ihre tütenförmigen, großen glatten Blätter zu entfalten. Es gibt Hunderte von Züchtungen in allen Tönen zwischen Gelb, Grün und Stahlblau; viele Sorten haben weiß oder gelb gerandete bzw. gemusterte Blätter. Hübsch wirken während der kurzen Blütezeit die violetten Trichterblüten auf festen Stängeln. Die vergilbenden Blattquirle der *Hosta* schmücken bis weit in den Winter.

Farne gehören zum Schattengarten. Trichter des Straußfarns, die sich aus einem Efeuteppich erheben, vermitteln ein spannungsreiches Bild. Frisch leuchtet hellgrüner Hirschzungenfarn zwischen dezenten Waldstauden hervor. Hierhin passt eine natürlich anmutende Szenerie mit einem verwitterten Wurzelstück und einem Baumstumpf, an den sich ein Schild- oder Tüpfelfarn schmiegt.

In größerer Stückzahl gepflanzt kommen die Purpurglöckchen (*Heuchera*-Sorten) schön zur Geltung. Sie schmücken durch ihre Blatthorste in variablen Farben: Es gibt Sorten mit rötlichem bis fast schwarzem, mit hellgrünem oder farbig gemustertem, mit glattem oder stark gekräuseltem Laub.

4 Salomonssiegel, Weißwurz
Polygonatum macranthum

An den elegant gebogenen Stängeln hängen aus den Blattachseln die röhrenförmigen, cremeweißen Blüten. Diese Waldbewohner brauchen lehmig-humosen, gut mit Nährstoffen versorgten Boden und blühen im Mai/Juni. Auf trockenen Plätzen zieht das Laub bald ein, an frischen Plätzen nimmt das Laub im Herbst eine Gelbfärbung an.
P. biflorum, Großes Salomonssiegel: Blüht selbst noch im vollen Schatten. Schön zu mittelhohen Farnen.
P. multiflorum, Vielblütige Weißwurz: Die Blüten stehen paarweise oder zu viert zusammen. Im Sommer zieren die schwarzen Beeren.
P. odoratum, Echtes Salomonssiegel: Die weißen, rundlichen Blüten duften angenehm, wie der botanische Name verrät.

Schon besetzt? Plätze *unter Gehölzen*

Christrosen (*Helleborus niger*), Schneerosen (*Helleborus × hybridus*) und Grüne Nieswurz (*Helleborus viridis*) behaupten sich erstaunlich gut unter dem Kronendach von Laubbäumen. Sie blühen zu ungewöhnlichen Zeiten im Spätwinter bis Frühjahr.

Plätze unter Bäumen und Sträuchern gelten als problematisch: Die ausladenden Äste schirmen Niederschläge und Licht ab. Dazu kommt die Konkurrenz durch das Wurzelwerk der Gehölze, das den bodennahen Kräutern Nährstoffe streitig macht. Dennoch stehen einige Stauden zur Verfügung, die selbst diesen widrigen Bedingungen trotzen.

Als Grundvoraussetzung muss jedoch ein Mindestmaß an Licht und Wasser vorhanden sein. Ebenso wie im dichten Fichtenbestand des Wirtschaftswaldes kein Kraut mehr aufkommt, wird auch innerhalb der Nadelholzgruppe des eigenen Gärtchens kaum ein Grün anzusiedeln sein. Außerdem ist die Erde unter Nadelgehölzen oft so sauer, dass jeglicher Aufwuchs unterdrückt wird. Bestenfalls Sauerklee (*Oxalis acetosella*) und Gundermann (*Glechoma hederacea*) haben hier eine Überlebenschance. Kritisch sind auch manche Laubbäume: Das gerbstoffhaltige Laub von Walnussbäumen hat zur Folge, dass sich unter den Kronen nur spärlicher Aufwuchs entwickelt. Schließlich zehren Birken ihre Umgebung so sehr aus, dass weder Nahrungs- noch Wasserangebot für einen krautigen Unterwuchs ausreichen.

Wettlauf um das Sonnenlicht

Kahle Stellen unter Gehölzen lassen sich ganz nach dem Vorbild der Natur als Pflanzraum besiedeln: Unsere heimischen Frühlingsblüher des Waldes nutzen die Zeit vor und während des Blattaustriebs mit einer extrem kurzen Blüh- und Wachs-

Zuverlässige Bodendecker für den Gehölzrand

Deutscher und botanischer Name	Wuchstyp	Blüte und Höhe	Besonderheiten
Kriechender Günsel, *Ajuga reptans*	niedrige Kriechpflanze, schnittverträglich	blaue Blütenähren im April/Mai, 10 cm hoch	Sorte 'Purpurea' mit braunem Laub
Wald-Erdbeere, *Fragaria vesca*	deckt weite Flächen ab, bildet zahlreiche Tochterpflanzen	ab Juni reifen beständig die kleinen Früchte, 5 bis 8 cm hoch	verträgt Schnitt, breitet sich gern im ganzen Garten aus
Blut-Storchschnabel, *Geranium sanguineum*	zierliche und hübsche Art mit etwas lockerem Wuchs	auffällige purpurrote Blüten im Juni/Juli, bis 25 cm hoch	viele Sorten, Herbstfärbung gelb oder rot
Purpurblauer Steinsame, *Lithospermum purpureocaeruleum*	breitet sich mit seinen bogenartigen Sprossen weitflächig aus	kleine enzianblaue Blüten im Mai, bis 30 cm hoch	kommt mit sehr trockenen Plätzen unter einem Laubdach zurecht
Großblütiger Beinwell, *Symphytum grandiflorum*	Polster aus derben, spitz zulaufenden Blättern bilden dichte Matten	rahmgelbe Blüten im Mai, 10 cm hoch	verträgt Trockenheit sehr gut
Schaumblüte, *Tiarella cordifolia*	kriechende Triebe mit zierlichen, hellgrünen, gelappten Blättern	im April/Mai kleine weiße Blüten in lockeren, 25 cm hohen Ständen	am besten auf leicht sauren, humosen, frischen Böden

tumsphase. Sie ziehen wieder ein, wenn sich das Laubdach der Bäume geschlossen hat und nur noch wenig Licht bis zum Erdboden durchdringt. Auch im Garten lassen sich Busch-Windröschen und Leberblümchen ansiedeln. Zu den allerersten Frühlingsboten zählen Winterling und Schneeglöckchen, die sich unter Gehölzen teppichartig ausbreiten, sofern der Wurzelbereich ungestört bleibt. Gleiches gilt für Bär-Lauch und Maiglöckchen, doch beide empfehlen sich aufgrund ihres Ausbreitungsdrangs nur für größere Gärten.

Karminrot: Geranium sanguineum

Aparte Begleiter für den Schatten

Für kleinere Räume kommen eher die zierlichen Lerchensporn-Arten in Frage: Von den beiden heimischen Arten *Corydalis cava* und *C. solida* gibt es Auslesen mit unterschiedlichen Blütenfarben. Die röhrenförmigen Blüten mit Sporn wirken bei allen reizvoll, aber man sollte für eine Fläche nur eine Sorte verwenden. Bei humosem Boden und ausreichend Feuchtigkeit bilden sich ausgedehnte Flächen, die im März blühen.

Reizvolle Teppiche unter Gehölzen entwickeln die Alpenveilchen: Das robuste *Cyclamen coum* blüht schon ab Februar; die eleganten Blüten erscheinen gleichzeitig mit dem silbrig gezeichneten Laub. Das wintergrüne *Cyclamen hederifolium* dagegen schiebt seine Blüten im September. Die hellgrau bis silbrig gemusterten Blätter erscheinen mit oder kurz nach der Blüte.

Für extrem schattige Stellen kommen nur noch Efeu und Immergrün (*Vinca minor*) in Frage. Bei beiden lassen sich die kriechenden Triebe in die gewünschte Richtung leiten. Obwohl das Kleinblättrige Immergrün in unseren Wäldern wild vorkommt, sollte man bewährte Sorten wählen, die dicht bleiben und nicht so schnell wie die Art vergreisen: Die kräftig wachsende 'Alba' zeigt viele weiß leuchtende Blüten, während 'Grüner Teppich' zwar einen dicht schließenden Bewuchs bildet, aber keine Blüten trägt.

In Nachbarschaft zu Bäumen und höheren Sträuchern machen Farne vereint mit Funkien eine gute Figur. Sie verlangen humosen Boden, ausreichende Bodenfeuchte und genug Licht.

Hosta und Farne im Schattengarten.

Zwiebelblumen *für jede Jahreszeit*

Für das Pflanzen von Zwiebelblumen gilt: Man steckt sie doppelt so tief, wie die Zwiebel breit ist. Frostempfindliche Arten kommen am besten 20 cm tief in die Erde.

Nichts erscheint einfacher, als mit einer geschickten Auswahl von Zwiebelblumen Farbe in den Garten zu zaubern. Narzissen und Tulpen gelten als die Frühlingsboten schlechthin, während die Herbst-Zeitlosen unmissverständlich das Ende des Sommers verkünden.

Zu den dankbarsten Frühlingsblühern zählen Schneeglöckchen, Blausternchen und Puschkinie. Am besten bringt man die Zwiebelchen zu Dutzenden auf einer Fläche unter Gehölzen oder am Rand von Blumenbeeten aus. Dort stehen sie zur Blütezeit im Blickpunkt, und mit der Zeit breiten sich die Pflanzen großflächig aus. Noch früher blühen die Winterlinge (*Eranthis hyemalis*): Oft schon im Februar leuchten zwischen den Lücken im Schnee ihre gelben Sterne hervor. Auch die Winterlinge breiten sich gern aus, aber sie behaupten sich auf Dauer nur auf ungestörten, nicht gehackten Flächen, etwa unter Bäumen oder Sträuchern.

Wahre Kleinode sind die höchstens 15 cm hohen Zwiebel-Iris: *Iris danfordiae* hat gelbe Blüten, die Sorten der gelben Netzblatt-Iris (*Iris reticulata)* blühen in Blautönen. Zur extravaganten Blütenform kommt das schöne Farbspiel. Ihnen gebührt ein nährstoffreicher Logenplatz im Vorgarten.

Im Rasen entfalten sich die unterschiedlichen *Crocus*-Arten: Den Winterausgang verkündet der zierliche *Crocus biflorus* mit hübschen dunklen Streifen an der Unterseite der Blütenblätter. In kräftigeren Blütenfarben erscheinen im März und April die gelben, weißen und violetten Auslesen von *Crocus vernus*. Einmal gesteckt, blühen sie jedes Jahr aufs Neue – in immer größerer Zahl. Die hübschen Wildarten wie *Crocus reticulatus* oder der gelb blühende *Crocus korolkowii* gedeihen nur auf sommertrockenen Plätzen wie im Steingarten oder Schotterbeet zuverlässig. Nicht zu vergessen sind die Herbst-Krokusse: *Crocus banaticus* und *Crocus medius* strecken ihre langröhrigen Blüten sogar durch die Polster anderer Pflanzen hindurch. *Crocus kot-*

Zier-Lauch, **Allium aflatunense**.

Tulpen verzaubern den Frühlingsgarten.

Pflegeleichte Zwiebelblumen

Deutscher und botanischer Name	Blüten, Blütezeit, Höhe	Ansprüche	Sorten und Arten
Märzenbecher, *Leucojum vernum*	wenige glockenförmige, hängende, weiße Blüten in einer Dolde, März, 20 bis 30 cm	einheimische Wildstaude, braucht frischen, humusreichen Boden, der nie ganz austrocknet	*L. aestivum* 'Gravetey Giant', Sommer-Knotenblume: Blüht im Mai, für feuchte, sumpfige Standorte
Montbretie, *Crocosmia masoniorum*	hochrote Blüten sitzen in zwei Zeilen am langen, gebogenen Stängel, Juli bis August, 70 bis 100 cm	Knollenpflanze für gut mit Nährstoffen versorgte Staudenbeete. In der Vase halten sich die Blüten lange	'Lucifer' mit scharlachroten Blüten. *C. paniculata* hat kleinere Blüten, wird aber höher, eingewachsen gut winterhart
Nickender Milchstern, *Ornithogalum nutans*	pyramidal angeordnete, nickende weiße Blüten, März bis Mai, 60 cm	schön am sonnigen Gehölzrand, zusammen mit Purpurglöckchen und Wald-Erdbeeren	*O. umbellatum*, Stern von Bethlehem, hat sternförmige Blüten in kompakter Dolde, zieht bald ein
Sternkugel-Lauch, *Allium christophii*	rotviolette Blütchen in einer kugelrunden, vielblütigen Dolde, Mai bis Juni, 20 bis 35 cm	Blickfang an wasserdurchlässigen, sonnigen Plätzen. Die Fruchtstände schmücken wochenlang das Beet	*A. carinatum*, Hänge-Lauch: Die purpurroten Blüten stehen in der zierlichen Dolde teils aufrecht, teils hängen sie
Traubenhyazinthe, *Muscari armeniacum*	urnenförmige Blüten in einer dichten Traube, April bis Mai, 10 bis 20 cm	Sorten in Blau- und Violetttönen, auch in Weiß. Breitet sich durch Tochterzwiebeln stark aus	*M. botryoides*, Kleine Traubenhyazinthe: Trauben aus runden, blauen Blüten mit weißem Rand

AUF EINEN BLICK

schyanus überrascht mit großen, hellvioletten Blüten im September. Diese Art verlangt einen sommertrockenen, aber eher kühlen Platz, etwa im Regenschatten an einer Ostwand.

Kein Frühling ohne Tulpen und Narzissen

Bei der Vielzahl an Narzissen- und Tulpensorten empfiehlt sich eine Beschränkung auf wenige Formen und Farben: Frühe und dazu pflegeleichte Blüher im April sind die Wildarten *Tulipa tarda* und *Tulipa biflora*: Beide tragen gelbe Blüten mit weißen Spitzen. Ebenso blühen die nur 20 cm hohen Kaufmanniana-Tulpen schon im April. Herrliche Effekte erzielen die Auslesen von *Tulipa greigii*: Die leuchtend roten Blüten zeigen in der Mitte einen gelb umrandeten, schwarzen Fleck. Sehr ausdauernd sind die Sorten von *Tulipa praestans* mit ziegelroten Blüten auf kurzen Stielen. Der Vorteil dieser Arten beruht auf ihrer langen und frühen Blütezeit, während die als Einfache Frühe oder Einfache Späte Tulpen klassifizierten Sorten oft erst blühen, wenn die Temperaturen tagsüber schon recht hoch sind: Die Blüten welken innerhalb weniger Tage. Schwierig in ein buntes Beet zu integrieren sind die hochgezüchteten Papageien-Tulpen mit bunt geschecksten Blüten oder die Gefransten Tulpen mit fedrig geranderten Blütenblättern. Diese Liebhaber-Sorten eignen sich eher für Töpfe oder für isolierte Pflanzplätze. Schöne Kombinationen ermöglichen die Lilienblütigen Tulpen: Ihre spitz zulaufenden Blütenblätter stehen auf sehr hohen Stielen. Da diese Sorten erst im Mai blühen, erheben sich die eleganten Blüten wie ein zweites Stockwerk über den bereits ausgetriebenen Beetstauden.

Gärtnerfreuden auf kleinstem Raum

Hübsch arrangierte Kübelpflanzen schmücken Hauseingänge und Terrassen. Transportable Gefäße erlauben eine wechselweise Aufstellung, sodass der jeweils attraktivste Topf in den Blickpunkt rücken kann. Nicht jede Pflanzenart kommt mit dem beschränkten Wurzelraum eines Kübels zurecht, und stets sind die räumlichen Kapazitäten des Winterquartiers zu bedenken. So wachsen die beliebten Oleander und Engelstrompeten innerhalb weniger Jahre zu Pflanzenriesen heran, die im Winter viel Platz beanspruchen. Der nicht mehr zu umgehende drastische Rückschnitt geht dann zu Lasten der Blütenpracht und erhöht beim Oleander die Gefahr, dass Pilzkrankheiten eindringen.

Zitruspflanzen: edel, aber anspruchsvoll

Zu den klassischen Kübelpflanzen zählen Zitrusgewächse, die von vornherein in einem möglichst großen Topf stehen sollten, weil sie das Umtopfen schlecht vertragen. Alle *Citrus*-Arten verlangen nährstoffreiche, lehmhaltige, aber leicht saure Erde. Sie brauchen viel Wasser, nehmen aber Staunässe schnell übel. Gedüngt wird alle zwei Wochen mit kalihaltigem Dünger. Für die Kultur im Kübel eignen sich kleinwüchsige Arten wie die Zitrone *Citrus limon* 'Meyeri', die Mandarine *Citrus reticulata* 'Clementine' oder die Kalamondinorange × *Citrofortunella mitis*. Zitrusgewächse gedeihen nur, wenn sie von Frühjahr bis Sommer hell und sonnig stehen. Im Winter genügen ihnen Temperaturen knapp über dem Gefrierpunkt, ein zu warmer Platz bekommt ihnen nicht. Weniger pflegebedürftig, aber durchaus dekorativ sind die Schneeball-Art *Viburnum tinus* und Rosmarin, beides bei uns nicht winterharte, immergrüne Kleinsträucher, die langsam wachsen und gelegentliche Trockenheit vertragen. Eine

Das sukkulente Aeonium verbreitet im Tontopf mediterrane Stimmung.

Im November in lockere Erde gesteckt, blühen Krokusse im Spätwinter.

ven umsehen. Hübsche Zusammenstellungen für den Kübel ergeben sich mit sukkulenten Pflanzen wie den *Sempervivum-* und *Sedum-*Arten, von denen es unzählige Sorten mit grauem, grünem, braunem, rotem oder violettem Laub gibt. Als Partner eignen sich Mittagsblumen oder die sukkulenten Vertreter der Gattung *Euphorbia.* Ein Sukkulententopf muss jedoch den Winter über hell und frostfrei stehen.
Alpine Pflanzen im Topf können im Freien überwintern, sofern sie Schutz vor Winternässe haben. Mannsschild, Steinbrech, Hungerblümchen, Teufelskralle und Enzian kann man

Unterpflanzung mit Husarenköpfchen oder Hänge-Verbenen bringt den nötigen Farbtupfer. Attraktiv wirkt der Granatapfel (*Punica granatum* 'Nana'): Im Sommer erfreut er mit seinen glockigen roten Blüten und gegen Jahresende (im „Zimmerasyl") mit hübschen kleinen Früchten. Bei Bedarf verträgt er jeglichen Rückschnitt.

Genügsame Stauden
Imposant kommen im Kübel einige Stauden zur Geltung: Das Blumenrohr (*Canna*) treibt stattliche Stängel mit großen glatten Blättern, über denen sich die leuchtenden Blütenstände öffnen. Ähnlich verhalten sich die Arten der Schmucklilie (*Agapanthus*), die aus einem verdickten Wurzelstock austreiben. Über dem umfang-

reichen Blattwerk entfalten sich die weißen oder blauen Blütendolden. *Agapanthus* sowie *Canna* legen im Winter eine Ruhepause ein. Im Herbst wird die Erde nahezu trocken gehalten. Nachdem die Stängel verbräunt sind und das Laub eingezogen hat, wird alles Kraut zurückgeschnitten. Die Töpfe oder die herausgenommenen Knollen mit anhaftender Erde überwintern für rund fünf Monate an einem kühlen, dunklen Ort. Sobald sich ein Neuaustrieb zeigt, kommen die Pflanzen ans Licht und erhalten vorsichtige Wassergaben. Ab April können die mit frischer Erde versorgten Pflanzen ins Freie.
Wer im Sommer häufig verreist oder nicht jeden Tag gießen kann, muss sich nach Alternati-

Alpine Pflanze im originellen Gefäß, einem ausrangierten Topf.

zwischen Felsbrocken und Steinen hübsch arrangieren. Die alpinen Kostbarkeiten wollen mineralische Erde ohne Torf, viel Licht und Sonne.

Farbträger mit **Blühgarantie**

Sommerblumen bringen Farbe in den Garten – in jedem Jahr anders und in wechselnden Farbzusammenstellungen arrangiert. Zu den „Sommerblumen" zählen alle Pflanzen, die innerhalb einer Vegetationsperiode keimen, heranwachsen, blühen und fruchten. Die Gärtner rechnen jedoch auch zweijährige Pflanzen dazu (bei denen per Definition ein Winter zwischen Keimung und Blüte liegen muss), aber auch von Natur aus mehrjährige Pflanzen, die bei uns jedes Jahr neu herangezogen werden. Dazu gehören die nicht winterharten Dahlien sowie Beet- und Balkonpflanzen wie Pelargonien und Fuchsien. Allen gemeinsam sind dank einer intensiven gärtnerischen Züchtung die lang anhaltende Blütezeit sowie die großen Blüten in einer Vielzahl von leuchtenden Farben. Vor allem im noch jungen Garten können Sie mit diesen farbkräftigen Dauerblühern fröhliche Akzente setzen.

Sind die Beete durch den Stauden- oder Strauchbewuchs noch nicht geschlossen oder liegt die Gartenfläche sogar noch brach, lassen sich mit Hilfe von Mohn, Kornblume und Kornrade wunderbare Farbeffekte zaubern. Diese einst überall gegenwärtigen Ackerbegleitpflanzen wurden im Zuge der modernen Agrartechnik weit-

Zur anspruchsvollen Dahlie gesellen sich niedrige Begleiter wie Mutterkraut, Fleißiges Lieschen und Silberblatt.

Sommerblumen mit Vorkultur

Deutscher, botanischer Name	Farben	Wuchshöhe/-form	Vorkultur
Dahlien, *Dahlia*-Hybriden	enorme Sortenvielfalt in allen Tönen zwischen Weiß, Gelb, Rot und Violett	25 bis 120 cm, knallige Farben meiden, blüht ab Juli bis zum Frost	ab März im Haus: trocken und frostfrei überwinterte Knollen in einer Sand-Erde-Mischung ab April vorziehen
Bart-Nelken, *Dianthus barbatus*	alle Rosa- und Rottöne zwischen Weiß und Purpurrot, oft zweifarbig, Blütezeit Mai bis Juli	50 cm, kopfige, borstig beblätterte Blütendolden	Aussaat im Mai/Juni, zunächst bildet sich eine Rosette, die Blüte erscheint im Juni des Folgejahres
Kokardenblume, *Gaillardia*-Hybriden	leuchtende Korbblüten in Gelb-, Orange- und Brauntönen, blüht ab Mai	30 bis 40 cm, gedrungene Blütenstängel, in Gruppen wirken sie am besten	Aussaat im März/April bei 16 °C oder ab Mitte Mai an Ort und Stelle; verträgt keinen Frost
Goldlack, *Erysimum* in Sorten	gelb, cremefarben, rotbraun, braunorange, oft Adern anders gezeichnet, feiner Duft, Blütezeit April bis Juni	40 bis 70 cm, sparrig verzweigte Halbsträucher, verträgt Halbschatten	Aussaat Ende Mai, gut abdecken, Sämlinge im Topf weiterkultivieren, erst im Folgejahr auspflanzen, kann nach Rückschnitt mehrere Jahre ausdauern
Stockrose, *Alcea rosea*	weiß, gelb, rosa, rot, zum Teil gefüllt, Blütezeit Juni bis August, für eine längere Blüte die Samenkapseln ausbrechen	auffällige Trichterblüten an 2 m hohen Stängeln, wurzelt auf kleinstem Raum	Aussaat im Februar/März in Töpfe, blüht erst im Folgejahr; Jungpflanzen und Neuaustrieb unbedingt vor Schnecken schützen

Sommerblumen mit Vorkultur: Sie alle brauchen guten, nährstoffreichen Gartenboden und einen sonnigen Platz.

gehend zurückgedrängt. Im Garten besiedeln sie sofort noch offene, humusarme Flächen. Geeignetes Saatgut erhält man sowohl im Samenfachhandel als auch im Gartencenter. Es gibt von Kornblume und Mohn mittlerweile unterschiedliche Sorten in abweichenden Farben (rosa, weiß) und mit stärkerer Blütenfüllung. Für den frisch angelegten Garten wirken jedoch die ursprünglichen Wildformen authentischer. Sie bieten zudem durch ihr höheres Pollenangebot den Insekten mehr Nahrung. Zu den fast vergessenen Wild- und Gartenblumen zählt die Kornrade – eine ebenso elegante wie auffällige Erscheinung (siehe Seite 113). Das Enziangewächs streckt seine purpurfarbenen Trichterblüten über ein lockeres Gerüst aus graugrünen Stängeln und schmalen Blättchen. Die Kornrade sät sich zuverlässig aus, solange sie freie Plätze vorfindet.

Sommerblumen mit Nutzeffekt

Ringelblume und Kapuzinerkresse garantieren eine fröhliche Dauerblüte von Juni bis zum ersten Frost. Einmal im Garten angesiedelt, keimen jedes Frühjahr aufs Neue Sämlinge. Beide Pflanzen sind hervorragende Bodendecker, mit ihrem kriechenden Wuchs eignet sich die Kapuzinerkresse sogar als Unterpflanzung für Stauden und Sträucher. Unter Bohnen oder Obstgehölzen ausgesät, dient sie als Fangpflanze für Blattläuse (vor allem für die Schwarze Bohnenlaus). Die Blätter der Kapuzinerkresse (*Tropaeolum majus*) verleihen gemischten Salaten eine würzige Note. Mit den ausgezupften Blüten der Ringelblume (*Calendula officinalis*) lassen sich Salate und Süßspeisen auf aparte Weise dekorieren. Mit Öl-Auszügen der Blutenköpfe stellt man wertvolle Körperpflegeprodukte her.

Schnelle Blüher für den Hochsommer

Zu den absolut zuverlässigen und pflegeleichten Sommerblumen zählen die Duft-Wicken (*Lathyrus odoratus*). Besonders dekorativ wirken sie, wenn sie an einem Zaun oder zwischen den überhängenden Ästen von Sträuchern hindurchranken können. Als reizende Lückenfüller bieten sich die Sorten des Mandelröschens (*Clarkia unguiculata*) an. Das rund 60 cm hohe Nachtschattengewächs aus Kalifornien gedeiht und blüht zuverlässig in der Sonne und im Schatten. Das Farbspektrum umfasst alle Töne zwischen Weiß, Rosa, Rot und Rotviolett.

Sonnenblumen betrachten viele als Symbolpflanze für den Sommer. Damit sie jedoch tatsächlich zu den imposanten Gestalten heranwachsen, benötigen sie eine lange Vorkultur, beginnend mit einer Aussaat früh im Jahr und begleitet von wochenlanger Aufmerksamkeit. Zudem brauchen Sonnenblumen nach dem Auspflanzen Schutz vor gefräßigen Schnecken, und sie benötigen bei Trockenheit viel Wasser. Beim Saatgutkauf sollten Sie auf niedrigere Sorten zurückgreifen, die schneller ihre Endgröße erreicht haben und zudem keine Stütze brauchen.

Einjährige für Problemstandorte

Die allermeisten einjährigen Sommerblüher brauchen viel Sonne, Wasser und Nährstoffe, um zuverlässig zu blühen. Bei großer Trockenheit oder bei schattigem Standort versagen sie. Wenn es darum geht, halbschattige und schattige Bereiche zu erhellen, sind die Fleißigen Lieschen (*Impatiens walleriana*) unschlagbar. Auf den Blumenmärkten im Frühjahr findet man ein reichhaltiges Angebot an Sorten in allen erdenklichen Farben und Farbzusammenstellungen. Für das Gartenbeet eig-

Sommerblumen für Einsteiger

1 Färberkamille
Anthemis tinctoria

Die robuste Staude schmückt sich von Juli bis Ende August mit auffälligen Blütenkörbchen aus dottergelben Zungen- und Scheibenblüten. Die Pflanze trägt fiederschnittige Blätter und wird etwa 50 cm hoch.
Ansprüche: Die einstige Färberpflanze kommt noch mit sehr trockenen Standorten am Straßenrand zurecht und wächst auch zwischen Gehölzen.
Kultur: Gesät wird im März/April oder im Spätsommer für das Folgejahr. Ein Rückschnitt im Anschluss an die Blüte sorgt dafür, dass sich die Pflanzen wieder gut bestocken. Die Art sät sich immer wieder selbst aus.
Sorten: 'Lemon Maid' blüht zitronengelb, 'Dwarf Form' und 'Compacta' erreichen nur 40 cm Höhe.

Goldgelbe Farbtupfer im Sommerblumenbeet: Rauer Sonnenhut.

nen sich klare Farben und nicht allzu überdimensionierte Blüten am besten.

Falls dagegen auf relativ trockenen Bereichen Lücken zu schließen sind, kommen nur wenige Sommerblumen in Frage, denn die Freifläche ist auf Dauer das Revier der Stauden. Strohblumen (*Helichrysum bracteatum*), ergänzt durch das einjährige Hasenschwanzgras (*Lagurus ovatus*) und Portulakröschen (*Portulaca grandiflora*), bringen Farbe zwischen die lückige Bepflanzung. Leicht und luftig wirken Schmuckkörbchen (*Cosmos bipinnatus*) mit hübschen rosa Blütenkörbchen über fein gefiedertem Laub.

Ein- oder zweijährige Blütenpflanzen werden auch im Frühjahr benötigt, wenn die Stauden erst allmählich ihre Blattmasse bilden und Blütenknospen schieben. Unentbehrlich für eine farbliche Ergänzung der Zwiebelblumen sind daher von März bis Mai die Sorten der Stiefmütterchen (*Viola × wittrockiana*) und Horn-Veilchen (*Viola cornuta*), die in dieser Zeit gerne knallig ausfallen dürfen. Dazu gesellen sich nach Belieben die großblumigen Züchtungen des Gänseblümchens (*Bellis perennis*) und das anmutige Vergissmeinnicht (*Myosotis palustris*). Haben diese frühen Blüher ihren Dienst getan, entfernt man sie am besten aus dem Garten. Verblüht machen sie keine gute Figur mehr und selten kommen sie in guter Verfassung im nächsten Jahr wieder. Nachschub gibt es preiswert und in spannenden neuen Sorten in der kommenden Saison.

2 Schmuckkörbchen
Cosmos bipinnatus

Aus Mexiko stammt diese unkomplizierte Gartenschönheit. 80 bis 100 cm hoch werden die fragilen Pflanzen mit ihren fedrig wirkenden, stark zerschlitzten Blättern. Die rund 10 cm großen Blüten erscheinen ab Juli bis zum Frost. **Ansprüche:** Die Pflanzen entwickeln sich am schönsten auf etwas kargen Böden. Bei nährstoffreichem Untergrund schießen sie „ins Kraut", dadurch setzt die Blüte erst sehr spät ein. **Kultur:** Man sät sie am besten Anfang Mai an Ort und Stelle aus. Schön wirken die Pflanzen in größeren Gruppen. **Sorten:** Es gibt Auslesen mit weißen, rosa, rosaroten Blüten, die zum Teil eine dunkle Ringzone aufweisen. Einige Sorten entwickeln halbgefüllte Blüten.

3 Kronen-Anemone
Anemone coronaria

Diese Knollenpflanze stammt aus dem Mittelmeerraum und aus Zentralasien. Auf 15 bis 40 cm hohen Stängeln erscheinen im April/Mai die sternförmigen Blüten in auffälligen Farben. **Ansprüche:** Die Kronen-Anemone bevorzugt einen sonnigen Platz, der im Sommer ziemlich stark austrocknen darf. In kalten Wintern sterben die Pflanzen ab. **Kultur:** In milden Regionen steckt man die Knollen im September/Oktober in die Erde. Sie überstehen den Winter, wenn der Boden mit Laub abgedeckt wurde. In kälteren Gegenden empfiehlt sich eine Vorkultur im Topf an einem frostsicheren, kühlen Ort. **Sorten:** Es gibt Auslesen in vielen kräftigen Farben: blau, purpurrot, hochrot, rosa, weiß.

4 Löwenmäulchen
Anthirrhinum majus

An den aufrechten Stängeln öffnen sich nach und nach die auffälligen Lippenblüten mit dem bekannten Klappmechanismus. Die Blütenähre blüht von unten nach oben auf. Je nach Sorte erreichen die Pflanzen 20 bis 80 cm Höhe. **Ansprüche:** Löwenmäulchen gedeihen in jedem humusreichen, gepflegten Gartenboden. **Kultur:** Ausgesät wird das äußerst feine Saatgut ab Februar bis April. Die Aussaatschale wird bei Zimmertemperatur aufgestellt; bis zur Keimung vergehen 10 bis 14 Tage. Doch auch auf den Frühjahrsmärkten kann man Pflanzen kaufen. Blüht den ganzen Sommer über, sofern Verblühtes entfernt wird. **Sorten** gibt es in allen erdenklichen Farben und Farbkombinationen, nur das Blauspektrum fehlt.

Erfrischt und belebt: **Wasser** im Garten

Wasser, wie wir es in der Natur in Form von Quellen, Bächen, Tümpeln und Weihern erleben, lässt sich im Garten kaum verwirklichen. Ein Gartenteich stellt stets ein künstliches Gebilde dar, in dem Pflanzen naturnah wachsen und wo sich vielleicht einige Tiere ansiedeln. Dabei muss die Wasserfläche nicht unbedingt „natürlich" geschwungene Linien aufweisen. Auch architektonische Formen, entweder kreisrund oder eckig mit strenger Linienführung, passen besonders dann in das Gartenumfeld, wenn Wege, Terrassen oder Mauern direkt an den Teich angrenzen. Das Geschehen im Wasser lässt sich dadurch unmittelbar vom Teichrand aus beobachten.

Wie groß sollte ein Gartenteich sein?

Wunsch und Wirklichkeit klaffen beim Thema Gartenteich häufig weit auseinander. Eine Wasserfläche, die verschiedene Lebensräume beherbergt, braucht mindestens eine Fläche von 4 m². Damit sich Wirbellose, Frösche, Kröten und Molche darin ansiedeln, muss er eine Tiefe von 50 bis 60 cm aufweisen, und selbst dann müssen Sie im Sommer dafür Sorge tragen, dass das Gewässer nicht austrocknet. Wollen Sie eine Seerose und ein kleines Röhricht anpflanzen und dazu noch Fische aussetzen, benötigt der Teich schon eine Wasserfläche von mindestens 5 m² bei einer Mindesttiefe von 90 bis 100 cm. Nur dann haben Sie die Gewähr, dass der Teich im Winter nicht völlig zufriert. Nur in größere Gärten fügt sich solch eine Anlage ein, wenn das Verhältnis zwischen offener Wasserfläche, bewachsenem Ufersaum und Umgebung stimmen soll.

Iris, Etagen-Primeln und Funkien blühen im Spätfrühling am halbschattigen Wasserrand.

Das trifft erst recht für den derzeit populären Schwimmteich zu, der sich nur auf ausgedehnten Wasserflächen (ab 70 oder gar 100 m²) verwirklichen lässt. Die Regenerationszone, also der nicht nutzbare Bereich, nimmt davon 50 bis 70 Prozent ein. Eine Tiefe von mindestens 1,30 m ist erforderlich, um überhaupt ungehindert schwimmen zu können.

Die Lage prägt den Charakter

Die Lage der Wasserfläche innerhalb des Gartens muss sich aus dem Gelände ergeben. Nicht immer wirkt der Teich an der tiefsten Stelle eines von Natur aus abfallenden Geländes am plausibelsten. Die Lage in Hausnähe neben der Terrasse bietet sich oft an, um eine Verbindung zum Sitz- und Beobachtungsplatz zu schaffen. Die meisten Wasserpflanzen gedeihen in voller Sonne besser als im Schatten. Dennoch kann die

Architektonische Teichformen fügen sich gut in die Gartenumgebung ein.

Wasserfläche im Halbschatten oder Schatten liegen, sofern Sie die Pflanzenauswahl auf die Lichtverhältnisse abstimmen. Ungünstig sind nahe am Gewässerrand stehende Gehölze: Aus dem Blattfall resultiert ein hoher Nährstoffeintrag, und die Zersetzung der Laubmasse entzieht dem Wasser Sauerstoff. Einen Teich legt man außerdem nie im Wurzelbereich von Gehölzen an, um einerseits Schäden an den Wurzeln, andererseits Beschädigungen der Teichabdichtung zu vermeiden.

Die richtige Ufergestaltung

Nur flach abfallende Ufer mit ausgeprägter Flachwasserzone ermöglichen eine naturnahe Bepflanzung in Abhängigkeit vom Wasserstand. Amphibien wie Erdkröte und Grasfrosch benötigen einen seichten Einstieg, um zum Laichen an die Wasserfläche zu gelangen. Ein flaches Ufer erleichtert außerdem Haustieren und Kleinsäugern den Zugang zum Wasser. Allgemein geht man von einem sinnvollen Gefälle von 1 : 2 aus (auf 2 m Länge senkt sich der Teichgrund auf 1 m Tiefe). Ein auf Teilstrecken als Steilufer ausgeführter Uferrand bietet sich an, um Platz zu sparen und um das Geschehen im Wasser unmittelbarer erleben zu können.

Grundsätzliches zum *Teichbau*

Für die erforderliche Abdichtung eines Teiches stehen verschiedene Materialien zur Verfügung (siehe Kasten unten). Nur kleinere Folienteiche oder vorgefertigte Becken lassen sich auf eigene Faust einbauen. Für größere Anlagen und spezielle Gestaltungsaufgaben beauftragen Sie am besten einen Fachbetrieb, der zugleich einer Gewährleistungspflicht unterliegt.

Einen Folienteich anlegen

Zunächst wird die Teichfläche exakt ausgemessen und mit Hilfe von Pflöcken und Schnüren abgesteckt. Der Teich muss an allen Rändern 20 bis 30 cm breiter und etwas tiefer als die beabsichtigte Endtiefe ausgehoben werden, damit der Dichtungsaufbau Platz findet: Tondichtungen erfordern dafür 20 cm zusätzlichen Aushub, für Folien und Fertigteiche genügen etwa 5 cm. Aushubmaterial wird idealerweise im Garten selbst verbaut, um den Abtransport zu sparen.

Nachdem Wurzelenden und Steine aus der oberen Bodenschicht entfernt sind und die Mulde ihre endgültige Form angenommen hat, wird der Boden gründlich festgestampft. Nun bringen Sie eine 5 cm starke Sandschicht auf, die wiederum verdichtet wird. Alternativ eignet sich ein Schutzvlies aus Polyestergewebe, das mit etwa 10 cm Überlappung an den Stößen verlegt wird – empfehlenswert vor allem bei stärker abfallenden Uferbereichen. Die ausgelegte Folie sollte sich der Wandung möglichst gut anschmiegen. Eventuelle Aufwölbungen gleichen sich später beim Befüllen durch den Wasserdruck aus. Auf genaues Arbeiten kommt es beim

Wasserverluste durch die natürliche Verdunstung werden im Normalfall durch Niederschläge ausgeglichen. Überlaufendes Wasser versickert in den Randzonen.

Materialien für den Teichbau

Material	Vorteile	Nachteile
Polyethylen (PE)	wurzelfeste Folie, ohne Weichmacher und toxische Stabilisatoren, Entsorgung unproblematisch, da es schadstofffrei verbrennt	nicht UV-beständig, Schadstellen lassen sich kaum dauerhaft abdichten
Polyvinylchlorid (PVC)	extrem gute Haltbarkeit, UV-beständig	die Elastizität wird durch Zusatz von Weichmachern erreicht, umweltbelastende Herstellung aus Vinylchlorid, Entsorgung problematisch
Synthesekautschuk (EPDM)	verwitterungsbeständig, stark belastbar, mit hoher Elastizität, umweltfreundlich	vergleichsweise teuer, kann nur von Fachfirmen verschweißt werden
vorgefertigte Teichformen aus glasfaserverstärktem Polyester oder Hart-PE	licht- und frostbeständig, schnell einzubauen, stabiler als Folien, steile Wandungen ermöglichen auf kleiner Grundfläche eine frostsichere Tiefe	Gestaltung hängt von marktüblichen Formen und Größen ab, schon mittelgroße Becken sind nicht leicht zu handhaben
Ton (mit Hilfe ungebrannter Tonziegel)	natürliches Material, bei Bedarf problemloser Rückbau	keine völlige Abdichtung, da der Wasserdurchfluss bei fachgerechtem Einbau sehr langsam ist, nur flache Gefälle möglich, aufwändiger Einbau
wasserundurchlässiger Beton	gut geeignet für architektonische Teiche, lässt sich optisch gut mit Wegen und Terrassen kombinieren	schräge Ufer müssen dafür sorgen, dass sich gefrierendes Eis im Winter nach oben ausdehnen kann, Rückbau kaum möglich

Weiß und gelb blühende Iris *säumen zusammen mit violetten Blühern das naturnah angelegte Bachbett.*

Verschweißen oder Verkleben von Folien an. Einfach zu handhaben sind Spezial-Kleber, die mit einem Flachpinsel verstrichen und mit einem „Tapetenroller" zusammengedrückt werden. Verschweißen mit Heißluft bleibt den Profis vorbehalten. Bei Fertigteichen wird wie oben beschrieben ein Sandbett geformt. Darauf stellt man eben und setzungssicher die Teichform. Dann befüllt man das Becken zur Hälfte mit Wasser und füllt den Zwischenraum von Beckenwand und Grubenwand nach und nach mit Sand auf, den man stopft und dann einschlämmt.

Auf den Teichrand kommt es an

Wichtig ist die Ausbildung des Teichrandes: Bei Folienteichen arbeitet man eine mit Folie ausgelegte Randmulde aus, die mit Feinkies gefüllt wird. Dahinter wird als wirksame Kapillarsperre die Folie senkrecht zum Ufer hochgezogen. Wird die Folie einfach nur umgeschlagen und das Ende eingegraben, verliert der Teich Wasser, außerdem wird die Folie am Rand durch das einwirkende UV-Licht brüchig.

Nach Einfüllen von nährstoffarmem Pflanzsubstrat beginnt man vorsichtig mit dem Wassereinlassen über einen Brauseaufsatz am Schlauch. Um das Bepflanzen auch tieferer Zonen zu ermöglichen, wird das Wasser etappenweise eingefüllt.

Pflanzen für *Teich* und *Wasserrand*

Die Pflanzen sollten höchstens ein Drittel der Wasserfläche bedecken.

Wasser- und Sumpfpflanzen sind für ihr Gedeihen von bestimmten Wassertiefen abhängig. Die meisten Arten passen sich jedoch schwankenden Wasserständen flexibel an und können damit unterschiedlich tiefe Zonen besiedeln. So behauptet sich der Blut-Weiderich (*Lythrum salicaria*, siehe Foto unten) in der bodenfeuchten Randzone bis hin zur Flachwasserzone. Ebenso tolerieren Mädesüß (*Filipendula ulmaria*) und Wasserdost (*Eupatorium maculatum*) wechselnde Wasserstände bis hin zum gelegentlichen Trockenfallen des Untergrundes. Diese auffälligen, hoch wachsenden Stauden wirken am schönsten als kräftige Horste.

Auch die eigentlichen Wasserpflanzen sind nicht unbedingt an bestimmte Wasserstände gebunden: So dringt das Pfeilkraut (*Sagittaria sagittifolia*) vom Teichrand aus weit in die Teichmitte bis etwa in 50 cm Wassertiefe vor. Im flachen Wasser stehen seine pfeilförmigen Blätter ein Stück weit über der Wasseroberfläche, im tiefen Wasser schwimmen sie. Dennoch darf man Sumpf- und Wasserpflanzen nicht willkürlich mischen, sondern man hält beim Bepflanzen des Teiches die natürliche Anordnung bei: Schwimmblatt- und Unterwasserpflanzen setzt man somit immer weiter innen im Teich als etwa Stauden der Sumpfzone.

Seerosen brauchen Platz

Zu den auffälligsten Wasserpflanzen zählen die Seerosen, die in aller Regel eine Mindestwassertiefe von 80 cm erfordern. Unter den zahlreichen Züchtungen finden sich aber auch Sorten, die in weniger tiefen Bereichen gedeihen können. Wich-

Die Wachstumszonen eines Gartenteiches

1 **Bodenfeuchte Randzone**

In diesem Bereich zwischen Wasserrand und gewachsenem Gartenboden ist der Boden ständig feucht, wird aber nicht überflutet. An Überlaufstellen oder in einem extra angelegten Sumpfbeet lässt sich dieser Bereich mit den typischen Arten der Feuchtwiese gestalten.
Dominierende Stauden: Blut-Weiderich (*Lythrum salicaria*), Sibirische Wiesen-Iris (*Iris sibirica*), Wasserdost (*Eupatorium maculatum*).
Begleitstauden: Kuckucks-Lichtnelke (*Lychnis flos-cuculi*), Jakobsleiter (*Polemonium caeruleum*), Sumpf-Vergissmeinnicht (*Myosotis palustris*), Trollblume (*Trollius europaeus*).
Zwerggehölze: Engadin-Weide (*Salix hastata* 'Wehrhanii'), Polar-Birke (*Betula nana*), Zwerg-Purpur-Weide (*Salix purpurea* 'Nana').

2 **Sumpfzone**

Dieser ganzjährig mit Wasser gesättigte Bereich bildet den Uferrand, entsprechend der Röhrichtzone in natürlichen Weihern. Dennoch sollte ein Teil des Teichrandes unbewachsen bleiben, damit die Wasserfläche zugänglich ist.
Typische Arten: Binsen (z. B. *Juncus ensifolia*), Schachtelhalm (*Equisetum fluviatile*), Seggen (*Carex albula, C. appropinqua, C. frondosa, C. nigra*).
Blütenstauden: Etagen- und Rosen-Primel (*Primula prolifera, P. rosea*), Mädesüß (*Filipendula ulmaria*), Sumpfdotterblume (*Caltha palustris*), Sumpf-Iris (*Iris laevigata*), Sumpf-Siegwurz (*Gladiolus palustris*), Sumpf-Stendelwurz (*Epipactis palustris*), Sumpf-Wolfsmilch (*Euphorbia palustris*), Wasserdost (*Eupatorium cannabinum*), Wasser-Minze (*Mentha aquatica*).

1

tig ist eine ausreichende Winterhärte und die Pflanzen dürfen nicht zu groß werden. Lassen Sie sich deshalb vor dem Kauf in einer spezialisierten Staudengärtnerei beraten. In kleinere Teiche passen zum Beispiel *Nymphaea tetragona* und *N. odorata* var. *minor* sowie 'Aurora' (zunächst hellgelbe, später karminrosa Blüte), 'Candissima' (schneeweiß), 'Perry's Red Glow' (dunkelrot) und 'Helvola' (goldgelb).

Den Ausbreitungsdrang zügeln

Grazile Schönheit: Iris laevigata

Im Teich wird ausschließlich nährstoffarme Pflanzerde verwendet: Eine Mischung aus einem Drittel Flusssand und zwei Dritteln humusarmer, sandiger Lehmerde eignet sich gut. Substrate auf der Basis von Kompost oder Torf würden rasch Fäulnisstoffe enstehen lassen, verstärkte Algenbildung wäre die Folge.

Stark wachsende Arten senkt man im Topf ein, um ihren Ausbreitungsdrang zu bändigen. Auch Seerosen bringt man am besten in Pflanzkörben mit durchlöcherten Wänden ein. Sie lassen sich so leicht auf dem Beckenboden aufstellen. An Steilwänden kann man mit Wasserpflanzen bestückte Gefäße mit Hilfe eines starken Drahtes vom Rand her einhängen und auf diese Weise eine Art Ufer nachahmen.

Die passende Umgebung

Um den Teich liegt die Gartenzone, die keine Verbindung zur Wasserfläche hat. Für diesen Bereich wählen Sie Arten aus, die im Charakter zum Teich passen, aber mit den tatsächlichen, trockenen Verhältnissen des Beetes zurecht kommen. Gut geeignet sind zum Beispiel hohe Astern, Astilben, Bergenien, Funkien und Purpurdost.

---

3 Flachwasserzone

Diese Zone reicht bis in eine Wassertiefe von etwa 30 cm. Hier erwärmt sich im Frühjahr das Wasser am schnellsten. Frösche, Kröten und Molche legen ihren Laich ab. Dieser Bereich sollte schon nicht mehr durchgehend bewachsen sein. Verwitterte, mit Moosen und Farnen besetzte Holzstämme dürfen wie zufällig aus dem Wasser ragen. Schön wirken Bestände mit Blut-Weiderich, Sumpfdotterblume und Sumpf-Vergissmeinnicht. **Typische Arten:** Froschlöffel (*Alisma plantago-aquatica*), Pfeilkraut (*Sagittaria sagittifolia*), Wasserfeder (*Hottonia palustris*), Zwerg-Rohrkolben (*Typha minima*). **Blütenstauden:** Bachbunge (*Veronica beccabunga*), Brennender Hahnenfuß (*Ranunculus flammula*), Gelbe Sumpf-Schwertlilie (*Iris pseudacorus*).

4 Seichtwasserzone

Diese Übergangszone entsteht bei etwa 30 bis 50 cm Wassertiefe. Sie entfällt bei steilwandigen Teichausformungen, um eine größere offene Wasserfläche oder Schwimmblattzone zu gewinnen. Schön wirkt es, wenn sich eine Art flächig ausbreiten kann. Bestände von Tannenwedel dehnen sich in tiefere Teichzonen aus und bilden dann interessante Unterwasserformen. **Typische Arten:** Igelkolben (*Sparganium minimum, S. erectum*), Nadelsimse (*Eleocharis acicularis*), Tannenwedel (*Hippuris vulgaris*), Kap-Wasserähre (*Aponogeton distachyos*). **Blütenstauden:** Hechtkraut (*Pontederia cordata*), Zwerg-Teichmummel (*Nuphar pumila*), Schwanenblume bzw. Blumenbinse (*Butomus umbellatus*), Gelbe Sumpf-Schwertlilie (*Iris pseudacorus*).

5 Schwimmblattzone

Ab einer Wassertiefe von 50 cm wurzeln Seerosen und Schwimmblattpflanzen; aber auch freischwimmende Wasserpflanzen erobern diese Zone. **Freischwimmende Wasserpflanzen:** Feenmoos (*Azolla caroliniana*), Krebsschere (*Stratiotes aloides*), Schwimmfarn (*Salvinia natans*), Kleine Wasserlinse (*Lemna minor*). **Fest verwurzelte Schwimmblattpflanzen:** Schwimm-Knöterich (*Persicaria amphibia*), Wasser-Hahnenfuß (*Ranunculus aquatilis*), Wassernuss (*Trapa natans*), Gelbe Teichrose (*Nuphar lutea*), Seekanne (*Nymphoides peltalta*). **Unterwasserpflanzen:** Dichtes Fischkraut (*Groenlandia densa*), Spiegelndes Laichkraut (*Potamogeton lucens*), Wasserpest (*Elodea canadensis*), Wasserschlauch (*Utricularia*-Arten).

Ein **Bachlauf** für den Garten

Steht eine ausreichende Gartenfläche zur Verfügung, können Sie sogar Ihren Traum von einem Bachlauf verwirklichen. Voraussetzung dafür ist eine gewisse Geländeneigung, damit ein Rinnsal plausibel zwischen dem Auslass (einer „Quelle") und seinem Auffangbecken (einem Teich) fließen kann. Ein Gefälle von wenigen Prozent genügt, um einige Windungen einzubauen, die den Wasserlauf verlängern. Etwas steilere Neigungen ermöglichen den Einbau von kleinen Kaskaden.

Grundsätzliches zur Gestaltung

Am besten löst man sich von vornherein von der Vorstellung eines natürlichen Abbildes: Genauso wie der Teich entsteht der künstliche Bach nur über einem Dichtungsaufbau aus festem Untergrund, Folie, Schutzvlies; Böschungsmatten sichern die Steilufer. Damit dieser Unterbau nicht in Erscheinung tritt, wird das Ufer in aller Regel mit Kieselsteinen abgedeckt. Eine solche Gestaltung widerspricht allerdings der Anmutung natürlicher Bachläufe: Hier reicht der Wiesensaum bis unmittelbar an den Wasserrand, es lagert sich höchstens einmal ein Sand- oder Feinkiesstreifen ab. Kiesel am Rand von Bächen findet man ausschließlich in Gebirgsnähe. Dort schafft es nur die zeitweise Wucht von Frühjahrsschmelzwasser oder Unwettern, derartige Massen zu versetzen. Damit passt der von Steinen gesäumte Wasserlauf hervorragend in den Steingarten. Andererseits erscheint es

Hohe Stauden schaffen eine gelungene Verbindung zwischen Bachlauf und Gehölzstreifen.

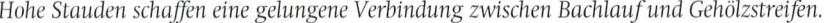

für einen Garten folgerichtiger, den künstlichen Aspekt nicht zu verleugnen, sondern zu betonen: Eine architektonisch geführte Wasserrinne entspricht einem modernen Garten mehr als ein zwanghaft „natürlicher" Wasserlauf. Entsprechend sollte auch die Pflanzenauswahl erfolgen: Während einen naturnah anmutenden Wasserlauf typische Feuchtwiesenpflanzen wie Bach-Nelkenwurz, Bachbunge und Sumpf-Vergissmeinnicht säumen, wird man bei modern-geometrischen Ausführungen auf ornamentale Pflanzen, etwa Kardinals-Lobelie, Tradescantien oder Scheinkalla, zurückgreifen.

Beachten Sie: Nachbildungen natürlicher Felsformationen aus Kunststoff sind zwar leicht einzubauen, wirken aber meist wie Fremdkörper.

Darauf kommt es an

- [ ] Ein Gefälle von mindestens 2 Prozent lässt sich allein durch den Teichaushub herstellen.
- [ ] Ein künstlicher Bach verläuft am besten am Rand einer Freifläche oder eines Rasens.
- [ ] Der Zulauf wird in Form eines Sprudelsteines, eines Quelltopfes oder eines Wasserfalls schön gestaltet.
- [ ] Sinnvoll ist ein geschlossener Wasserkreislauf: Eine Tauchpumpe an der tiefsten Stelle führt das Wasser über ein unterirdisch verlegtes Polyethylen-Rohr zurück zur Austrittsstelle.
- [ ] Als Wasserspeicher dient ein Gartenteich oder eine in den Boden eingelassene Zisterne. Beide müssen groß genug bemessen sein, um den kompletten Wasserkreislauf sicherzustellen.
- [ ] Für den Betrieb der Pumpe ist eine Stromzuleitung erforderlich, oder man installiert ein Solarmodul.
- [ ] Kleine Aufstauungen durch Ausmuldungen im Bachbett sorgen dafür, dass bei geringem Durchsatz der Wasserlauf nicht völlig trocken fällt.

Das Wichtigste zum Bau

Für den Bau wird zunächst das Bachbett abgesteckt und 10 cm tiefer als Fertighöhe ausgehoben. Nachdem die gewünschte Form gefunden ist, wird das Bett mit einer 5 bis 10 cm dicken Betonschicht ausgegossen und endgültig modelliert. Darauf kommt – mit etwa 20 cm Seitenüberstand – die Folie. Es eignet sich nur schwarzes, UV-beständiges Material, das an den Überlappungsstellen sorgsam verschweißt oder verklebt wird. Der Seitenüberstand wird zur Sicherung am Rand mit einer Kapillarsperre versehen und mit Kieselsteinen unterschiedlicher Größe bedeckt. Es empfiehlt sich das Auflegen eines Schutzvlieses, bevor Substrat und dekorative Grobkiesel eingebracht werden.

Pflanzen in und am Wasser

Sollen Pflanzen im Wasserlauf wachsen, sind im Bachbett vertiefte Pflanzstellen vorzusehen. Das sandig-lehmige Substrat wird zum Schutz vor Ausschwemmung mit schwerem Feinkies versetzt und mit Vegetationsmatten bedeckt. Die Matten schneidet man zum Bepflanzen in der Größe der Wurzelballen ein.
Auch die Umgebung muss zum Wasserlauf passen. Gut geeignet dafür sind Hängeformen von Gehölzen (Hänge-Ulme, Hänge-Weide), hoch wachsende Gräser wie Chinaschilf, üppige Stauden wie das Tafelblatt (*Rodgersia*-Arten) oder ausladende Farne. Blütenpracht bringen Sorten von *Iris sibirica*, *Iris setosa* und *Iris orientalis*.

Wasser-Variationen

Wo die Fläche nicht ausreicht, lässt sich Wasser im Garten auf unterschiedliche Weise darstellen. Ein kleines Wasserbecken, ein Wandbrunnen mit Wasserspeier oder ein sumpfiges Beet an geeigneter Stelle sind mögliche Varianten, und auf kleinstem Raum kann ein Miniatur-Wassergarten in einem Gefäß belebend wirken.

Wandbrunnen: mit künstlerischem Anspruch

Wandbrunnen sind beliebte Accessoires südländischer Gärten, nahezu zwingend gehören sie in die schattigen Patios der iberischen Halbinsel. Als ein Erbe der arabischen Gartenkunst dienen sie dort seit jeher zur Befeuchtung der Umgebungsluft und sorgen damit für Kühlung. Die Art-deco-Bewegung zu Beginn des 20. Jahrhunderts nahm dieses Element gerne auf und funktionierte die bloße Wasserzapfstelle der Innenhöfe um in ein äußerst dekoratives Gartenelement. Schön gestaltete Wandbrunnen aus dieser Zeit findet man heute noch häufig in den Hinterhöfen Wiens, Münchens und Berlins.

Der Wandbrunnen als Remineszenz an historische Vorbilder verlangt daher nach einer hochwertigen, künstlerischen Ausführung. Das kann eine Wandmaske im antiken Stil sein, eine schöne Keramikarbeit oder eine originelle moderne Plastik. Jedenfalls sollten Wasserauslass und Auffangbecken weit mehr darstellen als ein Wasserhahn mit Waschbecken im Freien. Auch die Umgebung – ein Sitzplatz oder die Rahmenbepflanzung – sollte dem formalen und künstlerischen Charakter des Wandbrunnens Rechnung tragen (siehe Foto rechte Seite).

Wasserspiele: sprudeln, plätschern, schäumen

Das dezente Geräusch plätschernden Wassers lässt sich außerdem mit Hilfe eines frei stehenden Wasserspiels verwirklichen. Brunnenschalen mit einem oder mehreren Wasserspeiern benötigen kaum Platz. Je nach Düse tritt das Wasser sanft sprudelnd, schäumend oder spritzend aus. Gartencenter, aber auch Steinmetze und Metallkünstler bieten eine große Vielfalt an ansprechenden Formen an. Hier muss der gute Geschmack eine Wahl passend zur Gartenumgebung treffen. Angenehm fürs Auge und beruhigend fürs Gemüt ergießt

Ein Sumpfbeet nimmt auf kleiner Fläche eine ganz eigene Pflanzengemeinschaft auf.

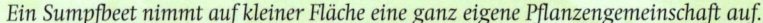

Die üppige Farnvegetation des feuchten Schattens umrahmt den fraskenartigen Wasserspeier.

Alle diese Wasserspiele verlangen nach einer durchdachten Pumpentechnik einschließlich Wasseranschluss und Stromzufuhr. Planung, Pumpenwahl und Einbau überlässt man am besten einem Fachbetrieb. Zur regelmäßigen Wartung gehört das Reinigen von Filter und Düsen sowie das Ablassen des Wassers während der Wintermonate.

Sumpf en miniature

Sobald Sie einen kleinen Teich bis in den Oberflächenbereich mit Substrat anfüllen, kann sich darin eine Feuchtwiesen- oder Moorgesellschaft ansiedeln. Interessant mag ein naturnahes Seggenried erscheinen, das schon bei 30 bis 40 cm Tiefe entstehen kann.

Wer sich mehr Blüten erhofft, kann sich eine Sumpfwiese mit Mädesüß, Blut-Weiderich, Roter Lobelie, Polei-Minze und Sumpfdotterblume anlegen. Geschützt vor bedrängenden Nachbarn, ergibt sich ein idealer Platz für die Sumpf-Stendelwurz (*Epipactis palustris*), eine der wenigen leicht zu kultivierenden heimischen Orchideen. In jedem Fall müssen Sie das Sumpfbeet tief genug ausheben, damit genügend Feuchtigkeit für Trockenperioden gespeichert wird. Schließlich verdunstet durch die Blattmasse des Bewuchses mehr Wasser als bei einer freien Wasserfläche. Je nach Lage zur Sonne sollten Sie für Blütenstauden 50 bis 60 cm Tiefe einplanen.

Eine schlichte Steinkugel mit Sprudler avanciert zum Blick- und Ruhepunkt.

sich das Wasser in Kaskadenbrunnen über mehrere Stockwerke. Einen ähnlichen Effekt erzielt bereits ein schlichter Schalenbrunnen, über dessen erhöhter Schale Wasser fortwährend in eine darunter liegende Auffangschale tropft. Schön wirken auf kleinem Raum die niedrigen, ruhig fließenden Wasserglocken. Sie entstehen durch spezielle Fontänenaufsätze, wobei das austretende Wasser an eine Platte prallt und einen glockenförmigen Wasserfilm nach allen Seiten bildet. Dagegen erzeugen Schaumeffektdüsen durch die Beimischung von Luft kräftig schäumende Wassereffekte – und das bei geringer Wasserzufuhr. Hoch aufschießende Fontänen sind größeren Teichen und ausgedehnten Parkanlagen vorbehalten. Im Hausgarten wirken sie deplatziert.

Den Garten nutzen

Eine Anbaufläche von 30 m² liefert Gemüse und Beerenobst für eine Familie. Aber selbst ein Beet von 4 m Länge reicht aus, um Schnittsalate, Radieschen, einige Kräuter und ein paar Tomatenpflanzen aufzunehmen. Die unentbehrlichen Kräuter schmücken ein Blumenbeet oder eignen sich als dekorative Kübelpflanzen für Balkon und Terrasse.

Absolut fit: Knackige *Genüsse*

Rotlaubiges
Gemüse erfreut
nicht nur das
Auge beim
Essen, sondern
es enthält
besonders viele
hochwertige
Inhaltsstoffe.

Kaum jemand träumt heute noch vom eigenen Nutzgarten, der eine ganze Familie das gesamte Jahr über mit Obst und Gemüse versorgt. Abgesehen von den engen Zuschnitten heutiger Hausgärten sind die Menschen heutzutage in so viele familiäre und berufliche Zwänge eingebunden, dass die Zeit für die intensive Pflege eines Wirtschaftsgartens meist fehlt. Zudem sind frisches Obst und Gemüse im Supermarkt und erst recht auf dem Wochenmarkt ständig in bester Qualität erhältlich. Rein rechnerisch lohnt es sich kaum, eigenes Gemüse zu ziehen – schon gar nicht, sobald man den Verbrauch an Gießwasser in Rechnung stellt, von der eingesetzten Arbeitszeit ganz zu schweigen. Freude bereitet es aber dennoch, im eigenen Garten zu ernten. Unvergleichlich schmecken Beeren direkt vom Strauch in den Mund gesteckt, am Strauch gereifte Tomaten oder unmittelbar vor der Zubereitung geerntete Salatkräuter.

Unkomplizierte Raritäten

Wer mit Zeit und Platz geizen muss, beschränkt sich daher beim privaten Küchengarten auf wenige Gemüse-Arten, die leicht zu kultivieren sind. Dazu zählen in erster Linie die vielen Blattsalate, die nur eine kurze Kulturzeit von gut sechs Wochen brauchen, um heranzureifen. Dabei ist hier nicht von gewöhnlichem Kopfsalat die Rede: Während er im Garten heranwächst, gibt es Köpfe auf dem Wochenmarkt zu unschlagbar günstigen Preisen zu kaufen. Vielmehr bietet es sich an, besondere Arten und Sorten zu ziehen: Schnittsalat schmeckt butterzart und wandert frisch geschnitten und gewaschen direkt in die Salatschüssel. Pflückt oder schneidet man die äußeren Blätter, wachsen aus dem Herz der Pflanze immer wieder Blätter nach. Sorten gibt es in allen Variationen: etwa mit hellem, weichem Laub oder mit festem, gekräuseltem und mit rot gefärbtem Blatt.

Erst recht lohnen sich Blattsalate, die außerhalb der Saison gedeihen: Feldsalat, im Hochsommer gesät, lässt sich ab dem Spätherbst wochen- bis monatelang ernten. Barbarasalat und Portulak gedeihen in jedem Gartenboden, während man sie auf dem Wochenmarkt nur zu recht hohen Preisen kaufen kann. Einmal ausgesät, kann man nahezu das ganze Jahr über Rucola ernten – für Freunde dieses eigenwilligen Gemüses lohnt sich der Anbau allemal.

Beschränkung auf das Wesentliche

Mit Sellerie, Blumenkohl oder Kopfkohl braucht sich heutzutage niemand mehr zu plagen – diese Kulturen sind zu krankheitsanfällig und ihre Kulturzeit dauert zu lange. Anders sieht es schon aus mit Radieschen und Mairübchen: Durch die gestaffelte Aussaat alle zwei Wochen auf jeweils einem Meter in der Beetreihe hat

Frische Zutaten für asiatische Gerichte können Sie exklusiv im eigenen Garten ernten: Asia-Salate wie Mizuna und das mildere Mibuna werden ab April in Reihen gesät und bis September immer wieder abgeerntet.

man über einen langen Zeitraum hinweg immer wieder eine frische Zutat aus dem eigenen Garten für die Brotzeit oder als Rohkost zwischendurch. Auf nährstoffreichen, sonnenverwöhnten Plätzen könnten Sie ein paar Tomatenpflanzen setzen. Sorgt man für ausreichende Luftbewegung, vermeidet man die typischen Fäulniskrankheiten. Wer regelmäßig gießt, kann bis zum Frost ernten.

Problemlos sind außerdem Strauch- oder Stangen-Bohnen und die Erbsen, alles genügsame Schmetterlingsblütler, die dank ihrer Knöllchenbakterien an den Wurzeln Luftstickstoff binden und in den Boden einbringen. Fast überall findet sich Platz für eine Kürbispflanze, die ihre Ranken durch das Beet oder über den Komposthaufen schiebt. Auch eine (wirklich nur eine!) Zucchini-Pflanze bekommt einen Platz zugewiesen, wofür sie sich mit überreichem Fruchtansatz bedankt.

Früchte Marke Eigenanbau

So klein ein Garten auch sein mag – er sollte einige Beerensträucher enthalten: Nach Möglichkeit mehrere laufende Meter mit Erdbeeren, die zeitversetzt reifen, ein oder zwei Stachelbeerbäumchen, zwei Johannisbeersträucher, ein Beet oder eine Reihe entlang des Zaunes mit Himbeeren. Wer Platz hat, sollte unkomplizierte Jostabeeren setzen. Angesichts der hohen Marktpreise lohnt sich der Anbau von Kultur-Heidelbeeren. Allerdings verlangen Heidelbeeren einen sauren, humosen Boden und einen sonnigen Platz. Besonders große, feste und aromatische Früchte liefert die Züchtung 'Bluecrop'. Die Wunschliste ließe sich beliebig verlängern um (stachellose!) Brombeeren, je einen Baum von jeder Obstart sowie die eine oder andere Besonderheit wie Quitte oder Mispel…

Lohnende Blattsalate

Pflanze	Aussaatzeiten	Erntezeit	Besonderheiten
Barbarakraut *Barbarea verna*	April bis Juni an Ort und Stelle, später vereinzeln	von Juni bis weit in den Winter, Blätter pflücken, Pflanze treibt wieder durch	regelmäßig gießen für feinen Geschmack, Düngung unnötig
Feldsalat *Valerianella locusta*	Februar/März und August bis November an Ort und Stelle, flächig aufs Beet oder in Reihen	sobald sie groß genug sind, ganze Rosetten mit dem Messer abschneiden	auf mehltauresistente Sorten achten ('Gala', 'Vit')
Radicchio und Zuckerhut *Cichorium intybus* var. *foliosum*	Aussaat Juni/Juli in Kisten, später in Multitopfplatten pikieren, auspflanzen in nährstoffreiche Erde	Ernte ab September, unter Folienschutz noch im Winter, überwinterte Pflanzen wachsen im Frühjahr weiter	'Zuckerhut' (grünblättrige Sorte) erträgt Minusgrade, hält lange im Gemüsefach des Kühlschranks
Romanasalat, Bindesalat *Lactuca sativa* var. *longifolia*	von April bis Juni direkt säen, später verpflanzen	Ernte etwa 2 Monate nach dem Pflanzen	wird als Salat oder gedünstet wie Spinat verzehrt
Rucola, Wilde Rauke *Eruca vesicaria*	Aussaat von April bis September, vereinzeln auf 15 cm Abstand	Ernte nach 4 bis 6 Wochen, die Pflanzen treiben immer wieder durch	gut im lichten Schatten, ausreichend gießen, häufig von Erdflöhen befallen
Schnitt- und Pflücksalat *Lactuca sativa* var. *crispa*	Aussaat kleiner Mengen ab April, Pflücksalat vereinzeln	nach Bedarf schneiden bzw. äußere Blätter pflücken	immer frisch ernten, satzweiser Anbau bis Juli

Mischkultur *und Fruchtwechsel*

Lässt man Ansaaten sinnvoll aufeinander folgen, wird die zur Verfügung stehende Fläche optimal genutzt. Die Kulturen unterscheiden sich in Bezug auf ihren Wärme-, Licht- und Wasserbedarf und sie entnehmen dem Boden Nährstoffe in unterschiedlicher Menge. Ein mehrjähriger Anbauplan sorgt für eine effektive Kulturfolge: Auf ein gut mit Kompost versorgtes Beet (5 kg pro m^2) pflanzt man nährstoffbedürftige Pflanzen. Dazu gehören neben den Kohlarten vor allem Gurken, Tomaten, Lauch und Kürbis. Im nächsten Jahr kommen auf diese Fläche Kulturen mit mittlerem Nährstoffanspruch. Zu dieser Gruppe zählen Radieschen, Rote Bete, Blattsalate und Erdbeeren. Je nach Bodenqualität arbeitet man bis zu 2 kg Kompost pro m^2 ein. Im darauf folgenden, dritten Jahr besetzt man die Fläche mit so genannten Schwachzehrern: Erbsen, Bohnen, Möhren, Zwiebelarten oder Kräuter. Nach der Ernte kann eine Einsaat mit Gründüngung folgen (siehe Seite 31), damit der Boden im Winter nicht unbedeckt bleibt.

Die Fruchtfolge verhindert, dass der Boden ausgelaugt wird oder dass sich Krankheitserreger im Boden anreichern. Je nachdem, wie intensiv Sie Ihre Gemüsebeete nutzen, empfiehlt sich eine strikte Einteilung in drei oder vier Beete, auf denen – versetzt zueinander – die Stark-, Mittel- und Schwachzehrer rotieren.

TIPP

Welcher Platz für welche Pflanze?

Gemüsearten und Kräuter brauchen viel Licht und Wärme. Für das Gemüsebeet wählen Sie deshalb eine möglichst ganztägig besonnte Fläche aus. Auch Obstgehölze verlangen Licht und eine luftige Lage. Nur einige Beerensträucher wie Johannisbeeren, Jostabeeren, Brombeeren und vor allem Stachelbeeren kommen mit teilweise beschatteten Flächen noch gut zurecht.

Mischkulturen nutzen die Beetfläche optimal.   *Ringelblumen und Borretsch zieren die Beerenecke.*

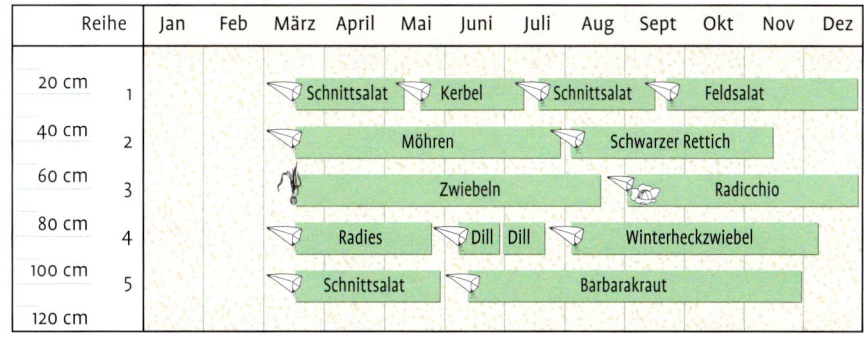

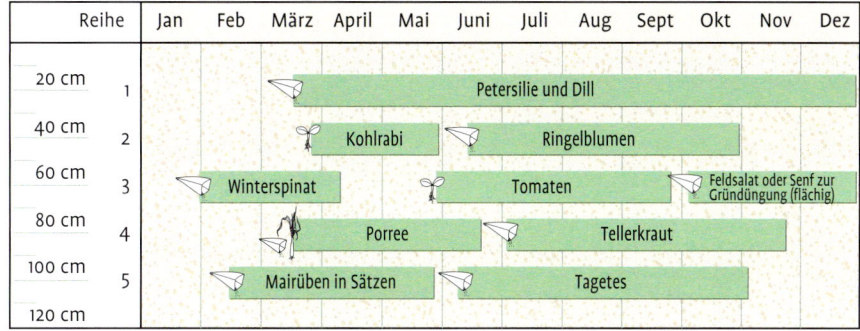

Die zwei Beispiele zeigen, wie sich Gemüsebeete mit Hilfe von Mischkultur und gestaffelten Sätzen optimal übers Jahr nutzen lassen.

Die Mischung macht's

Hinzu kommt, dass sich manche Kulturen in ihrem Wachstum gegenseitig fördern, andere dagegen passen in direkter Nachbarschaft weniger gut zusammen. Darauf beruht das Prinzip der Mischkultur, wobei Gemüsearten der gleichen Pflanzenfamilie möglichst nicht auf das gleiche Beet kommen. Das spielt gerade bei allen Kohlgewächsen und anderen Kreuzblütlern wie Speiserüben, Rettich und Radieschen eine Rolle. Flach und tief wurzelnde Pflanzen nutzen Wasser und Nährstoffe aus unterschiedlicher Bodentiefe. Setzt man zum Beispiel Reihen von Möhren und Zwiebeln nebeneinander, kann man enger pflanzen. Zugleich schützen sich die beiden Kulturen gegenseitig vor dem lästigen Befall durch Möhren- oder Zwiebelfliege. Die Fliegenweibchen werden auf der Suche nach geeigneten Stellen zur Eiablage durch die Geruchsmischung irritiert (siehe Seite 144).

Kreuzblütler leiden häufig unter den gleichen Krankheiten und Schädlingen. Ein jährlicher Wechsel der Anbaufläche ist für Pflanzen dieser Familie besonders wichtig.

Optimale Flächennutzung

Mischkultur heißt aber auch, dass Pflanzen mit unterschiedlich langer Kulturdauer kombiniert werden: Zwischen langwierigen Kulturen wie Fenchel kann man kurzlebigeres Gemüse wie Radieschen, Mairübchen oder Schnittsalat einsäen: Bis der Fenchel seinen Reihenabstand von 30 cm ausfüllt, sind die Kurzkulturen längst verzehrt. Auch innerhalb einer Reihe lässt sich der Anbau staffeln, etwa indem eine Ansaat von Schnittsalat mit einer kurzlebigen Kerbelanzucht abwechselt.

Besonderes für den **Küchengarten**

Wer wenig Zeit für den Gemüsegarten aufbringen will, kann Staudengemüse anpflanzen: Artischocken, Knollen-Ziest, Winterheckzwiebel und Rhabarber bereichern den Küchenzettel. Sie alle treiben jährlich von neuem aus.

Gartenanfänger, die erstmals einen Garten bewirtschaften, stürzen sich mit Vorliebe auf die Ansaat und Anzucht von Gemüse aller Art. Die Ernüchterung folgt leider bald, denn vor allem im neu angelegten Garten gedeihen die Kulturen in der noch humusarmen Erde nicht allzu üppig. Dazu kommen Schädlinge und Krankheiten, die es natürlich ausgerechnet auf das eigene Beet abgesehen haben. Außerdem bedeutet die Vorkultur einen ziemlichen Aufwand: Ab Februar kann man Salat in Kistchen aussäen, ab März sollte man an die Aussaat von Tomaten, Melonen, Paprika, Kohlrabi denken. Das macht nur Sinn, wenn im Wohnbereich genügend Platz auf Fensterbänken oder an anderen hellen, beheizbaren Plätzen vorhanden ist. Während sich ein paar Saatkisten noch gut unterbringen lassen, beanspruchen Pikierkisten schon einiges an Platz. Wo immer Platz und Zeit für die eigene Anzucht nicht genügen, kauft man besser im April oder Mai Jungpflanzen beim Gärtner ein. Dort findet man eine große Palette an Sorten, und man erwirbt Sorten, die sich in der jeweiligen Region bewährt haben.

Welche Gemüse-Arten sich für den Eigenanbau lohnen, hängt natürlich in erster Linie von den Essgewohnheiten innerhalb der Familie ab. Grundsätzlich jedoch konzentriert man sich besser auf seltene Gemüse-Arten oder ungewöhnliche Sorten, die man weder im Geschäft noch auf dem Wochenmarkt erhält. Attraktiv sind alle Sorten, die eine besondere Färbung aufweisen: violette oder gelbe Bohnen, Mangold mit gelben, orangefarbenen oder dunkelroten Stielen, roter Amarant (der wie Spinat zubereitet wird) oder Zuckermais mit gesprenkelten Kolben aus weißen,

Unkomplizierte Gemüse-Arten

Gemüse	Familie, Nährstoffanspruch	Anzucht	Ernte	Bemerkungen
Feuer- und Stangen-Bohnen	Schmetterlingsblütler, Mittelstarkzehrer	Aussaat Mai bis Juni: 6 bis 8 Körner pro Stange; die Stangen in 90 cm Abstand in Reihen oder zeltförmig stecken	nach 6 bis 8 Wochen, bei gestaffeltem Anbau bis September, alle paar Tage durchpflücken	Feuer-Bohnen wachsen noch in rauen, windigen Lagen, bei Blühbeginn ausreichend gießen
Erbsen	Schmetterlingsblütler, Schwachzehrer	Aussaat April bis Mai: in der Reihe alle 5 bis 6 cm je 2 Körner ausbringen, zur Stütze Reisig in 1,20 m Reihenabstand stecken	11 bis 14 Wochen nach der Aussaat, immer wieder durchernten	Pal-(Schal-)Erbsen wählen, bei Markerbsen eignet sich das trockene Korn nicht mehr zum Kochen, Zuckererbsen brauchen viel Wärme
Kürbis	Gurkengewächse, Starkzehrer	Anzucht ab Mitte März im Haus, erst auspflanzen, wenn keine Spätfröste mehr drohen	Oktober, möglichst lange reifen lassen, zum Schutz vor Nässe Karton oder Steinplatte unter die Frucht legen	braucht konstante Feuchtigkeit, vor allem zur Blütezeit, rankende Sorten können über den Zaun oder Kompost wachsen
Mairübchen, Herbstrübe, Speiserübe	Kreuzblütler, Mittelstarkzehrer	Aussaat von März bis April in Reihen mit 30 cm Abstand, später auf 12 bis 15 cm Abstand vereinzeln	junge Rüben nach 6 bis 8 Wochen ernten, Herbstrüben können ohne Laub lange im Keller lagern	dicht gesät entsteht Blattstielgemüse, Rübstiel genannt

Rot- und gelbstieliger Mangold bringt Farbe ins Gemüsebeet – und auf den Teller.

gelben, braunen und roten Körnern. Es gibt sogar gelb oder tiefviolett, ja fast schwarz gefärbte Tomatensorten, die erstaunliche Formen entwickeln: birnen- bis flaschenförmige, gefurchte oder „längs gefaltete" Gebilde. Erbsen werden gerne von Kindern als proteinreiche „Nascherei" zwischendurch verzehrt.

Hacken, Mulchen, Jäten

Arbeit bereitet ein Gemüsegarten schon: Im Spätherbst oder im ausgehenden Winter wird der Boden umgegraben oder zumindest mit der Grabegabel gelockert. Ansaaten gelingen nur in feinkrümeligem Boden, der gründlich durchgehackt und mit dem Rechen glattgezogen wurde. Zwischen den Reihen aufwachsendes Unkraut bekommen Sie nur durch regelmäßiges Hacken in den Griff. Außerdem werden durch das Hacken die groben Bodenporen unterbrochen. Die Verdunstung ist dadurch herabgesetzt und die Feuchtigkeit bleibt länger im Wurzelbereich. Vor allem auf lehmigen und tonhaltigen Böden verhindert regelmäßiges Hacken nach Regenfällen, dass sich an der Bodenoberfläche eine Kruste bildet, die bei Trockenheit zu Rissen führt. Der Boden sollte nie offen liegen, sondern immer bedeckt sein: entweder durch Kulturpflanzen, durch eine Gründüngung oder durch flächig aufgebrachten Kompost. Mulch zwischen den Reihen bewahrt die Feuchtigkeit und die Bodenstruktur.

Gemüse	Familie, Nähr-stoffanspruch	Anzucht	Ernte	Bemerkungen
Mangold	Gänsefuß-gewächse, Mittelstark-zehrer	Aussaat ab April, Blattmangold auf 5 cm, Stielmangold auf 25 cm Abstand vereinzeln	Juli bis Oktober, geerntete Blätter sofort verbrauchen	Stängel und Blätter separat zubereiten wegen der unterschiedlich langen Garzeit
Möhren	Doldenblütler, Mittelstark-zehrer	Aussaat März bis April oder Juni/Juli, locker in 25 cm Reihenabstand	nach 12 bis 20 Wochen, öfter durchernten, vor Frosteintritt ernten	keimen langsam
Radieschen	Kreuzblütler, Schwachzehrer	Aussaat März bis Oktober in Sätzen	ab 6 Wochen nach der Aussaat Radieschen ab 2 cm Größe ernten	die Sorte 'Eiszapfen' entwickelt eine lange, weiße Wurzelverdickung
Tomaten	Nachtschatten-gewächse, Starkzehrer	Aussaat und Vorkultur ab Februar im Haus, Auspflanzen im Mai in 50 cm Abstand	Juli bis zum Frost	Seitentriebe in den Blattachseln (Geiztriebe) entfernen, mit Tomatenstäben stützen, für gutes Abtrocknen sorgen, z.B. unterste Blätter entfernen
Zuckermals	Süßgräser, Starkzehrer	Direktaussaat im Mai, 3 Körner je Loch in 30 × 50 cm Abstand	August bis Oktober	für einen guten Samenansatz vor allem zur Blütezeit ausreichend gießen

AUF EINEN BLICK

Für *Würze* und *Geschmack*

So klein Ihr Garten auch sein mag – die wichtigsten Küchenkräuter dürfen darin nicht fehlen. Längst schon verwertet man selbst in der Durchschnittsküche nicht allein die traditionellen Kräuter Schnittlauch, Petersilie, Dill, Kerbel und Majoran, sondern der Trend geht dahin, auch einfache Speisen mit Rosmarin, verschiedenen Basilikum- und Thymian-Arten, mit Zitronengras, Monarde und anderen selbst gezogenen exotischen Kräutern zu verfeinern. Dazu kommt eine Reihe aromatischer Kräuter, aus denen sich wohltuende Tees bereiten lassen: Ysop, Zitronenmelisse, Minze in vielen Geschmacksrichtungen, Eisenkraut und Zitronenverbene.

Licht und Wärme für gutes Aroma

Wer Kräuter trocknen und aufbewahren will, erntet sie kurz vor der Blüte: Der Gehalt an Geschmacks- und Geruchsstoffen ist dann am höchsten.

Alle Tee- und Küchenkräuter brauchen einen sonnigen, warmen Platz, und der Boden darf nicht allzu nährstoffreich sein. Im Gegenteil: Bei einem mageren Untergrund entwickelt sich das Aroma besser, während eine zu reichlich bemessene Stickstoffversorgung zu weichen, weniger schmackhaften Blättern führt, die außerdem anfällig für Krankheiten sind. Außerdem reifen überdüngte Pflanzen im Herbst schlecht aus und erleiden deshalb leichter Frostschäden im Winter. Ausnahmen von der Regel sind der Sauer-Ampfer sowie die Pfeffer-Minze, die halbschattige Plätze tolerieren und ständig leicht feuchten Boden verlangen. Aromapflanzen zieht man am besten am Rand des Gemüsebeetes, oder man pflanzt sie nahe am Ausgang in den Garten, um bei jedem Wetter und mit sauberen Schuhsohlen ernten zu können.

Unentbehrliche Küchenkräuter

1 Basilikum
Ocimum basilicum

In der mediterranen Küche gehört Basilikum zu Tomaten, und sein Geschmack harmoniert mit Knoblauch. Die glatten, dünnen Blätter verlangen nach regelmäßigen Wassergaben.
Arten und Sorten: Es gibt eine Reihe dekorativer Sorten mit rot geadertem, braunrotem oder gekräuseltem Blatt. Zitronen-Basilikum würzt Fischspeisen, Thai-Basilikum (Horapha) dagegen schmeckt anisartig süß und pfeffrig.
Kultur: Die einjährige Pflanze lässt sich zwar aus Samen ziehen, aber besser kauft man sich zu Beginn des Frühjahrs ein im Topf vorkultiviertes Exemplar. Das wärmebedürftige Basilikum gedeiht ohnehin im Frühjahr und Herbst am besten auf der Fensterbank.

Basilikum im Topf.

Estragon, Wermut, Thymian, Rosmarin, Majoran oder Lavendel sind Halbsträucher. Einmal gepflanzt, können sie jahrelang am selben Platz bleiben. Damit immer wieder frische, weiche Triebe mit aromatischen Blättern nachwachsen, sollte man die Pflanzen regelmäßig beernten oder aber von Zeit zu Zeit konsequent zurückschneiden. Zu den Stauden unter den Küchenkräutern zählen Liebstöckel, alle Minzen oder Baldrian. Sie entwickeln den Sommer über ihren krautigen Spross, kommen zur Blüte und überdauern die kalte Jahreszeit mit Hilfe unterirdischer Überwinterungsorgane. Borretsch, Dill und Kerbel schließlich sind einjährige Kräuter, die man jährlich neu aus Samen zieht. Durch ihre extrem kurze Kulturzeit muss man bei Bedarf Dill und Kerbel alle paar Wochen neu aussäen, da die Pflanzen rasch heranwachsen und blühen, um Samen zu bilden und danach zu vertrocknen.

Frostempfindliche Arten für Tröge und Töpfe

Viele Tee- und Gewürzkräuter haben ihren Ursprung im Mittelmeerraum und im Nahen Osten, daher sind sie nicht immer und überall zuverlässig winterhart. Solche Kandidaten wie Rosmarin, Thymian, Estragon und Ysop brauchen im Winter einen guten Winterschutz in Form einer Laubschüttung. Rosmarin, Zitronenverbene und tropische Gewächse wie das Zitronengras überwintert man besser in einem hellen, kühlen Raum. Diese Gewächse ergeben hervorragende Kübelpflanzen, da sie gelegentliches Austrocknen der Erde tolerieren und nicht allzu wüchsig sind.

---

2 **Pfeffer-Minze**
Mentha-Arten und -Sorten

In Mitteleuropa dient die Pfeffer-Minze vor allem für Tees und zum Aromatisieren von Desserts.
Arten und Sorten: Von der gewöhnlichen *Mentha × piperita* kennt man eine große Anzahl von Sorten, die alle etwas unterschiedlich schmecken. Aromatischen Tee ergibt die Sorte 'Agnes' mit länglichem, glattem Laub. Sehr feines Aroma besitzt die Apfel-Minze (*Mentha suaveolens*) mit ihren weichen Blättern. Grüne Minze oder Spearmint (*Mentha spicata*) schmeckt pfeffrig süß und erfrischend.
Kultur: Über ihre unterirdischen Ausläufer breiten sich die wuchernden Minzen nach allen Seiten aus. Man tut gut daran, sie in einem großen Kunststofftopf, dessen Boden herausgeschnitten wurde, in den Garten zu setzen.

3 **Salbei**
Salvia-Arten und -Sorten

Typisch sind die runzligen, weichen Blätter und der herbe bis angenehm würzige Geschmack. Als Zutat zu Fleischspeisen fördert Salbei die Verdauung, sparsam eingesetzt aromatisiert er Pasta-Soßen.
Arten und Sorten: Vom Echten Salbei (*Salvia officinalis*) verwendet man nur die weniger scharfen jüngeren Blätter. Sorten mit andersfarbigem Laub schmücken im Blumenbeet oder im Balkonkasten: 'Purpurascens' (dunkelrot), 'Icterina' (gelbgrün), 'Tricolor' (graugrün und weiß gescheckte, rosa überhauchte Blätter). Etwas herb und balsamartig schmeckt das Blatt des zweijährigen Muskateller-Salbeis (*S. sclarea*).
Kultur: Salbei liebt warme, trockene Plätze. Nach der Blüte zurück schneiden, damit die Pflanzen eine schöne Wuchsform bewahren.

4 **Thymian**
Thymus-Arten und -Sorten

Dieser zierliche Halbstrauch wächst in Süd- und Mitteleuropa wild an trockenen Plätzen. Er zählt zu den wichtigsten Kräutern für Suppen, Eintöpfe, Würste und Pasteten.
Arten und Sorten: Die frischen oder getrockneten Blätter des Garten-Thymians (*Thymus vulgaris*) schmecken angenehm würzig. Zitronen-Thymian (*Thymus citriodorus*) passt gut zu Fisch, Geflügel, würzt aber auch Brot und Obstsalat. Von dieser Art gibt es mehrere Auslesen wie 'Golden Queen' mit dekorativ gelb gerandetem Blatt und 'Fragrantissimus' mit intensivem Orangenaroma.
Kultur: Die Pflanzen bevorzugen lockeren, sandigen Boden und vertragen die Trockenheit im Steingarten oder auf der Trockenmauer. Vermehrung durch Teilung.

Köstliche *Beerenfrüchte*

Naschobst gehört zu den ganz großen Leckereien, die ein Garten zu bieten hat.

Beerensträucher gedeihen überall, wo sie einigermaßen lockeren, gepflegten Boden vorfinden. Alle bevorzugen sonnige Plätze, aber Johannisbeeren und noch mehr die Stachelbeeren vertragen zeitweiligen Schattenfall recht gut.

Den ersten Rang unter den Beerenfrüchten nehmen die Erdbeeren ein. Jungpflanzen kauft man in Frühling beim Gärtner und setzt sie in 20 cm Abstand in einer Reihe im Gemüsebeet. Erdbeeren reifen je nach Sorte ab Anfang Juni. Es gibt einmal tragende Sorten und remontierende, die im Spätsommer noch einmal eine schwächere Ernte liefern. Genügsam sind die Monats-Erdbeeren, Züchtungen aus unserer heimischen Wald-Erdbeere. Sie werden flächig, zum Beispiel unter Sträuchern, gepflanzt und liefern den ganzen Sommer über hocharomatische Früchte.

Abgetragene Ruten jährlich entfernen

Himbeeren brauchen wenig Platz, schon eine Reihe kann am Zaun als Sichtschutz dienen oder trennt innerhalb des Gartens einzelne Bereiche ab. Unproblematisch sind vor allem die Herbst-Himbeeren: Sie bilden ihre Früchte schon an den Spitzen der diesjährigen Ruten. Diese schneidet man im Herbst zurück, damit dieselben Ruten im Folgejahr im unteren Teil fruchten. Nach der Ernte kappt man die Ruten auf Bodenniveau. Auf diese Weise vermeidet man, dass sich die gefürchtete Rutenkrankheit ausbreitet. Sommertragende Himbeeren sind in dieser Hinsicht empfindlicher, da sie erst an den zweijährigen Ruten Früchte ausbilden.

Brombeeren dagegen verlangen etwas mehr Pflege: Die Triebe eines Jahres werden über ein stabiles Gerüst mit Drahtbespannung gelenkt. Haben die Ruten im zweiten Jahr Früchte getragen, werden sie an der Basis entfernt.

Rote und Weiße Johannisbeeren tragen hauptsächlich am zwei- bis dreijährigen Holz. Triebe, die älter als vier Jahre sind, schneidet man daher nach der Ernte heraus. Pro Strauch belässt man ungefähr zehn kräftige Triebe. Die Schwarze Johannisbeere dagegen fruchtet am einjährigen Holz. Abgetragene Ruten werden entfernt, damit sich immer wieder genügend Neutriebe entwickeln.

Rote Johannisbeere 'Red Wing'

Erste Wahl: mehltauresistente Stachelbeeren

Stachelbeeren sollten sich aus sechs oder sieben Haupttrieben aufbauen, denen man jeweils drei oder vier Seitentriebe belässt. Die restlichen Seitentriebe werden eingekürzt. Vorwiegend am einjährigen Holz bilden sich Früchte. Das Fruchtholz entfernen Sie im Anschluss an die Ernte, um die eingekürzten Seitentriebe zum Austrieb anzuregen. Die Kultur auf Hochstämmchen trägt dazu bei, dass die Krone gut durchlüftet ist und gesund bleibt.

Empfehlenswertes Beerenobst

Obst	Sorte	Früchte und Ernte	Besonderheiten
Brombeeren (stachellose Sorten) Erntezeit Ende Juli bis Anfang Oktober	'Loch Ness'	reift früh (Anfang August), großfrüchtig	braucht guten Boden für hohen Ertrag
	'Navaho'	hoch aromatische, große Früchte	wächst aufrecht und kompakt für Fächerspaliere, hübsche rosa Blüte
	'Oregon Thornless'	ausgezeichnetes Aroma	ziemlich frosthart, dekorativ geschlitztes Laub
Erdbeeren (einmal tragende Sorten) Erntezeit Ende Mai bis Ende Juli	'Kent'	glänzende, feste Frucht	sehr robuste Pflanze, aber bei dichtem Wuchs tritt leicht Fruchtfäule auf, sehr ertragreich
	'Polka'	feste, dunkle Frucht	hoher Ertrag, braucht gleichmäßige Feuchtigkeit
	'Selva'	sehr feste, große Frucht	widerstandsfähig gegen Fruchtfäule und Mehltau
	'Tenira'	hellrote, feste Früchte mit sehr gutem Aroma	sehr robust und wenig krankheitsanfällig
Himbeeren Erntezeit Ende Juni bis Anfang August oder im September/Oktober	'Autumn Bliss'	große, feste, kegelförmige Frucht, reift im Herbst (bis Oktober)	sehr robust, resistent gegen Blattläuse und Wurzelfäule
	'Golden Bliss'	gelbfrüchtige Variante von 'Autumn Bliss'	bleibt ebenso gesund wie die Stammsorte
	'Meeker'	herzförmige Frucht, reift im Sommer	sehr starker Wuchs, robuste Pflanze
	'Tulamen'	sehr große, kegelförmige Frucht, sommertragend	blattlausresistent, widerstandsfähig gegenüber Rutenkrankheit
Johannisbeeren Erntezeit ab Ende Juni bis Anfang August	'Blanka' (weiß)	späte Sorte, dichte Trauben	robust und frosthart, sehr hohe Erträge
	'Jonkher van Tets' (rot)	sehr früh reifende Sorte	große Einzelfrüchte, die aber leicht rieseln
	'Ometa' (schwarz)	große, aromatische Früchte	robust, unempfindlich gegen Stachelbeermehltau, ertragreich
	'Primus' (weiß)	frühe Reifezeit	robust und frosthart, sehr ertragreich
	'Red Lake' (rot)	Beeren in langen Trauben	anspruchslos, ertragssicher, aber etwas mehltauanfällig
	'Rovada' (rot)	späte Sorte mit sehr langen Trauben und großen Beeren	sehr robuste Pflanze
Jostabeeren Erntezeit Ende Juni bis Mitte August	'Jogranda', 'Jonova', 'Jostine'	große, runde, schwarze Früchte	gesund und sehr wüchsig, die großen Pflanzen brauchen viel Platz
Stachelbeeren Erntezeit Mitte Juni bis Ende Juli	'Invicta' (hellgrün)	große Früchte mit leicht behaarter Schale	robust, stark bestachelt, sehr wüchsig
	'Remarka' (rot)	frühe Sorte	mehltaufest (wie auch 'Pixia', 'Rexrot', 'Rokula', alle rotfrüchtig)

Frisch vom Baum: *Apfel, Birne, Quitte*

Je nach Sorte lassen sich Äpfel monatelang lagern. Die wenig haltbaren Birnen verzehrt man besser innerhalb weniger Wochen.

Kernobst gedeiht nahezu überall in Mitteleuropa. Nur sehr flachgründige Böden und Mittelgebirgslagen über 600 m scheiden für den Anbau aus. Allerdings sollte ein bis in etwa 50 cm Tiefe durchwurzelbarer Boden zur Verfügung stehen. Der humose, gelockerte Oberboden hat idealerweise eine schwach bis mäßig saure Reaktion. In jedem Fall muss die Krone viel Sonnenlicht erhalten, im Schatten ist kein ausreichendes Wachstum möglich. Zudem sollte genügend Bodenfeuchtigkeit vorhanden sein. Vor allem im ersten Jahr nach dem Pflanzen muss man gelegentlich wässern. Eine dicke Mulchschicht über der großzügig bemessenen Baumscheibe bewahrt die Feuchtigkeit im Boden. Generell stellen Birnen etwas höhere Anforderungen an die Bodenqualität, und sie brauchen etwas mehr Wärme.

Robuste, gesunde Sorten wählen

Im Hausgarten möchte man Obst und Gemüse ganz ohne chemischen Pflanzenschutz ziehen. Die Grundvoraussetzung dafür stellt die Wahl einer schorffesten Apfel- oder Birnen-Sorte dar. Schorf auf Blättern verringert die Assimilationsleistung, Schorf auf Früchten beeinträchtigt das Aussehen und die Haltbarkeit (nicht jedoch den Geschmack). Gegenüber dem Schorfpilz sind andere Krankheiten weniger dramatisch: Mehltaubefall zum Beispiel lässt sich durch einen gezielten Rückschnitt der Triebspitzen im Frühjahr eindämmen, Obstbaumkrebs behält man durch rechtzeitiges Ausschneiden befallener Äste im Griff. Der Kasten stellt robus-

Apfel- und Birnen-Sorten für den Hausgarten

AUF EINEN BLICK

Sorte	Eigenschaften
Apfel 'Florina'	knackige, süße Frucht; wenig anfällig für Mehltau, schorfrestistent, relativ frostempfindlich
Apfel 'James Grieve'	geschmackvoller Herbstapfel; bleibt von Mehltau und Schorf verschont
Apfel 'Pinova'	feste, süß-säuerliche Frucht; pflegeleicht
Apfel 'Piros'	große, aromatische Frucht für den Frischverzehr; gedeiht in höheren Lagen, pflegeleicht
Apfel 'Retina'	aromatischer Geschmack; resistent gegen Schorf, ausgezeichnete, robuste Frühsorte
Apfel 'Rebella'	süßes, leicht säuerliches Aroma; krankheitsfest, äußerst robust, ertragreicher Herbstapfel
Apfel 'Roter Berlepsch'	knackige, aromatische Frucht; wenig schorf- und mehltauanfällig
Apfel 'Rubinette'	bestes Aroma; widerstandsfähig gegenüber Obstbaumkrebs, einfach in der Erziehung
Apfel 'Topaz'	ausgezeichnetes Aroma; schorfresistent und mehltaufest, trägt zuverlässig, lagerfähig
Birne 'Clapps Liebling'	rötliche, aromatische Frucht; wenig krankheitsanfällige Augustbirne
Birne 'Frühe aus Trévoux'	rötlich geflammte, fein säuerliche Frucht; reift früh, relativ genügsam
Birne 'Nashi'	rundliche, braune, süße Früchte; ausgesprochen gesund, braucht kaum Pflege

Dicht an dicht hängen Äpfel am Ballerina-Bäumchen.

In der gleichmäßig aufgebauten Rundkrone erhalten alle Früchte genügend Licht zum Ausreifen.

te Sorten vor, die sich für den Hausgarten eignen. Zudem sollten Sie beim Kauf auf die Kennzeichnung vf (= virusfrei) oder vt (= virusgetestet) achten.

Eine wichtige Rolle für das Wachstum spielt bei allen Obstbäumen die Unterlage, auf die das Edelreis gepfropft oder veredelt wurde. Für einen Hausgarten wählt man grundsätzlich eine als schwach wachsend oder sehr schwachwüchsig eingestufte Unterlage (beim Apfel M9 bzw. M27), damit der Baum nicht innerhalb kürzester Zeit alle Dimensionen sprengt. Kleinkronige Bäume kann man vom Boden aus ohne Leiter schneiden und beernten, und sie tragen schon nach wenigen Jahren. Der kleine Baum benötigt zur Verankerung im Boden unbedingt einen dauerhaften, kräftigen Stützpfahl, der in ausreichendem Abstand zum Stamm in den Boden gerammt wird.

Aroma frei Haus: Quitten

Wo immer der Platz reicht, lohnt es sich, ein Quittenbäumchen zu pflanzen. Der Baum blüht im April wunderschön mit großen, kelchartig geformten weißen bis zartrosa Einzelblüten. Darüber hinaus schmückt er sich im Herbst mit leuchtend goldgelben Früchten und intensiv gelbem Laub. Die am häufigsten angebotenen Sorten sind die 'Konstantinopeler Apfelquitte' mit rundlicher Frucht und die 'Portugiesische Birnenquitte' mit entsprechend birnenförmiger Frucht. Beide reifen im Oktober/November und ergeben köstliches Mus und Gelee. Quittenfrüchte ernten Sie erst dann, wenn sie die so genannte „Edelfäule" erreicht haben: Dann ist das Fleisch zwar etwas teigig, besitzt aber am meisten Aroma. Es muss zügig verarbeitet werden.

Quittenfrüchte sollen möglichst lange am Baum reifen.

Obstbäume pflanzen, erziehen und schneiden

Obstbäume pflanzen

Zuerst müssen Sie ein ausreichend großes Pflanzloch von etwa 50 cm Durchmesser und 40 bis 50 cm Tiefe graben. Verfestigter Untergrund wird gut aufgehackt, darauf füllen Sie 10 cm hoch die gelockerte, ausgehobene Erde. Setzen Sie seitlich einen stabilen Stützpfahl. Nun stellen Sie den Baum hinein, wobei die Veredlungsstelle mindestens 10 cm über dem Erdboden stehen muss. Füllen Sie anschließend lockere, bei Bedarf mit Kompost und Sand vermischte Erde ein, mit dem Fuß vorsichtig andrücken. Nach dem gründlichen Angießen den Stamm an den Pfahl anbinden. Dafür eignet sich ein mehrfach verschlungener Kokosstrick oder ein Baumbinder.

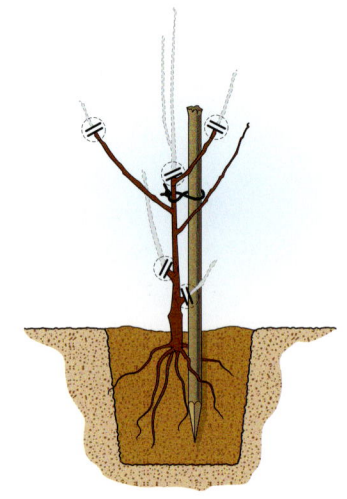

Erziehung einer schlanken Spindel

Der Kronenaufbau beginnt mit einer einjährigen Pflanze, die bereits seitliche, radial um die Mittelachse verteilte Triebe besitzt. Durch Herunterbinden bringen Sie die Seitentriebe in eine waagerechte Lage, die Stammverlängerung kürzen Sie um 30 bis 40 cm ein. Seitentriebe, die sich auf der Oberseite der Seitentriebe bilden, kürzen Sie gleich auf drei oder vier Augen ein – sie würden sonst senkrecht nach oben schießen. Im Folgejahr entfernen Sie zu dicht und nach innen wachsenden Zweige. Triebe, die mit einer Blütenknospe enden, werden nicht beschnitten.

Erhaltungsschnitt bei der schlanken Spindel

Gewöhnlich trägt die Spindel im dritten Standjahr. Die Fruchtbildung verbraucht Wuchsstoffe, dadurch beruhigt sich das Triebwachstum. Während der Vegetationszeit müssen Sie dennoch die senkrecht aufstrebenden Konkurrenztriebe gleich am Ansatz entfernen. Die Triebe, die an der Basis der Fruchtäste austreiben, werden in den nächsten Jahren benötigt, um das Fruchtholz zu verjüngen. Man schneidet sie nicht an, sondern bindet sie im Laufe des Sommers herab. Das Höhenwachstum wird begrenzt, indem man den Haupttrieb in 2 bis 2,5 m Höhe bis auf einen waagerecht stehenden Seitentrieb kappt.

vor dem Rückschnitt | nach dem Rückschnitt

Gärtner-Praxis: *Kernobst* erziehen und schneiden

Alle Obstbäume brauchen einen regelmäßigen Schnitt, um zuverlässig Blüten zu bilden. Dazu entfernen Sie altes, vergreistes Holz, um immer wieder die Bildung von Fruchtholz anzuregen. Das Auslichten bewirkt, dass Luft und Licht in die Krone dringen. Die Erziehung eines Obstbaumes beginnt bereits in der Baumschule: Der ein- oder zweijährige Jungbaum darf nicht zu stark geschnitten werden. Das geschieht allerdings sehr gern, um das Anwachsen zu erleichtern. Die Folge ist jedoch ein starkes Triebwachstum, das sich in den kommenden Jahren kaum mehr bändigen lässt. Die Grundregel „Starker Schnitt bewirkt starkes Triebwachstum" gilt von Anfang an. Bedenken Sie: Die Triebbildung geht immer zu Lasten der Blüte!

Ballerina-Äpfel für wenig Platz

Wenn der Platz für einen „richtigen" Apfelbaum nicht ausreicht, kann man auf diesen neu entwickelten Baumtyp mit säulenförmigem Wuchs zurückgreifen (Foto Seite 99). Von einem Haupttrieb zweigen extrem gestauchte Seitentriebe ab. Die Pflanzen erreichen nach einigen Jahren 2 bis 2,5 m Höhe (und mehr), der Durchmesser der „Krone" beträgt nur noch knapp 50 cm. Die sehr statisch wirkenden Ballerinas gedeihen noch auf schmalen Beeten am Haus und sie eignen sich für größere Gefäße auf Terrassen. Der Schnitt gestaltet sich einfach: Lange Seitentriebe schneidet man auf drei Augen zurück.

Domestizierte Wuchsformen

Für den Hausgarten bieten sich zwei Erziehungsformen an: die „schlanke  Spindel" oder der „Busch". Bei der schlanken Spindel zweigen von der Hauptachse gleichmäßig verteilte Triebe nahezu waagerecht ab. Im Idealfall entspringt alle 20 bis 30 cm in schraubenartiger Anordnung ein Seitentrieb von der Mittelachse. Dadurch entsteht ein pyramidenartiger Aufbau, der nach drei bis fünf Jahren seine endgültige Höhe von 1,5 bis 2 m erreicht hat. Danach kommt es darauf an, alljährlich durch Auslichten und Herabbinden zu steiler Triebe die angestrebte Form zu erhalten. Beim so genannten „Busch" baut sich über einem kurzen Stamm ein Gerüst aus drei bis vier schräg gerichteten Ästen auf. Sie sollten in etwa 45° von der eingekürzten Hauptachse abzweigen.

Fruchtholz statt langer Triebe

Schneller als beim Apfel vergreist bei der Birne das Fruchtholz und die Bäume neigen zu extremem Höhenwachstum. Deshalb ist es wichtig, die Erneuerung des Fruchtholzes und die Bildung von Seitentrieben zu fördern und dabei den Durchtrieb der Mittelachse zu bändigen. Recht gut gelingt dies bei den verschiedenen Spalierformen, die – vielleicht an einer Hauswand oder einem frei stehenden Rankgerüst entlang – als Fächer oder U-förmig erzogen werden. Ausgewählte, streng formierte Gerüsttriebe bilden fruchtende Kurztriebe, und die Kunst des Schnittes (eine Arbeit für Fortgeschrittene) besteht darin, diese beständig zu verjüngen und die einmal aufgebaute Form zu erhalten.

Anspruchsvolle Naschfrüchte: *Steinobst*

Mehr noch als beim Kernobst hängt bei Kirschen und Pflaumen der Erfolg von der Sortenwahl ab.

Ebenso wie Äpfel und Birnen verlangen Steinobstbäume einen lockeren, fruchtbaren Boden. Pflaumen und Zwetschen fühlen sich auf feuchtigkeitshaltendem, humosem Lehmboden besonders wohl. Da sie ein flaches Wurzelwerk entwickeln, gedeihen sie noch auf weniger tiefgründigem Boden. Mirabellen stellen etwas höhere Ansprüche: Sie verlangen einen nährstoffreichen, wasserdurchlässigen und offenen Boden; man sollte sie nur in warmen Lagen anpflanzen. Süß- und Sauer-Kirschen sind recht tolerant hinsichtlich der Bodenqualität, sofern ihnen ein mindestens 60 cm tiefer, durchwurzelbarer Bereich zur Verfügung steht. Staunässe und Bodenverdichtungen vertragen sie alle nicht. Steinobst ist infolge der frühen Blüte durch Spätfröste gefährdet. In kalten Lagen und in Frostsenken verzichtet man besser von vornherein auf Süß-Kirschen. Wo häufig mit Spätfrösten zu rechnen ist, pflanzt man später blühende Sorten.

Bestäubung und Befruchtung

Beim Steinobst spielt die Bestäubung durch andere Sorten der gleichen Art eine wichtige Rolle. Pflaumen und Zwetschen bestäuben sich alle gegenseitig – sofern die Sorten im Umkreis von rund 100 m zur gleichen Zeit blühen. Einige Sorten befruchten sich selbst zuverlässig, sind also nicht auf andere Pollenspender angewiesen. Dazu gehören: 'Bühler Frühzwetschge', 'Elena', 'Hanita', 'Hauszwetschge', 'Mirabelle von Nancy', 'Stanley'. Auch Sauer-Kirschen befruchten sich selbst, während Süß-Kirschen zum Teil selbststeril sind und sich auch von nahe verwandten

Steinobst-Sorten für den Hausgarten

AUF EINEN BLICK

Steinobst	Sorte	Eigenschaften
Süß-Kirschen	'Burlat'	große, saftige, feste Frucht; madenfreie, gesunde Frühsorte
	'Große Schwarze Knorpel'	große, schwarzrote Frucht; robuste, stark wachsende Traditionssorte
	'Magda'	große, dunkle, sehr saftige Frucht; platzfest und robust
	'Regina'	große, feste, saftig süße, braunrote Frucht; platzt und fault kaum, robust
Sauer-Kirschen	'Morellenfeuer'	saftige Frucht mit herb-kräftigem Aroma; robust, guter Bestäuber
	'Morina'	beste Fruchtqualität, hoher Ertrag, Baum formt eine schöne Spindel
Pflaumen, Zwetschen und Renekloden	'Große Grüne Reneklode'	runde, grüngelbe, sehr süße Frucht, nicht für trockene Lagen
	'Graf Althan'	große, runde, süß-würzige Frucht; scharkatolerant, gut in raueren Lagen
	'Hanita'	ausgezeichnetes Aroma; scharkatolerant, gedeiht noch in kühleren Lagen
	'Herman'	süß-säuerliche Frucht; robust, scharkatolerant, trägt früh und reichlich
	'Katinka'	süß-saure, aromatische Frucht; scharka- und kältetolerant, gesund
	'Stanley'	süß-saftige Frucht; robust, wenig krankheitsanfällig

Die Sorte 'Hanita' trägt zuverlässig aromatische, große Früchte im Hausgarten.

Sorten nicht bestäuben lassen. Sofern Sie in Erfahrung bringen können, welche Sorten in der Nachbarschaft wachsen, können Sie geeignete Sorten einbringen, die im Idealfall für Obstgehölze in der Umgebung als Pollenspender dienen. Geeigneten Pollen liefert übrigens auch die Kirschpflaume (*Prunus cerasifera* 'Nigra'), die sich häufig als Ziergehölz in älteren Gärten findet. Ihre Früchte schmecken feinaromatisch. Für Kern- wie für Steinobst gilt, dass die Befruchtung umso zuverlässiger erfolgt, je mehr Pollen verschiedener Sorten auf der Narbe ankommt. Bietet der Garten auch sonst noch viele Blüten, werden Honig- und Wildbienen angelockt, was den Polleneintrag und somit den Fruchtansatz fördert.

Blütenbildung und Fruchtholz

Der Aufbau der Krone und der Erhaltungsschnitt richten sich danach, an welchen Teilen der Triebe sich die Blütenknospen entwickeln. Beim Steinobst endet ein Trieb immer mit einer Blattknospe, dagegen stehen Blütenknospen immer seitlich am Trieb. Sauer-Kirschen und Pfirsiche bilden nur am einjährigen Trieb „echte" Knospen; sie verkahlen an mehrjährigen Trieben, sodass die fruchtbare Zone im Außenbereich der Krone liegt. Süß-Kirschen, Pflaumen und Aprikosen entwickeln ihre Blütenknospen an kurzen Trieben entlang der Langtriebe. Speziell bei der Süß-Kirsche stehen an diesem Fruchtholz die Blütenknospen quirlartig beieinander. Man spricht hier vom Bukettspross. Pflaumen tragen ihre Früchte vor allem an Kurztrieben entlang der zwei- oder dreijährigen Langtriebe. Eine Ausnahme bildet die Sorte 'Mirabelle von Nancy', die bevorzugt an Langtrieben fruchtet. Durch reifende Früchte nach unten gezogenes Fruchtholz wird nach der Ernte entfernt.

Da Steinobst ziemlich stark wächst, setzt man im Hausgarten herkömmlicher Größe nur Bäume, die auf schwachwachsende Unterlagen veredelt wurden.

TIPP

Fruchtformen

... der Pflaumenverwandtschaft

Pflaumen haben stark gerundete, gelbe, braunviolette oder blaue Früchte.

Zwetschen entwickeln längliche Früchte mit zugespitzten Enden.

Renekloden sind rund, schmecken süß und besitzen eine grünlich gelbe bis rötliche Haut.

Mirabellen tragen ebenfalls runde Früchte mit gelber Haut.

Kirschpflaume ist ein Zierstrauch mit rotschwarzem Laub und bisweilen saftigen, runden, dunkelroten Früchten.

Steinobst erziehen und schneiden

Eine Pyramide aufbauen

Das Gerüst besteht aus einem Mitteltrieb und drei oder vier Leitästen, die Sie schon bei der Pflanzung festlegen. Alle Triebe schneiden Sie um etwa ein Drittel zurück. Der Mitteltrieb überragt die Seitentriebe um rund 20 cm, während die Seitentriebe auf gleicher Höhe enden sollten, damit alle Äste gleichmäßig mit Wasser und Nährstoffen versorgt werden. Der Winkel zur Senkrechten sollte etwa 45° betragen. In der Folgezeit kommt es darauf an, eine gleichmäßige Krone aufzubauen. Steil aufstrebende und zu dicht stehende Triebe entfernen Sie bereits an der Ansatzstelle. Bei Sauer-Kirschen schneiden Sie die Triebverlängerungen jährlich um ein Drittel zurück. Bei Süß-Kirschen binden Sie die ungeschnittenen Seitentriebe in die Waagerechte, die Stammverlängerung wird nicht geschnitten. Besenartige Austriebe an den Spitzen vereinzeln Sie in Laufe des Sommers. Bei Bedarf schneiden Sie im August auf einen nach außen weisenden Trieb zurück.

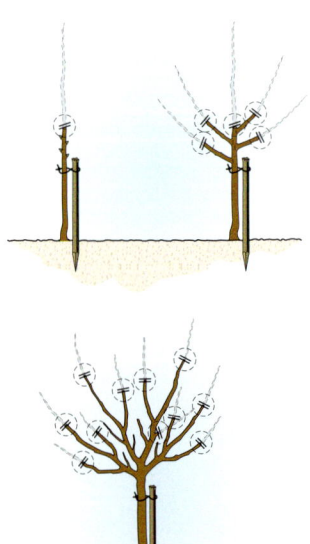

Eine Hohlkrone aufbauen

Der Aufbau gleicht der Pyramide, allerdings ohne Mittelstamm. Bei den von Natur aus steil aufstrebenden Steinobst-Arten bewirkt man dadurch einen günstigeren Kronenaufbau. Den Haupttrieb entfernen Sie schon beim Pflanzschnitt, nur bei recht steilen Verzweigungen warten Sie damit bis zum Folgejahr, damit sich kein Ersatztrieb aufrichtet. Zu tief ansetzende und schwache Triebe schneiden Sie an der Ansatzstelle ab. Die Leittriebe enden auch hier auf gleicher Höhe, damit sich eine „Saftwaage" einstellt. Sie werden mit Hilfe von Abstandshaltern abgespreizt oder herabgebunden. In den nächsten Jahren sorgen Sie dafür, dass sich an den Leitästen in etwa 1 m Abstand von der Ansatzstelle weitere Nebenleitäste entwickeln. Vor allem Pflaumen treiben aus älterem Holz gern Steiltriebe: Man nimmt sie auf Kurztriebe mit drei oder vier Blättern zurück, um diese später zum Verjüngen des Astes zu verwenden.

Gärtner-Praxis: *Steinobst* in Form bringen

Der Schnitt hat eine gleich-mäßige, nicht zu steile Krone und den Erhalt des Fruchthol-zes zum Ziel.

Günstige Kronenformen für Steinobst im Hausgarten sind die Pyramide und die Hohlkrone (siehe linke Seite) über einem 50 bis 60 cm hohen Stamm. Auch eine Erziehung als Spindel (siehe Seite 100) gelingt gut, obwohl diese Form dem steil aufgerichteten Wuchs der meisten Steinobst-Sorten etwas entgegenläuft. Für die Spindel binden Sie die Seitentriebe jährlich in die Waagerechte. Senkrecht empor-schießende Triebe müssen Sie regelmäßig entfernen.

Im Gegensatz zum Kernobst schneiden Sie Steinobst nicht auf eine Knospe zurück, sondern verjüngen auf bereits vorhandene Zweige. Am besten nimmt man zu lang gewordene Triebe zugunsten kürzerer, nach unten weisender Triebe zurück, damit die angestrebte Wuchsform beibehalten wird. Einfacher gelingt der Rückschnitt bei der Süß-Kirsche: Sie lässt sich durch Schnitt auf einen Bukettrieb verjüngen. Die Blüten tragenden Bukettsprosse im unteren Teil der Langtriebe erneuern sich ohnehin jedes Jahr neu.

Quirltriebe rechtzeitig entfernen

Steinobst neigt dazu, sich an den Triebspitzen quirlartig zu verzweigen. Entfernt man die Knospen rund um die stärkere Endknospe, vermeidet man besenartige Verzweigungen und regt zugleich den Austrieb von tiefer am Trieb liegenden Knos-pen an. Noch weiche, unverholzte Quirltriebe lassen sich im Laufe des Sommers noch recht unproblematisch ausreißen.

Die Sauer-Kirsche 'Morina' ist robust und entwickelt gesunde Früchte.

Kiwi: *rasanter Kletterer, leckere Früchte*

Kiwis brauchen ein stabiles Klettergerüst, viel Sonne und ausreichend Platz für ihre meterlangen, rankenden Triebe. Sie sind gut winterhart, haben aber in der Vergangenheit längere Frostperioden nicht überstanden. Eine erfolgreiche Kultur setzt tiefgründigen, gut wasserdurchlässigen Boden mit hohem Humusanteil voraus. Der pH-Wert sollte im neutralen bis leicht sauren Bereich liegen. Gepflanzt wird in 4 bis 5 m Abstand an ein stabiles Gerüst, mit waagerecht im Abstand von 30 cm gespannten Drähten.

Bei den Kiwi entwickeln sich weibliche und männliche Blüten an unterschiedlichen Pflanzen, nur die weiblichen bilden Früchte aus. Für die Bestäubung muss man daher eine männliche neben vier oder fünf weibliche Pflanzen setzen. Nach der Pflanzung bindet man den Leittrieb senkrecht am Spalier oder Gerüst auf. Je zwei Seitentriebe werden an einem waagerecht gespannten Draht entlang geführt; sie bilden die Grundlage für das Astgerüst. Die Früchte entwickeln sich am einjährigen Holz. Seitentriebe belässt man in 50 cm Abstand und kürzt sie am fünften Blatt ein. Hier entwickelt sich das Fruchtholz für das kommende Jahr. Zu dicht stehende Triebe werden regelmäßig ausgelichtet, nach der Ernte kürzt man die abgetragenen Triebe zwei Knospen oberhalb der letzten Frucht ein. Etwa alle drei Jahre schneidet man die Seitentriebe auf ruhende Knospen in der Nähe des waagerechten Haupttriebs zurück, damit sich neue Seitentriebe bilden.

Die nährstoffbedürftigen Kiwi erhalten im Frühjahr eine kräftige Kompostauflage und etwas Gesteinsmehl. In der Wachstumszeit darf der Boden nicht austrocknen.

Etwa 3 bis 4 Jahre nach der Pflanzung fruchten Kiwi-Pflanzen erstmals. Geerntet werden die weich werdenden Früchte ab September. Behutsam nebeneinander in eine Kiste gelegt, halten sie wochenlang.

Geeignete Kiwi-Sorten

Sorte	Eigenschaften
Actinidia arguta	kälteverträgliche Art mit stachelbeergroßen, glattschaligen Früchten, die man mit der Schale verzehrt
'Ambrosia'	wächst noch in weniger günstigen Lagen, wuchert nicht, ausgezeichneter Geschmack
'Weiki'	besonders frostharte Auslese
Actinidia deliciosa (*A. chinensis*)	die eigentliche „Kiwi", große, braune, behaarte Früchte
Bruno'	längliche, borstige, dunkelbraune Früchte, süßer Geschmack
'Hayward'	ovale, blassbraune Früchte, weich behaart, süßer Geschmack
'Kiwigold'	Neuzüchtung mit gelbfleischigem Fruchtfleisch, Schale kaum behaart
Actinidia kolomicta	sehr frostharte und dekorative Art mit kleinen, glattschaligen, leicht gekerbten Früchten

Weinreben: *edel, aber empfindsam*

In den Weinanbaugebieten dürfen nur Weinreben gepflanzt werden, die auf reblausresistente Unterlagen veredelt wurden.

Tafeltrauben können überall dort reifen, wo die Jahresmitteltemperatur über 8 °C liegt. Am besten entwickeln sie sich an windgeschützten Wänden in Süd-, Südost- oder Südwest-Ausrichtung. Der Rebstock verlangt eine fachgerechte Erziehung an einem Spalier, einer Pergola oder auch an einem einzelnen Pfahl. Der Abstand vom Gerüst zur Wand oder Mauer sollte mindestens 25 cm betragen. Die Reben werden beim Pflanzen schräg in den Boden gelegt, die Veredelungsstelle muss 2 bis 3 cm über der Erdoberfläche liegen. Nach dem Pflanzen kürzen Sie den Haupttrieb 30 cm über dem Boden ein.

Sie können Weinreben senkrecht als Kordon erziehen, wobei Sie dann die Seitentriebe jährlich in der Ruhezeit auf zwei oder drei Knospen zurückschneiden. Bei der Erziehungsform mit einem oder zwei waagerecht gelegten Flachbögen sollten Sie auf eine regelmäßige Anordnung der Seitentriebe achten, die senkrecht durch gespannte Doppeldrähte nach oben wachsen. Im Winter kürzen Sie alle Seitentriebe auf ein Auge zurück, zu dicht stehende Triebe werden entfernt.

Reben leiden unter verschiedenen Krankheiten und Schädlingen. Vor allem die Anfälligkeit für Echten und Falschen Mehltau macht im Erwerbsanbau regelmäßige Spritzungen mit Fungiziden erforderlich. Im Hausgarten erscheint das als nicht gerechtfertigt. Deshalb sollten Sie auf eine der neueren frostharten und robusten Sorten zurückgreifen, die zuverlässig den Pilzkrankheiten widerstehen. Um hohe Luftfeuchtigkeit zwischen den Pflanzen und damit Grauschimmel zu vermeiden, lichten Sie Triebe und Blattwerk während der Sommermonate aus.

Frostharte und pilzfeste Rebensorten

Sorte	Traube und Wuchs
'Birstaler Muskat'	weiß, knackig, lockere Trauben mit Muskataroma, früh
'Calastra'	weiße, große runde Trauben, früh, dekorative Blätter
'Decora'	rote, mittelgroße, kompakte Trauben, mittelfrüh, feiner Geschmack, wächst aufrecht
'Esther'	blaue, sehr süße, große Beeren, früh bis mittel, auch für kühle Lagen, tiefrotes Laub im Herbst
'Glenora'	weiße, ovale, große Beeren mit kleinem Kern, früh, robust
'Hecker'	große, goldgelbe, längliche Beeren, früh, ertragreich
'Isabella'	rote, fleischige Beeren, früh, pilzfrei
'Muscat bleu'	blaue, sehr große, ovale Beeren, früh, ausgezeichnetes Muskataroma, schön färbendes Herbstlaub
'Perle von Zala'	goldgelbe Beeren in lockerer Traube, früh, auch für weniger günstige Lagen
'Phoenix'	große, gelbe Traube, Muskataroma, mittelfrüh, ertragreich
'Regent'	blaue, mittelgroße Beeren in lockeren Trauben, mittelfrüh, schöne Herbstfärbung

Den Garten pflegen

Gartenarbeit ist sicherlich nicht immer angenehm; sie kann aber Freude bereiten, wenn wir sie weniger als lästige Pflicht, sondern als Tätigkeit zum Wohle der Pflanzen betrachten. Für den Menschen bedeutet sie einen willkommenen Ausgleich. Gezielte Pflege zum richtigen Zeitpunkt bringt mehr als verbissenes Ankämpfen gegen alle Widrigkeiten der Natur.

Das richtige *Werkzeug*

Gutes Werkzeug ist unerlässlich für ein effektives, muskel- und gelenkschonendes Arbeiten im Garten.

Sie benötigen nicht gleich zu Beginn Ihres „Gärtnerdaseins" die gesamte Bandbreite dessen, was der Markt bereithält oder teures Spezialwerkzeug. Dennoch sollten Sie etwas Geld in eine solide, haltbare Grundausstattung investieren.

Unentbehrlich für die Bodenbearbeitung ist ein guter Spaten aus gehärtetem Stahl (am besten Edelstahl). Die Modelle mit durchgehendem Schaft und Blatt sind die dauerhaftesten. Eine Grabegabel braucht man zum Bodenlockern und zum Herausheben eingewurzelter Pflanzen. Auch eine oder mehrere Hacken benötigt der Hobbygärtner: die Spitzhacke zum Lockern der Oberfläche und die Hacke mit geradem, scharfem Blatt zum Beseitigen unliebsamer Sämlinge.

Geräte für die Bodenpflege

Zur Erstausstattung gehört außerdem ein Eisenrechen zum feinen Abziehen von Pflanz- und Saatbeeten. Nützlich ist obendrein ein Krail mit vier gekrümmten Zinken, wenn Sie Kompost oder Bodenverbesserer untermischen möchten. Eine Schaufel und ein Stahl-Federrechen helfen beim Zusammentragen von Laub und Gras. Zum Auflockern der Erde zwischen Pflanzen und Saatreihen verwenden Sie den Grubber mit drei gekrümmten Zinken oder den wendigen Sauzahn mit nur einer Zinke.

Bei all diesen Geräten sollten Sie zuerst auf die Qualität und weniger auf den Preis achten. Ein hochwertiger, stabiler Spaten hält viele Jahre, wohingegen eine preisgünstige Ausführung auf schwerem Boden bald versagt. Apropos Spaten: Mit keinem anderen Gartenwerkzeug wird ähnlich schwere Arbeit geleistet. Beim Kauf sollten Sie sich Zeit lassen und prüfen, wie die einzelnen Modelle in der Hand liegen. Schon allein die Ausformung des Griffes (T- oder D-förmig) wird individuell

Umgraben – pro & contra

WUSSTEN SIE SCHON?

Bei diesem Thema spalten sich die Gartenenthusiasten in zwei Lager: Während die einen auf den wirksamen Effekt der Bodendurchmischung schwören, beharren die anderen darauf, dass das Lockern mit der Grabegabel ebenso wirksam sei und dass darüber hinaus das Bodengefüge mitsamt seinen Lebewesen dabei ungestört bleibt. Tatsächlich reicht es bei durchlässigen Böden aus, den Boden mit der Grabegabel zu lockern. Bei sandigen Böden, auf denen Nährstoffe leicht ausgewaschen werden, verhindert man damit zugleich übermäßigen Nährstoffverlust. Man sticht die Grabegabel senkrecht in den Boden ein und bewegt sie etwas hin und her. So arbeitet man sich reihen-

weise in Beetrichtung vor. Je nach Festigkeit des Boden sticht man die jeweils folgende Reihe in 5 bis 10 cm Abstand ab.

Das Umgraben ist auf schweren, stark lehmigen oder tonigen Böden nach wie vor unumgänglich. Hier werden gleichmäßige Schollen Reihe für Reihe abgestochen und durch einen Schwung des Spatenblattes gewendet. Diese Arbeit geschieht im Spätherbst, damit Frost zwischen die Schollen eindringen kann. Das Auffrieren der fest gepackten Erdklumpen bewirkt die so genannte „Frostgare": Die Brocken zerfallen bei der Frühjahrsbearbeitung fast von selbst. Die feinkrümelige Struktur zerfließt allerdings bei den nächsten Regenfällen

wieder. Nur die regelmäßige Zufuhr von organischer Substanz in Form von Kompost oder Gründüngung führt zu dauerhaften, stabilen Bodenkrümeln.

Will man sich die Arbeit des Bodenlockerns oder des Umgrabens ersparen beziehungsweise erleichtern, sät oder pflanzt man auf die brach liegende Fläche eine Gründüngung ein. Gelbsenf und Winterroggen zum Beispiel durchwurzeln den Boden und bewirken die feinkrümelige Bodenbeschaffenheit. Diese „Gründüngungspflanzen" reichern also im eigentlich Sinn den Boden nicht mit Nährstoffen an (wie es z.B. die Leguminosen tun), aber sie beeinflussen die Bodenstruktur positiv.

Die Investition in hochwertige, stabile Gartengeräte zahlt sich langfristig gesehen aus.

beurteilt. Etwas kleinere, leichtere „Damenspaten" mit kürzerem Stiel erleichtern kleineren Leuten spürbar die Arbeit.

Scheren und Sägen

Zum Schneiden von Bäumen und Sträuchern bietet der Markt eine Fülle durchdachter Maschinen und Geräte an. Fürs Erste genügen eine Astschere (möglichst mit ausfahrbarem Teleskopstiel), die Äste bis 5 cm Durchmesser schneidet. Für dickeres Holz brauchen Sie eine Säge: entweder eine Stichsäge, den so genannten Fuchsschwanz, oder eine Bogensäge. Junge und dünne Triebe kappt man mit der Gartenschere. Sie wird bei fast jedem Pflegegang im Garten gebraucht: beim Entfernen verblühter Rosen, beim Einkürzen von langen Wurzeln vor dem Einpflanzen von Stauden und Gehölzen, beim Pflegerückschnitt von Stauden und Sommerblumen. Daher empfiehlt sich der Erwerb eines hochwertigen Markenfabrikates mit auswechselbaren Klingen. Damit Ihr Gartenwerkzeug lange hält, sollten Sie es nach Gebrauch reinigen und trocken aufbewahren. Regelmäßiges Schärfen erhält die Funktionsfähigkeit.

Zum nützlichen Kleinzeug, das nicht viel kostet, zählen: eine Pflanzschaufel, ein Unkrautstecher, eine Handsichel und unbedingt Gartenhandschuhe. Am besten hat man gleich zwei Ausführungen davon parat: ein Paar aus Stoff für leichte Arbeiten bei Trockenheit und ein festes, ledernes Paar für gröbere Tätigkeiten und wenn (etwa durch Stacheln oder Dornen) Verletzungsgefahr besteht.

Pflanzen selbst heranziehen

Eine Kunststoffschale mit lichtdurchlässiger Haube ist unentbehrlich: Im Frühjahr ziehen Sie darin Gemüse vor. Später bewurzeln im „Zimmergewächshaus" selbst gewonnene Stecklinge.

Sie haben Freude an der eigenen Anzucht von Pflanzen? Hierzu brauchen Sie mehrere Aussaatschalen und Pikierkästen aus Styropor oder aus Kunststoff, dazu einen Pikierstab und eine große Packung Steck-Etiketten zum Beschriften. Immer vorrätig haben sollten Sie außerdem Bindeschnüre aus Bast und aus Kunststoff, dazu etliche Stäbe und Stecken. Bei Bedarf können Sie eine Messlatte für die richtigen Pflanzabstände selbst zurechtsägen und mit Maßen versehen.

Pflanzen gießen

Last, but not least kommt ein Gärtner nicht ohne Gießkanne aus. Zwei schlichte Kunststoffmodelle mit jeweils 10 Liter Verfassungsvermögen erfüllen ihren Zweck. Dekorativer, aber schwerer sind die metallenen Gefäße mit ovalem Querschnitt. Ihre Form erlaubt das Kräfte sparende Tragen dicht am Körper.

Grüner *Rasen* oder bunte *Blumenwiese?*

Saatgutmischungen für „Standard-Gebrauchs-rasen" ergeben eine strapazierfähige, robuste Grünfläche. Sechs oder sieben verschiedene Gräserarten sind hierin enthalten.

Ob man sich für eine Wiese oder einen Rasen entscheidet, hängt von der geplanten Nutzung der Grünfläche ab: Eine Wiese bringt bunte Blumen, zuvor aber muss sie ungestört – also unbetreten – hoch aufwachsen können. Nach der Hauptblütezeit im Juni/Juli brauchen die Blumen Zeit für die Samenreife. Dies allein sichert den Bestand der Wiesenkräuter. Nach der Mahd Ende Juli sieht die Wiese eine Zeit lang ziemlich struppig und gelb aus. Im Gegensatz dazu kann man Rasenflächen betreten, sprich als Liege-, Sitz- oder Spielfläche nutzen. Der grüne, gleichmäßige Teppich verleiht dem privaten Gartenreich eine gewisse optische Weite. Allerdings wird man hierzulande nicht überall dem Ideal des gleichmäßig grünen, dichten und weich federnden „englischen" Rasens nahekommen.

Wiese und Rasen gedeihen nur auf gut gelockertem und durchlässigem Boden, der gleichmäßig abgezogen und fein planiert wird. Es dürfen weder Dellen (in denen sich Wasser stauen könnte) noch dicke Erdbrocken (die den Aufwuchs behindern) verbleiben. Standard-Rasenmischungen eignen sich für jeden normalen Gartenboden; sie setzen sich aus mehreren robusten Gras-Arten zusammen. Für besondere Verhältnisse, etwa für schattige oder für trockene Flächen, gibt es im Samenfachhandel spezielle Mischungen zu kaufen. Wird der Rasen sehr intensiv bespielt, entscheidet man sich am besten für so genannten Sport- oder Strapazierrasen. Er besteht aus besonders widerstandsfähigen, allerdings eher breitblättrigen Gräsern.

Rasen heißt regelmäßig mähen, düngen, wässern

Die Ansaat geschieht am besten im Frühjahr (ab Mitte Mai), sobald sich der Boden gut erwärmt hat, oder im ausgehenden Sommer, damit die Gräser noch aufwachsen können und ein erster Schnitt vor dem Winter erfolgen kann. Dazu bringen Sie rund 25 g Saatgut je m² aus, das möglichst gleichmäßig von Hand gestreut und anschließend kreuz und quer eingerecht wird. Je nach Feuchtigkeitsangebot keimt das Gras innerhalb von zwei bis sechs Wochen. Ein erster Schnitt erfolgt, sobald die Gräser knapp 10 cm hoch gewachsen sind. Die Schnitthöhe liegt mit 5 cm höher als normal, damit beim Mähen keine Pflänzchen herausgerissen werden. Durch den Schnitt entwickeln sich die Gräser dichter und kräftiger, und nach einem zweiten Schnitt können Sie den Rasen betreten.

Zur Rasenpflege gehört nicht nur regelmäßiges Mähen, sondern auch eine Versorgung mit stickstoffreichem Rasendünger, den Sie von Frühjahr bis Sommer alle zwei bis drei Wochen aufbringen sollten.

TIPP

Vom Rasen zur Blumenwiese

Eine gleichförmige Rasenfläche lässt sich in eine Wiese verwandeln: Mähen Sie weniger oft und pflanzen Sie an offene Stellen Wiesenkräuter ein. Diese Wildstauden erhalten Sie in Staudengärtnereien. Ist die Rasenfläche bereits lückig, können Sie den Erdboden freilegen, lockern und Wiesenkräuter aus speziellen Mischungen einsäen. In der Folgezeit mähen Sie höchstens fünfmal im Jahr, unterlassen das Düngen und entfernen alles Schnittmaterial aus dem Garten. Die Umwandlung dauert fünf bis sieben Jahre. In dieser Zeit sparen Sie beim Mähen die entstehenden Wieseninseln aus.

Gemähte Pfade erschließen die ansonsten nicht betretbare Blumenwiese.

Bei gealterten, lückig gewordenen Rasenflächen sollten Sie zu Beginn der Vegetationszeit den Wurzelfilz mit Hilfe eines Vertikutierers entfernen: Die an einer Walze rotierenden Messer schneiden senkrecht in den verfilzten Wurzelbereich ein und rupfen alte Gräser, breitblättrige Kräuter und Moose aus. Nach der Behandlung dringen wieder Luft und Wasser in den Boden ein, die das Gräserwachstum anregen. Den Rasenfilz rechen Sie heraus und kompostieren ihn.

Trotz intensiver Pflege werden sich über kurz oder lang Wildkräuter zwischen die Gräser mischen. Gänseblümchen, Kriechender Günsel, Gamander-Ehrenpreis und Veilchen sollten Sie nicht als Störfaktoren, sondern als Bestandteil der Rasenflora ansehen. Diese Kräuter sind ebenso trittfest wie die Rasengräser und sie bleiben niedrig – es fällt weniger Schnittgut an und sie bereichern den Rasenteppich um bunte Farbtupfer. Etwas anders sieht es aus mit den typischen Rasenunkräutern: Weiß-Klee und die Rosetten von Wegerich oder Löwenzahn verdrängen alle Nachbarn. Hier sollten Sie rechtzeitig die noch jungen Pflanzen weghacken oder mitsamt ihrer meist hartnäckigen Wurzeln ausstechen.

Auch Wiesen brauchen Pflege

Die Anlage einer Wiese erfolgt ähnlich wie beim Rasen, nur unterbleibt jegliche Düngung, Schnittgut wird abgeführt. Nur auf nährstoffarmem, kalkhaltigem, durchlässigem Boden in sonniger Lage behaupten sich Wiesenblumen gegenüber Gräsern. Handelsübliche Wiesenmischungen enthalten oft einjährige Blumen wie Klatsch-Mohn (*Papaver rhoeas*) und Kornblumen (*Centaurea cyanus*). Diese blühen im ersten Jahr nach der Ansaat hübsch, verschwinden aber mit der zunehmenden Ausbreitung von Konkurrenten. Bei der Blumenwiese kommt es darauf an, die beiden Schnitttermine im Juli und September so weit hinauszuzögern, dass die ausdauernden Wiesenkräuter wie Wiesen-Salbei, Margerite, Witwenblume, Flockenblume, Wiesen-Glockenblume oder Karthäuser-Nelke zur Samenreife gelangen können.

Selten geworden, aber schön: Kornrade

Sträucher zurückschneiden

Frühjahrsblüher schneiden

Früh blühende Sträucher wie Forsythie, Geißblatt, Kolkwitzie oder Weigelie haben die Knospenanlagen für ihre Blüten bereits am Ende der Vegetationsperiode angelegt. Ein Schnitt im Winter oder Frühjahr würde die Blüte zunichte machen. Um auszulichten oder zu verjüngen, schneiden Sie daher unmittelbar nach der Blüte einige der alten Triebe bodennah heraus. Problematisch ist ein Schnitt beim Flieder: Die Blütenrispen entstehen aus den obersten Knospen vorjähriger Triebe. Gleichzeitig bilden sich unterhalb der Blütenstände die stärksten Neutriebe, die im Folgejahr blühen. Schneidet man die Äste zurück, treiben schwächere Triebe durch, die vorerst unfähig sind zu blühen. Sollten Sie tatsächlich schneiden, müssen Sie die am Trieb gegenüberliegende Knospe mit entfernen, um hier die arttypische gabelige Verzweigung zu verhindern.

Sommer- und Herbstblüher schneiden

Relativ spät blühende Sträucher wie Sommerflieder, Rispen-Hortensie oder Säckelblume blühen an diesjährigen Zweigen. Sie treiben zunächst einen Laub tragenden Spross, der im Verlauf der Vegetationszeit mit einem Blütenstand abschließt. Schneiden Sie im Frühjahr die Triebe des Vorjahres stark zurück, sodass nur wenige Knospen an der Basis übrig bleiben. Der regelmäßige scharfe Rückschnitt verleiht sparrig wachsenden Sträuchern eine kompakte Wuchsform. Gleichzeitig werden beim Frühjahrsschnitt alle erfrorenen Triebe entfernt. Hortensien und Sommerflieder blühen am schönsten, wenn man die Triebe jährlich bis auf kurze Zapfen zurückschneidet. Gehölze mit extrem dünnen Trieben wie Perovskien, aber auch Fuchsien und alle Halbsträucher schneiden Sie einfach knapp über dem Boden zurück.

Gärtner-Praxis: Nur bei Bedarf **Gehölze** schneiden

Bedenken Sie: Ein starker Rückschnitt bewirkt immer einen kräftigen Austrieb!

Schneiden und Sägen gehört mancherorts zum winterlichen „Ritual" der Gartenbesitzer. Eine wichtige Erkenntnis lautet jedoch: Man kann Ziergehölze schneiden, aber man muss es nicht tun. Jedes Gehölz will gemäß seines genetisch vorgegebenen Bauplans wachsen. Wenn Sie zu hohe oder zu lange Triebe kappen, treiben benachbarte Knospen oder Zweige umso stärker durch, um den erlittenen Verlust rasch auszugleichen.

Nichts ist fataler als beliebiges „Herumschnippeln" an Bäumen und Sträuchern. Ist die natürliche Wuchsform einmal zerstört, lässt sich kaum mehr die arttypische Architektur des Baumes oder Strauches herausarbeiten. Entwickelt sich das gepflanzte Gehölz zu hoch oder zu ausladend, kann man korrigierend eingreifen: Orientieren Sie sich dabei am vorhandenen Astgerüst und kürzen Sie zu lange Äste behutsam ein. Die Wuchsrichtung wird immer durch tiefer gelegene, kürzere Verzweigungen fortgesetzt, somit wird das von Natur aus vorgegebene Verzweigungsmuster in ein gestauchtes Schema „abgeleitet". Wenn Sie nicht einfach drauflosschneiden, sondern zwischendurch immer wieder um den Baum gehen und das eigene Werk kritisch beurteilen, lassen sich grobe Schnittfehler vermeiden.

Einmaleins des Rückschnitts

Schneiden Sie Äste am Astring, das ist der leicht wulstig aufgewölbte Bereich an der Verzweigungsstelle. Von hier überwallt die Schnittwunde von der Wachstumszone aus, die unmittelbar unter der Rinde liegt. Schneiden Sie tiefer, besteht die Gefahr, dass die Leitbahnen des Gehölzes verletzt werden. Bleibt ein zapfenartiger Überstand, können Krankheitserreger eindringen.

TIPP

Einmal schneiden heißt immer schneiden

Bedenken Sie bei jeglichen Schnittmaßnahmen: Ein einmal geschnittener Baum verlangt alle paar Jahre einen Korrekturschnitt. Bei hoch gewachsenen Bäumen wird man dafür einen Baumpflegebetrieb beauftragen, der notfalls von der Hebebühne aus arbeitet.

Besser ist es, die spätere Ausdehnung der Krone schon bei der Gartenplanung entsprechend zu berücksichtigen. Lässt sich ein Gehölz nur durch ständigen Schnittaufwand in seinem Wuchs bändigen, sollten Sie es über kurz oder lang durch eine weniger wüchsige Art oder Sorte ersetzen, die von vornherein den Dimensionen Ihres Gartens entspricht.

Sträucher zum Blühen bringen

Sträucher vertragen einen Rückschnitt gut. Vor allem Blütensträucher, die rasch vergreisen, lassen sich leicht verjüngen, indem Sie alte Triebe an der Basis ganz herausnehmen. Der Strauch treibt von unten her wieder durch. Bei Frühsommerblühern wie Weigelien und Deutzien sollten Sie alle drei bis fünf Jahre Triebe herausschneiden, damit die Blühfreudigkeit erhalten bleibt.

Stauden stützen und zurückschneiden

Schwerlastige Blüten stützen

Einige besonders prächtig blühende Gartenstauden entwickeln so große Blüten, dass die Stängel zum Knicken neigen. Wind und Regen, der sich zwischen den Blütenblättern sammelt, verschärfen das Problem noch. Pfingstrosen, Dahlien, Japan-Anemonen oder die hochwüchsigen Kerzen von Rittersporn müssen Sie deshalb aufbinden. Dazu stecken Sie drei oder vier Stäbe fest in den Boden und umfassen sie mit Bindebast. Das Blattwerk und ebenso die benachbarten Stauden überdecken die einfache Konstruktion. Für relativ kurzlebige rispen- und schleierartige Blütenstände genügt als Stütze ein zeltartig aufgestelltes Reisiggerüst. Es wirkt natürlich, aber auch leicht provisorisch im Gegensatz zur noblen, aber äußerst dauerhaften Stützkonstruktion aus Edelstahl: Ein Stab trägt einen Ring, dessen Umfang Sie dank einer teleskopartigen Konstruktion an den Umfang der Staude anpassen können (links).

Rückschnitt als Pflegemaßnahme

Je nach Pflanzenart kommt dem Rückschnitt von Stängeln eine besondere Bedeutung zu. Frühsommerblüher wie Rittersporn, Frauenmantel, manche Garben und Schleierkraut schneiden Sie nach der Blüte 5 bis 10 cm über dem Boden ab (links). Die Pflanzen treiben aus dem Wurzelstock wieder aus und entwickeln im Herbst eine zweite, wenn auch schwächere Blüte, sie „remontieren". Bei anderen Arten empfiehlt sich der Nachblüteschnitt, um einen Neuaustrieb des Laubes anzuregen. Die erhöhte Blattfläche führt zu insgesamt kräftigeren Pflanzen. Kandidaten dafür sind Knäuel-Glockenblume, Orientalischer Mohn und Gelenkblume. Schließlich können Sie die Blütezeit verlängern, indem Sie Verblühtes rechtzeitig entfernen. Pfingstrosen, Garten-Phlox (Mitte), aber auch Sonnenbraut und Prachtspieren bilden aus den Blattachseln weitere Blüten. Verzweigte Blütenstände wie bei den *Scabiosa*- und *Veronica*-Arten werden zweimal gekappt (rechts).

Gärtner-Praxis: **Stauden** pflegen

Fruchtstände von Stauden sind den Winter über ein dekorativer Blickfang.

Woher wohl die weit verbreitete Gewohnheit stammt, ab Oktober allen krautigen Aufwuchs bodennah abzuschneiden? Die kahle braune Erdoberfläche kann niemals mit den bizarren Mustern der Fruchtstände oder mit allmählich verbleichenden Blattschöpfen konkurrieren. Das Absterben im Spätherbst und der Anblick des Vergänglichen im Frühwinter gehören zum Jahreslauf eines Gartens. Dazu kommt, dass dem Boden aufliegendes Laub einen natürlichen Schutz für die Knospenanlagen der zukünftigen Triebe und Knospen darstellt.

Abräumen im Frühjahr genügt

Vieles ist eben eine Frage des Standpunktes: Das vergilbende, immer dünner werdende Laub der Funkie (*Hosta*) trägt zur herbstlichen Stimmung im Garten ebenso bei wie die eigens wegen ihrer prächtigen Herbstfärbung ausgewählten Sträucher. Weniger spektakulär, aber nicht minder farbkräftig erstrahlen die Blätter so mancher Stauden im Herbst: So leuchtet der Blut-Storchschnabel (*Geranium sanguineum*) in Hochrot; die Wolfsmilchgewächse wechseln ihre Laubfarbe nach Karminrot oder Schwefelgelb; bei den Purpurglöckchen (*Heuchera*-Sorten) tritt die rote oder braune Tönung hervor und die Päonien-Stängel erstarren in schwärzlichem Braun. Das im Frühjahr mürbe gewordene Material lässt sich mühelos mit einer leichten Drehbewegung aus dem Handgelenk herausziehen. Dagegen bedeutet das Kappen so mancher zäher Horste im Herbst echte Muskelarbeit.

Wachsen lassen und rechtzeitig verjüngen

Die Pflege im Staudengarten zielt darauf ab, die Wüchsigkeit und Blühfreudigkeit von Stauden auf Dauer zu erhalten. Zum einen brauchen die Pflanzen genügend Platz für ihre Entwicklung, ausreichend Wasser und Nährstoffe. Eingeharkte Kompostgaben im Frühjahr und eine Kompostauflage im Herbst unterstützen das Wachstum. Prachtstauden erwarten zusätzlich eine Startdüngung im Frühjahr in Form einer mineralischen Flüssigdüngung oder etwas Gesteinsmehl. Grundsätzlich sollten sich Pflanzengruppen ungestört entwickeln können. Erst dann entwickeln sich stattliche Horste und ansehnliche Polster.

Die festen Samenstände des Pracht-Sedums haften den ganzen Winter über wie Schirme an der Pflanze.

Mulchen für gesunden Boden

Der Gartenboden sollte niemals für längere Zeit brach liegen.

Eine Bedeckung jeglicher Art (so genannter „Mulch") sorgt dafür, dass die Erde nicht austrocknet. Außerdem gleicht die Mulchauflage Temperaturschwankungen aus: Bei sinkenden Temperaturen kühlt der Boden nicht so leicht aus, bei großer Hitze fühlt sich die geschützte Erde noch lange kühl und feucht an. Damit bleiben die Mikroorganismen im Boden aktiv und mit den natürlichen Abbauvorgängen werden kontinuierlich Nährstoffe für die Gartenpflanzen freigesetzt. Unter einer Mulchauflage bleibt die krümelige Bodenstruktur erhalten, somit erspart man sich häufiges Hacken.

Organisches Material, das ohnehin im Garten anfällt, bietet sich als Mulchmaterial an: Dazu gehören Putzreste von Gemüse, zerkleinerte Stängel zurückgeschnittener Stauden oder die welke Masse einer Gründüngung. Alles darf einfach auf einer offenen Fläche liegen bleiben. Zugegeben: Abfälle auf dem Beet sind gewöhnungsbedürftig, aber im Nutzgarten mit Sicherheit zweckdienlich. Die pflanzlichen Überreste verrotten rasch und lassen sich mit der Zeit flach in den Boden einarbeiten. Selbstverständlich bringt man keine Samen tragenden Unkräuter oder kranke Pflanzenteile auf diese Weise auf!

Synthetische Mulchmaterialien sind hilfreich, um empfindliche Kulturen zu schützen. Unter einer Abdeckung mit schwarzer Mulchfolie erwärmt sich im Frühjahr der Boden schneller, dadurch erhalten Gemüse-Arten mit langer Kulturzeit (Zucchini, Kürbis, Artischocke, Paprika, Tomaten) einen deutlichen Vorsprung. Im

Die Strohabdeckung sorgt dafür, dass die Erdbeeren sauber und trocken bleiben, und sie hält gierige Schnecken ab.

Kapuzinerkresse lockt Blattläuse von Obst und Gemüse fort.

Laufe des Sommers müssen Sie die Folie entfernen. Schnell reifende, niedrige Kulturen wie Blattsalate wachsen unter einer Lochfolie schneller heran. Für Salat-Enthusiasten lohnt sich eine mitwachsende Schlitzfolie. Dank der Perforierung kann Wasser ungehindert durch die Folie eindringen, aber der Erwärmungseffekt ist nicht so groß.

Schließlich schützen durchsichtige Folien Wintergemüse und Herbstsalate vor Raureif. Auf diese Weise lassen sich bis spät in den Winter hinein Zuckerhut, Radicchio und Feldsalat ernten. Zum Ernten schlagen Sie die Folie zurück und bringen sie anschließend wieder locker auf. Damit die Folie die Blätter nicht berührt, können Sie Hölzchen als provisorische Abstandshalter aufstellen.

Mulchen im Staudenbeet

Eine Sonderform des Mulchens stellt das Abdecken mit Steinen dar, wie es für trockenheitsverträgliche Staudenpflanzungen empfohlen wird. Auch im Steingarten fügen sich Abdeckungen in Form von Geröllschutt oder Gesteinsplitt wie selbstverständlich ein. Der Nachteil ist, dass Sie in der ersten Zeit zum Jäten die Steinauflage beiseite räumen müssen. Erst wenn sich die Pflanzung allmählich schließt, erübrigt sich das Unkrautzupfen.

Wissenswertes zu Mulchmaterialien

Material	Verwendung	Besonderheiten
Stroh	als Unterlage unter Erdbeeren zum Schutz vor Schnecken- und Tausendfüßerfraß unentbehrlich, ebenso als Polster für reifende Kürbisse	beim Abbau des Strohs wird dem Boden Stickstoff entzogen, daher muss der Nährstoff in Form von Kompost oder Hornmehl nachgeliefert werden
Kompost und gut abgelagerter Stallmist	auf dem Gemüsebeet oder unter Obstbäumen 5 bis 8 cm dick, aber locker aufbringen	nach und nach wird das Material oberflächlich in den Boden eingearbeitet, für gute Durchlüftung sorgen
schwarze Mulchfolie	Abdeckung für Gemüsebeete, um die Erwärmung des Bodens im Frühjahr zu fördern, gepflanzt wird durch Schlitze in der Folie	sie soll dicht dem Boden aufliegen und muss an den Seiten gut untergegraben werden
durchsichtige Mulchfolie	zum Abdecken empfindlicher Saaten, vor allem im Frühjahr	rechtzeitig nach zehn bis 14 Tagen entfernen, sonst führt die Bildung von Tropfwasser zu Pilzbefall
Schlitz- oder Lochfolie	zum Überziehen relativ rasch heranwachsender Kulturen wie Salat, Radies, Feldsalat	lässt Gieß- und Regenwasser eindringen, kann daher locker über den Pflanzen aufliegen
Rindenmulch	offener Boden wird abgestreut, um Unkrautaufwuchs zu unterdrücken: unter Sträuchern, nur dünn zwischen frisch gepflanzten Stauden, auf Wegen	das Material enthält noch viele Abbauprodukte, die sich schädlich auf das Pflanzenwachstum auswirken, es darf nicht mit Pflanzenwurzeln in Berührung kommen, also nicht unterharken!

AUF EINEN BLICK

Kompost: *aus Abfall wird Humus*

Das Wunderwerk Kompost verbessert die physikalischen und chemischen Eigenschaften des Bodens.

Es ist immer wieder erstaunlich, wie aus nicht mehr verwertbaren organischen Überresten innerhalb weniger Monate überaus wertvoller Kompost entsteht. Unter der Einwirkung von Sauerstoff und Feuchtigkeit bauen Mikroorganismen und Kleinstlebewesen das organische Material in stabile Humusverbindungen um. Brauchbarer Kompost entsteht auch ohne komplizierte Anleitungen, sofern Sie einige Grundsätze befolgen:

Die Kompostecke befindet sich am besten an einem windgeschützten, leicht beschatteten Platz beim Nutzgarten (also dort, wo häufig organischer Abfall entsteht und wo die fertige Komposterde am dringendsten gebraucht wird). Sehen Sie einen breiten, befestigten Zugangsweg vor, der sich problemlos mit der Schubkarre befahren lässt. Auf einer rund 2 m² großen Fläche richten Sie eine Sammelstelle für das anfallende Kompostmaterial ein. Hier kann zum Beispiel feuchter Rasenschnitt erst einmal abtrocknen, da er direkt auf die Miete geschichtet faulen würde. Hier sammeln Sie auch trockenes Schnittgut, um es bei nächster Gelegenheit zu zerkleinern. Von Zeit zu Zeit werden die angefallenen Materialien gemischt und auf einem Haufen, besser in einer Miete, aufeinander geschichtet.

Gemeinschaftswerk vieler „Erdarbeiter"

Zu Beginn der Rotte besorgen hauptsächlich Bakterien den Abbau. Dadurch steigt die Temperatur im Komposthaufen auf bis zu 70 °C an. Nach wenigen Wochen wandern Pilze, Springschwänze, Kompostwürmer, Asseln und viele andere Kleinstlebewesen ein und fahren mit der Zersetzung und Durchmischung fort. Nach zwei oder drei Monaten ist ein grobfaseriger Frischkompost entstanden, der sich bereits als Mulchauflage für Beete eignet. Nach weiteren zwei oder drei Monaten hat sich das Material dank der intensiven Regenwurmtätigkeit in dunklen, angenehm rie-

Was gehört auf den Kompost?

AUF EINEN BLICK

Geeignetes Material für den Kompost liefern:
- Gartenabfälle jeglicher Art (Laub, Grasschnitt, abgeschnittene Blumen, Triebe, Zweige)
- Putzabfälle von Gemüse und Obst
- Eierschalen
- Tee- und Kaffeesatz einschließlich Filterpapier
- ausrangierte Topfpflanzen, ausgediente Sommerblumen mit Wurzelballen
- verblühte Vasenblumen
- Kleintiermist
- Holzabfälle
- zerkleinerte Pappe (von Eierschachteln)
- Wollreste, Federn, Haare
- in kleinen Mengen: Speisereste, verdorbene Nahrung

Nicht auf den Kompost gehören:
- kranke und infizierte Pflanzenteile
- samentragende Unkräuter, Wurzelunkräuter
- gewachste Zitrusschalen
- Kunststoffmaterialien (Folien, Töpfe)
- Fleischreste und Knochen

Schatten spendende Sträucher und üppig wachsende Kapuzinerkresse verhindern ein Austrocknen des Kompostes. Tonnen für die Bereitung von Tees, Auszügen und Jauchen stehen nebenan bereit.

Humusverbindungen dienen als Wasser- und Nährstoffreservoir. Mikroorganismen bauen sie in stabile Ton-Humus-Komplexe ein. Das ergibt krümeligen Boden.

chenden Kompost verwandelt. Um den Anteil organischer Substanz im Boden zu erhöhen, können Sie ihn überall im Garten oberflächlich einharken.

Die Zersetzung läuft gleichmäßiger und schneller ab, wenn der Kompost nach rund vier Wochen umgesetzt wird. Dadurch gelangt bereits stark abgebautes Material nach oben und nach außen, während wenig verrottete Teile in günstigere Lagen wandern. In der Folgezeit darf der Kompost nicht austrocknen. Störungen treten dann auf, wenn das Kompostgut einseitig zusammengesetzt ist. Eine gelegentliche Hand voll Gesteinsmehl oder Algenkalk verbessert die Kompostqualität.

Fertigen Kompost kaufen

Wer unsicher ist oder im Garten keinen Platz für die Kompostbereitung hat, gibt seine Garten- und Küchenabfälle besser in die Biotonne oder liefert sie an die örtlichen Sammelstellen. Hier erhält man gegen Gebühr bestens zubereiteten Kompost. Da sich in den großen Kompostieranlagen wesentlich höhere Temperaturen entwickeln, sterben dort im Verlauf der Rotte Krankheitserreger und Samen ab. Diesen Effekt können Sie beim Kompostieren im Privatgarten nicht erzielen.

Gartenpflanzen vermehren

Gartenstauden teilen

Pflanzen mit verdickter, unterirdischer Spross-achse (dem Rhizom) heben Sie mit einer Grabega-bel aus dem Erdreich. Halten Sie einen ausrei-chend großen Abstand ein, um Schäden im Herz der Pflanze zu vermeiden. Nach dem Ausschütteln der Erde lassen sich Verzweigungen und Trieb-ansätze gut erkennen. Wie am Beispiel der Schwertlilie gezeigt, brechen Sie Rhizomstücke einfach an den Verzweigungsstellen ab und schneiden die Bruchstellen sauber.

Stauden mit feinen Faserwurzeln nehmen Sie am besten mit dem Spaten auf. Schütteln Sie die Erde so weit wie möglich aus den Wurzelballen und trennen Sie Teilstücke von Hand ab. Faulige, ab-gestorbene und verkorkte Pflanzenteile werden sorgfältig entfernt. Zu lange Wurzeln kürzen Sie mit Hilfe der Gartenschere ein. Die Teilpflanzen setzen Sie unmittelbar in gut lockerte Gartenerde und mischen dabei in das Pflanzloch eine Pflanz-schaufel voll reifem Kompost unter.

Vegetative Vermehrungsmethoden

Aus unterschiedlichen Teilen der Mutterpflanzen können Sie Tochterpflanzen mit identischen gene-tischen Eigenschaften gewinnen. Stecklinge von Triebspitzen oder Teilstecklinge bewurzeln in einem feucht gehaltenen Erde-Sand-Gemisch und unter einer Folienabdeckung. Geschnitten wird etwa 1 cm unterhalb eines Knotens, dabei sollte der Steckling nicht länger als 10 cm sein und drei bis fünf voll entwickelte Blätter, aber noch keine Blüten aufweisen. Diese Methode funktioniert bei Stauden und ebenso bei noch weichen, nicht ver-holzten Trieben vieler Gehölze.

Von Sträuchern und langtriebigen Stauden lassen sich Ableger und Wurzelschnittlinge gewinnen. Für Absenker wird der Trieb in den Erdboden ab-gesenkt, mit Erde bedeckt und mit Hilfe einer großen Drahtkrampe oder eines Steines fixiert. An der tiefsten Stelle bilden sich Wurzeln und nach einigen Monaten kann man fertige Jung-pflanzen abtrennen.

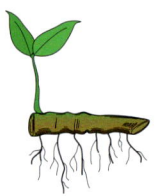

Gärtner-Praxis: *Vermehren* und *Verjüngen*

Mit der Zeit lassen viele Stauden in ihrer Wuchskraft nach. Damit sie weiterhin zuverlässig blühen, müssen sie ausgegraben, geteilt und an anderer Stelle neu eingesetzt werden. Wann sich die Blühwilligkeit erschöpft, hängt von der Art ab (siehe Kasten). Trollblumen, Purpur-Sonnenhut und Präriemalven altern nach wenigen Jahren. Rittersporn, Hoher Stauden-Phlox, Sonnenbraut und viele Gräser blühen jahrelang, aber nach sechs bis zehn Jahren sollte man sich Ersatz besorgen. Andere Arten wie Taglilien, Alant oder Chinaschilf entwickeln sich von Jahr zu Jahr schöner, wenn sie ungestört bleiben. Tränendes Herz und Pfingstrosen beharren auf einem angestammten Platz, an dem sie unter günstigen Bedingungen zwanzig Jahre oder länger ausdauern können.

Wurzelstöcke von Stauden lassen sich relativ leicht teilen, zum einen um die Pflanze zu verjüngen, zum anderen um neue Pflanzen zu gewinnen. Mit dieser einfachen und praktischen Methode können Sie für eigene Nachzucht bewährter Auslesen sorgen. Im Gegensatz zur langwierigen Anzucht aus Samen erhalten Sie durch die Teilung bereits gut entwickelte Pflanzen. Der beste Zeitpunkt dafür ist entweder das Frühjahr zu Beginn der Vegetationsperiode oder der Herbst nach Abschluss der Wachstumsphase.

Beetstauden verjüngen	
Nach drei bis fünf Jahren	
Brennende Liebe	Jakobsleiter
Chrysanthemen	Nachtkerze
Federborstengras	Purpur-Sonnenhut
Indianernessel	Trollblume
Nach etwa sieben Jahren	
Astern	Hoher Stauden-Phlox
Berufkraut	Katzenpfötchen
Eisenhut	Prachtscharte
hohe Ehrenpreis-Arten	Rittersporn
Gelenkblume	Sonnenbraut
Gräser	Steppen-Salbei
Nach mehr als zehn Jahren	
Alant	Kugeldistel
Chinaschilf	Päonien
Federgras	Taglilien
Iris	Woll-Ziest

TIPP

Stauden selbst vermehren

Noch einfacher ist die Vermehrung bei Pflanzen, die selbst Spross- oder Wurzelausläufer bilden: von Erdbeeren, Mannsschild, Schaumblüte oder Floh-Knöterich lassen sich ganz einfach Tochterpflanzen abnehmen. Risslinge, die bereits eigene Wurzeln aufweisen, kann man zum Beispiel von niedrigen Glockenblumen, Fingerkraut, Frauenmantel oder Purpurglöckchen abtrennen.

Eine andere einfache Methode ergibt sich über Wurzelschnittlinge: Im Frühherbst entnimmt man dafür eine kräftige Wurzel von der Mutterpflanze und teilt sie in 3 bis 7 cm lange Stücke. Senkrecht oder schräg legt man sie in Kistchen mit sandiger Erde, wobei man unbedingt die Wuchsrichtung einhalten muss. Die angefeuchteten, mit Sand abgedeckten Kistchen überwintern an einem geschützten Platz im Garten. Im Frühjahr treiben die Wurzelschnittlinge aus. Diese Methode funktioniert gut bei Phlox, Kugeldisteln und Berg-Flockenblume. Auch Japan-Anemonen und Storchschnabel vermehrt man über Teilstücke ihrer Rhizome.

Bewässerungs-Systeme im Hausgarten

Tropfschläuche für Neupflanzungen

Tropfschläuche versorgen ganze Beetflächen mit Wasser. Sie werden zwischen die Pflanzen ausgelegt und an einen Wasserhahn oder an einen Wasserspeicher angeschlossen. Aus den fein durchlöcherten, schwarzen Schläuchen tropft kontinuierlich Wasser, solange der Wasserhahn aufgedreht bleibt. Der Wasserdruck muss hoch genug sein, damit auch die am weitesten von der Wasserquelle entfernt stehenden Pflanzen genügend Wasser bekommen. Diese Bewässerungsart kann man aus alten Gartenschläuchen selbst herstellen, indem man mit Hilfe einer glühend heißen Schusterahle Löcher in den Gummi bohrt.

Effektive Tröpfchenbewässerung

Jede Pflanze hat ihren eigenen Anschluss an die Tröpfchenbewässerung. So gelangt zugeführtes Wasser in den unmittelbaren Wurzelbereich. Die Verdunstungsverluste bleiben gering. Die Wasserzufuhr für das System lässt sich über Zeitschaltuhren oder elektronisch über einen Feuchtigkeitssensor steuern. Anlagen, die über einen Computer geregelt und per Funk bedient werden, sind bisher zu störungsanfällig und für den Hausgarten zu teuer. Die Tröpfchenbewässerung sollte schon bei der Gartenneuanlage eingeplant werden; der Kosten- und Verlegeaufwand liegt im Vergleich zum Tropfschlauch höher.

Viereckregner für Grünflächen

Über einem Schlitten aus Metall lässt sich das schwarze Kunststoffgehäuse hin und her schwenken. Je nach Austrittsstärke und Schwenkbereich wird eine begrenzte, rechteckige Fläche einigermaßen gleichmäßig mit Wasser versorgt. Das Gerät ist leicht zu verschieben, somit lässt sich die Vegetationsfläche Stück für Stück beregnen. Probleme kann es allerdings bei höher wüchsigen Pflanzen geben: Wasser tropft dann vom Blattwerk, sodass es nicht an die Wurzeln gelangt. Wenn sich die Bepflanzung aus unterschiedlich hohen Pflanzen zusammensetzt, erreicht man nur eine uneinheitliche Wasserversorgung.

Gärtner-Praxis: Lebensgrundlage *Wasser*

Wenn Blätter und Triebe schlaff herabhängen, ist höchste Zeit zum Gießen!

Wasser gehört zu den wichtigsten Wachstumsfaktoren. Während eingewachsene Gehölze am geeigneten Standort wochenlang ohne Wasserzufuhr durch Niederschläge oder Gießen auskommen, brauchen krautige Pflanzen regelmäßige Wassergaben. Das trifft für Staudenpflanzungen zu und erst recht für Sommerblumen und Gemüsepflanzen. Frisch gesetzte Bäume und Sträucher brauchen bei Trockenheit und Hitze „Wassernachhilfe". Erst nach rund drei Jahren reicht das Wurzelwerk so tief, dass die Gehölze Trockenperioden von mehr als zwei oder drei Wochen halbwegs unbeschadet überstehen. Ganz besondere Aufmerksamkeit verlangen Aussaaten, die auf ein dauernd feuchtes Saatbett angewiesen sind: Die bereits in Gang gesetzten Keimungsvorgänge stoppen unwiderruflich, wenn das Saatkorn trocken liegt. Und natürlich erfordern Pflanzen in Töpfen, Kästen und Trögen besondere Aufmerksamkeit: Die im Gefäß eingeschlossenen Wurzelballen trocknen wesentlich schneller aus als Pflanzen in gewachsenem Boden!

Stets zur Hand: Wasser und Kanne

Geeignete Vorrichtungen zu notwendigen Gießgängen braucht jeder Garten. Die „Minimalausstattung" besteht aus einem Wasserhahn an der Hauswand, der in der Höhe so eingepasst wird, dass eine 10- oder 12-Liter-Kanne bequem zum Befüllen darunter passt. Es empfiehlt sich die Anschaffung eines der handelsüblichen Stecksysteme zum schnellen Anschließen eines Schlauches. Vervollständigt wird die Grundausstattung durch einen Schlauchhalter an der Wand (verdrehte Schläuche reißen viel schneller), eine Schlauchrolle für den etwas größeren Garten und eine Brause zum Aufstecken. Nie sollte man nach Feuerwehrmanier mit vollem Strahl spritzen: Zum einen bekommt die Wucht des Wassers den Pflanzen nicht gut, zum anderen würde der Erdboden dadurch verschlämmt. Aus dem gleichen Grund hält man beim Gießen die Gießkanne mit Brauseaufsatz knapp über den Boden.

Gießen, aber nicht nach dem Gießkannenprinzip!

Viel effektiver als oberflächiges Überbrausen einmal täglich ist ein gründliches Bewässern alle paar Tage. Bei gemulchten Flächen genügt eine ausgiebige Wassergabe pro Woche, selbst in den heißen Sommerwochen. Das bedeutet, dass ein junger Strauch zwei volle Gießkannen zugeteilt bekommt, im Gemüsebeet reicht eine Kannenfüllung für rund einen Quadratmeter. Gießen und erst recht beregnen sollte man nur frühmorgens oder gegen Abend. Erstens verdunstet in den warmen Mittagsstunden unnötig Wasser, zweitens können Tröpfchen auf den Blättern wie Brenngläser wirken und regelrechte Brandschäden verursachen.

Für jeden Garten lohnt es sich, in das Fallrohr eine Klappe, ausgestattet mit Laubfangkorb, vorzusehen, um Regenwasser aufzufangen. Der Einbau einer Zisterne kommt für Neubauten in Frage, nachträgliche Einbauten in bestehende Gärten sind kostenintensiver und sollten wohl überlegt sein. Wichtig: Jeder Wasserspeicher braucht unbedingt eine kindersichere Abdeckung!

Den Garten genießen

Wir empfinden einen Garten als stimmungsvoll, wenn er den Sinnen möglichst viele Anregungen bietet: Farb- und Formenspiel fürs Auge, Düfte und herbe Gerüche für die Nase, Texturen von Blättern oder Blütenständen zum Fühlen und Geräusche unterschiedlichster Art zum entspannenden Hören. Natürliche Vielfalt auf kleinem Raum heißt die Zauberformel für einen erlebnisreichen Garten.

Erleben mit allen Sinnen

Leben und Vergehen vollziehen sich vor unseren Augen im Garten – faszinierend und lehrreich zugleich.

Der Garten und seine Pflanzen erfreuen uns nicht allein durch Blütenfarben. Zu einer stimmigen Gesamtwirkung tragen viele andere Faktoren mit bei. Zunächst wirkt eine schlüssige Linienführung wohltuend auf den Betrachter: Das können geschwungene Linien sein oder im Gegensatz streng geometrische Formen, die das Gartenbild ergeben. Bäume und Sträucher sind dominante Elemente, die nicht nur blühen und Schatten werfen sollen: Sie zieren durch ihr Blattwerk einschließlich Herbstfärbung und in der blattlosen Zeit durch einen charakteristischen Kronenaufbau – ob nun elegant überhängend, vielfach verästelt, straff aufrecht, markant knorrig ... Der Lichteinfall durch Baumkronen zaubert im Tages- und Jahreslauf mehrfach wechselnde, immer wieder beeindruckende Bilder.

Schönheiten sind zu Hunderten im Kleinen zu entdecken: Schon allein das Zusammenspiel zwischen filigranem und breitblättrigem Laub regt zum Schwärmen an. Nicht umsonst ist die Kombination fragiler Gräser mit dem kompakten Blatt der Funkie zum Musterbeispiel für die Kontrastwirkung pflanzlicher Strukturen geworden. Sie haben im eigenen Garten täglich die Gelegenheit, Schönes und Gelungenes zu entdecken. Gefällt Ihnen eine Kombination besonders gut, können Sie sie nach Belieben wiederholen oder variieren.

Sehen und fühlen

Zum Gang durch den Garten gehört für jeden Pflanzenfreund das mehr oder weniger bewusste Befühlen der Pflanzen: Rau zwischen den Fingern liegen die Blätter von Beinwell und Borretsch, glatt dagegen fühlt sich das Laub der Spornblume an, die aus den Ritzen der Mauer quillt. Bei der Gelenkblume probiert man en passant den verblüffenden Klappmechanismus der Blüten aus. Die letzten Rosen im November fasst man besonders behutsam zwischen die Finger, um deren samtene Oberfläche zu „begreifen" – und dann schließen sich unwillkürlich die Augen, um den Duft aufzunehmen.

Nicht gerade ein Designer-Entwurf, aber wo sonst wenn nicht im eigenen Garten finden sich Sport (Trampolin), Entspannung (Hängematte) und Abenteuer (Baumhaus) auf so kleinem Raum?

*Kinder entdecken die Welt mit allen Sinnen.
Ob die erstaunliche Magnolienblüte auch riecht?*

Riechen und hören

Überhaupt sind es gerade die Düfte, die angenehme Erinnerungen wecken: Thymian, Lavendel und Salbei senden an heißen Tagen ihre Duftschwaden aus und bringen dabei Bilder von Reisen in den Süden zurück. An Vorsommerabenden hüllen sich Falscher Jasmin und Geißblatt-Arten in Duftwolken, um ihre Bestäuber, die Nachtfalter mit langem Saugrüssel, anzulocken.

Zum Erleben das Gartens gehören unbedingt die vielfältigen Geräusche: das Rauschen des Windes in den Blättern der Bäume und Sträucher, das Prasseln des Regens und das ganz feine Knistern trockener Halme. Dazu kommen die Lebensäußerungen der Tierwelt, nicht nur das stets vernehmbare Gezwitscher der Vögel, auch das Summen der Bienen in der Immergrünen Heckenkirsche, das Brummen der unliebsamen Maulwurfsgrillen und im Herbst das unverkennbare Rascheln des Igels, der an den früh anbrechenden Abenden trockenes Laub für sein Winterquartier zusammenscharrt.

Die umgebende Tierwelt lässt uns an ihrem Leben teilnehmen, wenn wir Augen und Ohren dafür öffnen: Der Specht variiert Rhythmus und Lautstärke seines Klopfens je nach Stimmungslage, Eichhörnchen stibitzen mit lautem Rascheln Nüsse von den Haselsträuchern. Aus dem Vogelnest dringt forderndes Fiepen nach Futternachschub. Das Amselpaar stößt angesichts einer Elster aufgeregte Warnlaute aus (oder schleicht etwa Nachbars Katze umher)?

Beobachten und durchatmen

Für Kinder wie für Erwachsene bietet ein belebter Garten im Laufe eines Jahres viele großartige Erlebnisse: Wenn etwa morgens ein Falter seine Puppe verlässt und zunächst in den wärmenden Sonnenstrahlen für eine Stunde Energie tankt, bevor er sich elegant emporschwingt. Köstlich schmeckt die erste Erdbeere – direkt vom Beet gepflückt und sogleich in den Mund gesteckt. Unvergesslich der Tag, an dem die kleinen Buchfinken mit aufgeregtem Tschilpen das Fliegen lernten. Beeindruckend auch der Bussard, der auf dem Garagendach seine Maus verspeiste. Und wie groß war die Freude, wenn sich die ersten Schneeglöckchen nach langen, kalten Winterwochen der Sonne entgegenstreckten! Zum Innehalten verführen später im Jahr die Blätter, die der Herbstwind von den Bäumen schüttelt, damit sie ihr herrliches Farbmuster auf dem Gras ausbreiten. So finden Sie besonders im nicht perfekt gestalteten und gepflegten Garten tagtäglich jede Menge Gartenglück, und sei es „nur" in Gestalt einer vom Strauch geernteten Tomate, die sonnengewärmt in der Hand liegt.

Der Garten als **Wohnraum**

Anreize zum Aufenthalt im Freien bieten nicht nur die Blumen, sondern es locken vielerlei Empfindungen: Frieden, Ruhe, die Nähe zur Natur, feine Geräusche...

Leben im Garten heißt: beobachten, abwarten, verstehen. Dazu braucht es Aufenthaltsmöglichkeiten unterschiedlichster Art – temporäre wie fest installierte, offene wie verborgene. Eine Terrasse oder eine Veranda gehören zum Standardrepertoire eines Gartens. Hier kann man nach Lust und Laune frühstücken, Kaffee trinken oder Gäste bewirten. Zumindest ein Teil des Freisitzes sollte überdacht sein, damit man sich dort bei weniger günstiger Witterung noch aufhalten mag. Sorgt man für Schatten, lässt es sich dort in grüner Umgebung sehr entspannend arbeiten. Schutz vor praller Sonne bietet entweder eine Baumkrone oder man spannt ein Sonnensegel, das mit Hilfe von Heringen wie ein Zelt im Boden verankert wird. Das Bild rechts zeigt eine leichte Aluminium-Konstruktion, die mit strapazierfähigem Kunststoffgewebe überzogen wurde.

Wenn es die Gartengröße zulässt, sollte an bevorzugter Stelle eine Gartenbank stehen. Sie bildet den Inbegriff von Gartenidylle, gleich ob sie im Vorgarten, an der Wiese oder unterm Apfelbaum steht. Sie ist der richtige Ort zum Gemüseputzen, zum Schmökern oder zum Plaudern. Gartenhandel und Möbelhäuser bieten Gartenstühle und -tische in unterschiedlichsten Ausführungen und Preislagen an. Kunststoffmöbel sind nicht unbedingt schön, aber leicht zu reinigen und können bei Regen im Freien stehen. Origineller wirken Stühle und Bänke aus Holz. Hier ist allerdings auf witterungsbeständiges Material zu achten. Heimische Hölzer wie Robinie und Lärche sind Tropenhölzern vorzuziehen, die unter fragwürdigen Bedingungen gewonnen wurden.

Erhält die alte Holzbank gelegentlich einen Schutzanstrich, wird sie noch lange überdauern.

Ruheplätze zum Sitzen und Liegen

Ganz zwanglos lassen sich Sitzgelegenheiten in bereits vorhandene Bauwerke integrieren: So kann rasch eine Mauerkrone zum Lieblingsplatz werden. Ebenso ergeben in den Hang ausgezogene Treppenstufen willkommene Ruheplätze, von wo aus man verweilen und den Blick schweifen lassen kann. Stimmungsvoll wirken in den Boden eingelassene Findlinge oder einige im Halbkreis angeordnete Steinquader. Zusammen mit einer kleinen geschotterten Fläche entsteht ein rustikaler Sitz- und Beobachtungsplatz.

Für das Sonnenbad oder für ein entspannendes Nickerchen wünscht man sich einen bequemen Liegestuhl mit verstellbarer Lehne. Besonders angenehm liegt es sich in den so genannten Deckchairs, die inzwischen wieder häufiger angeboten werden. Unschlagbar in punkto Bequemlichkeit erweist sich der Hängestuhl. Er

Modern ist nicht zwangsläufig nüchtern. Klare Linien und frische Farben bestimmen den überdachten Sitzplatz.

braucht nicht viel Platz und lässt sich mit Hilfe eines gedübelten Hakens an jeder Decke oder an einem tragfähigen Ast einhängen. Somit ist er wesentlich einfacher zu installieren als eine Hängematte, die zwischen zwei stabilen Bäumen oder in ein frei stehendes, sperriges Gestell gespannt wird.

Plätze zum Arbeiten

Praktisch am Rand des Wirtschaftsgartens ist ein kleiner Arbeitsplatz mit einem wetterfesten Tischchen, an dem Sie unterschiedlichste Tätigkeiten verrichten können. Dort wird gesät und pikiert, dort können Sie frisch geerntetes Gemüse schon vorputzen. Ein Eimer voll Sand zum Abstreuen, einige Schalen und Töpfe lagern griffbereit darunter. An der Gartenwerkbank wird auch gleich ein Hocker oder Schemel platziert (ein Stammstück tut es auch), damit Sie sich für langwierigere Arbeiten wie Stecklinge schneiden auch einmal niederlassen können. Den Hocker können Sie ebenso einfach unter den Arm nehmen, um etwa rückenschonend Johannisbeeren zu ernten.

Sitzgelegenheiten für den Garten

- ☐ Rondell aus Steinquadern
- ☐ großer Sitzstein
- ☐ geschlossenes Gartenhaus
- ☐ offene Laube
- ☐ Hochsitz oder Baumhaus
- ☐ Gartenbank an einem festen Platz
- ☐ bewegliche Stapelstühle
- ☐ Baumstamm, Holzträmel
- ☐ Liegestuhl, Deckchair
- ☐ Hängestuhl
- ☐ Schemel, Dreifuß
- ☐ Treppenstufe
- ☐ Mauerkrone
- ☐ Rasensodenbank
- ☐ Astbank

Kindheit im Garten

Ein Garten bedeutet für Kinder von heute ein unschätzbares Geschenk. Spielräume im Freien, am Ortsrand, in der Hecke, im Wald sind rar geworden. Oft genug ist für kleinere Kinder der Weg zum nächsten Spielplatz zu weit und zu gefährlich. Damit sind sie auf die Begleitung und das Zeitkontingent von Erwachsenen angewiesen. Diese ständige Aufsicht beim eigentlichen Spiel wird von den Kindern als störend empfunden.

Dagegen befinden sich im Garten rund ums Haus die Kinder in Rufweite, aber sie können sich dennoch frei und unbeobachtet fühlen. Allerdings macht das Spielen im Garten keinen Spaß, wenn es dauernd Ärger wegen umgeknickter Blumen gibt. Ein kindgerechter Garten muss also einige Anforderungen erfüllen: Er sollte Gehölze zum Verstecken bieten, dazu Hügel oder Treppen, um Bewegung anzuregen. Wichtig ist ein bekletterbarer Baum und vor allem muss es viel natürliches Spielmaterial geben: Aus Fruchtständen, Blättern, Stöckchen und Steinen entstehen die schönsten Natur-Collagen.

Matschen regt die Sinne an
Kleinkinder benötigen auf alle Fälle einen Sandplatz. Es braucht kein bunt-fröhlicher Kasten in Edelausführung sein.

Kinder brauchen zum konzentrierten Spiel nicht mehr als Sand, Wasser, Hölzchen, Steine.

Es genügt eine rund 60 cm tief ausgehobene Kuhle. Die anfallende Erde lässt sich gleich nebenan für einen Aussichtshügel (unentbehrlich für Ritter und Indianer) aufhäufeln. Zum Sitzen sind ein paar größere Steinbrocken ideal, ein paar

Stammscheiben oder ein Brett, quer über Ziegelsteine gelegt, erfüllen den gleichen Zweck. So richtig spannend wird das Sandspiel erst, wenn Wasser zur Verfügung steht. Die Zapfstelle muss nicht unmittelbar am Sandplatz liegen – im Gegen-

Am schlichten Balken werden die Balancier-Künste getestet.

teil: Kinder laufen gerne hin und her, steigen Treppen auf und ab, um Wasser für den Stausee, den Brunnen oder das Bergwerk herbeizuschaffen. Eine schöne Ergänzung stellt ein Kieshaufen dar. Als Erwachsener kann man nur staunen, wie fantasievoll Kinder mit den Steinen umgehen: Sie werden farblich oder nach Größen sortiert, runde Kiesel werden zu Schafen und dienen am nächsten Tag als Baumaterial für ein Mauerwerk.

Erlauben die Eltern dann auch noch, dass mit Hilfe von Lehm aus dem Untergrund oder mit Ton modelliert wird, richten sich die Kinder von selbst ihre kreative Werkstatt ein – effektiver als jedes Lernspiel oder Kindersachbuch.

Eltern müssen dafür ein gewisses Maß an Toleranz und Vertrauen aufbringen. Wer aber Kinder beim konzentrierten Spiel im Freien beobachtet, wird erstaunt feststellen, wie intensiv sie sich mit einfachsten Materialien auseinandersetzen – und vor allem wie ruhig und ganz ohne Streit es dabei zugeht. Gewähren Sie dafür den Kindern reichlich Baumaterial: Bretter, Holzscheite, Ziegel, Flie-

sen, Metall- und Kunststoffrohre, Aststücke, Blattwerk und Früchte aller Art. Was für Erwachsene Schutt und Abfall ist, bedeutet für Kinder „echtes" Spielmaterial: Es lässt sich für immer wieder andere Spielideen verwenden.

Die auf diese Weise gebauten „Häuser" sind nicht dauerhaft, sollen es auch gar nicht sein. Bei nächster Gelegenheit wird alles eingerissen, um wieder etwas Neues aufzubauen. Derartige Bauten, deren Zweck sich allein durch die Betätigung der Kinder erfüllt, sind für die Fantasie und das konstruktive Denken wesentlich wertvoller als das einmal errichtete, perfekte Spielhaus aus dem Baumarkt. Aus dem gleichen Grund nehmen Kinder das vom heimwerkenden Papa mühsam errichtete Baumhaus in aller Regel nicht wie erhofft an: Lieber ist den meisten ein improvisierter Hochsitz, der sich immer wieder umgestalten lässt.

Für Kinder ideal: toben, schmieren, klettern

Kindern von heute mangelt es oft an ausreichender Bewegung: Sie sind zu langem Sitzen in wenig flexiblen Schulen ver-

urteilt und werden bequem im Elternauto von einem Freizeittermin zum nächsten chauffiert. Dazu kommt der oft unmäßige Konsum von Fernsehfilmen und Computerspielen. Ein Familiengarten muss den wechselnden Bedürfnissen heranwachsender Kinder gerecht werden, damit diese ihren Bewegungsdrang ausleben können. Wer in der Kindheit ausgetestet hat, mit wie vielen Sprüngen der Garagenhof zu durchmessen ist, konnte Räume körperlich erfahren; wer eine ideale Kletterroute in den Apfelbaum ausfindig machen konnte, hat damit spielerisch die Koordination zwischen Armen und Beinen geschult.

Gartenbereiche für Groß und Klein

Kinder zeigen wenig Verständnis für die Ordnungsvorstellungen der Erwachsenen. Daher bedarf es klarer Absprachen, welcher Gartenbereich den Kindern vorbehalten bleibt. Ihr Reich dürfen sie nach Belieben ausgestalten, hier sind sie zugleich verantwortlich für das herangeschaffte Spiel- und Baumaterial. Während Werkzeug und witterungsempfindliches Spielzeug abends aufgeräumt wird, dürfen Steine, Bretter, Rohre liegen bleiben, sofern keine Stolpergefahr davon ausgeht. Selbstgebautes bleibt erhalten, solange es die Kinder wünschen – oder bis es von selbst zerfällt. Damit sind Staudenbeete und der Gemüsegarten fürs freie Kinderspiel tabu!

Wohnungen für *Untermieter*

Eine reichhaltige Fauna bedeutet den besten vorbeugenden Pflanzenschutz.

Im eigenen Garten können wir alles dafür tun, dass sich Vögel darin wohl fühlen. Die Kulturfolger Kohlmeise, Amsel und Hausrotschwanz bauen ihre Nester in Sträuchern, Baumkronen und Mauernischen. Seltenere Gäste wie die Blaumeise lassen sich anlocken, indem Sie Nisthilfen mit sehr kleinem Lochdurchmesser anbringen. Hängen Sie zusätzliche Nistkästen auf, sollten Sie es gelassen hinnehmen, wenn sich andere Mieter als die erwünschten einfinden: Zum Beispiel überwintern Siebenschläfer häufig einmal darin.

Vögel halten sich gern im Garten auf, wenn sie Nahrung und genug Deckung vor streunenden Katzen finden. Das gewährte Wohnrecht honorieren sie vielfach: So bereitet eine Meisenfamilie einer Blattlauspopulation in wenigen Tagen ein Ende, schädigende Käferlarven können sich unter der Aufsicht wachsamer Amseln nicht mehr in zerstörerischem Ausmaß vermehren.

Viele Hummeln und andere Wildbienen ziehen ihre Brut in löchrigem Holz und abgestorbenen Stängeln groß. Trockene Halme, in die Löcher von Ziegeln gesteckt, werden als Nisthilfe sofort angenommen. Oft genügt es, mit der Bohrmaschine Löcher in trocken aufgestellte Holzscheite zu bohren. Insekten verstehen diese Aufforderung zum Eierlegen sofort und nehmen das Brutgeschäft auf.

TIPP

Vorratskammer Garten

Trockene Fruchtstände stören nicht, wenn man sie einfach stehen lässt. Im Gegenteil: die darin enthaltenen Samen werden von Vögeln gern als Nahrungsquelle angenommen. Streufrüchte wie die der Lichtnelken und der Kornrade streuen ihre Samen allmählich aus. Diese Vorratskammern bleiben den Körnerpickern unter den Vögeln nicht verborgen und sie bedienen sich reichlich daran. Wer zudem noch den Mut hat, Eselsdisteln oder Wilde Karden im Garten stehen zu lassen, wird bald den selten gewordenen Distelfink begrüßen können.

Liebenswertes Stacheltier

In locker bebauten Siedlungen findet sich häufig der Igel ein. Schüttet man an einer Stelle einen lockeren Asthaufen auf, kann er sich darin mit Falllaub ein gemütliches Winterquartier auspolstern. Im Kompost und unter den Obstbäumen im Garten findet er reichlich Nahrung und vertilgt neben Insekten auch einzelne Nacktschnecken. Ein Igel verlangt allerdings viel Freiraum, daher müssen Zäune und Hecken Durchschlupfmöglichkeiten zu den Nachbargrundstücken bieten.

Nistplätze für Singvögel

Stets willkommen sind die heimischen Singvögel. Unermüdlich suchen sie Beete und Zweige nach Insekten und deren Larven ab. Vor allem in der Brutzeit sind sie auf diese tierische Zusatznahrung angewiesen, um den erhöhten Bedarf an Proteinen zu decken. Vögel werden im Garten aber nur heimisch, wenn sie geschützte Nist- und Schlafplätze vorfinden. Damit sind nicht nur gut verzweigte Sträucher gemeint, sondern auch Höhlungen im morschen Holz, in denen Kleiber, Grauschnäpper und Gartenbaumläufer nisten. Der Vogel mit der kräftigsten Stimme, der winzige Zaunkönig, siedelt in dichtem Gestrüpp oder im Asthaufen.

Mit Grashalmen bestückte Lochziegel bergen die Brut der Roten Mauerbiene. Ideal dafür ist ein schattiger, vor Regen geschützter Platz.

Schmetterlinge: fragile Schönheiten

Die Raupen von Tagpfauenauge und Kleinem Fuchs ernähren sich ausschließlich von der Brennnessel. Wer sich an diesen Schmetterlingen erfreuen will, muss die Futterpflanze tolerieren. Den schönen Aurorafalter mit seinen auffallenden orangefarbenen Flügelspitzen locken Sie in den Garten, wenn die Raupen ihre wichtigste Futterpflanze, das Wiesen-Schaumkraut, vorfinden. Pflanzen Sie in die frei wachsende Hecke die heimischen Sträucher Kreuzdorn (*Rhamnus cartharticus*) oder Faulbaum (*Frangula alnus*), kann dort der Zitronenfalter seine Kinderstube durchleben. Schon an den ersten warmen Frühlingstagen flattert der frisch erwachte, gelbe Schmetterling durch den Garten. Spektakulär tritt der Schwalbenschwanz mit seinen gelb-schwarz gemaserten, rot und blau getupften Flügeln auf. Seine Raupen ernähren sich ausschließlich von Doldenblütlern wie Wilder Möhre oder Wiesen-Kerbel, die viele vorschnell als „Unkraut" abtun.

Bedingt durch die heißen Sommer der letzten Jahre dringen viele Wanderschmetterlinge vermehrt aus dem Mittelmehrraum zu uns vor. Dazu zählen Taubenschwänzchen, Admiral, Apollofalter und große Nachtfalter wie Mittlerer Weinschwärmer, Oleander- und Totenkopfschwärmer. Im Schwirrflug hält das Taubenschwänzchen vor nektarreichen Trichterblüten an und rollt seinen langen Rüssel zum Trinken aus. Es wird zum sommerlichen Dauergast, sofern es ergiebige Nahrungsquellen in den Blüten von Seifenkraut, Spornblume und Baldrian vorfindet. Viele auffällige Sommerblumen wie Phlox und Petunien sehen zwar sehr verlockend aus, enthalten aber keinen Nektar. Derartige Blüten werden leicht zur Kräfte zehrenden, Tod bringenden Falle. Sehen Sie deshalb in Ihrem Garten nicht nur schön anzusehende Zierpflanzen vor, sondern reservieren Sie eine Gartenecke für spezielle Nahrungspflanzen der Insekten und Schmetterlinge. So wird Ihr grünes Reich zu einem wirklichen Paradies für Mensch und Tier.

Kleiner Fuchs: Seine Raupen fressen ausschließlich an Brennnesseln.

Natürliche Entwicklung *erwünscht*

Gartenanfänger haben oft ein bestimmtes Bild vor Augen, das sie verwirklichen wollen. Die erforderliche Lässigkeit im Umgang mit den Pflanzen stellt sich leichter ein, wenn Sie den Garten nicht als starres Gebilde, sondern als veränderlichen Organismus betrachten.

Allein das Einwachsen von neu gesetzten Pflanzen braucht Zeit: Erst nach rund drei Jahren ergibt eine Hecke ein einigermaßen geschlossenes Bild. Ebenso lange brauchen Stauden, um schöne Polster oder Horste auszubilden. In dieser Zeit muss man regelmäßig den Unkrautaufwuchs kontrollieren, wobei man sich dabei über so manchen Spontanaufwuchs freuen darf. Wenn sich zum Beispiel auf brach liegenden Flächen der Klatsch-Mohn ansiedelt, bedeutet dies nur ein kurzes Vergnügen: Sobald die Fläche von anderen Pflanzen besetzt wird, verschwindet der leuchtend rote Mohn, weil er keine Konkurrenz verträgt. Ebenso wird sich die kleine Armee von Königskerzen, die sich selbst ausgesät hat, auf Dauer nicht behaupten: Sobald Sie den Boden intensiver mit Kompost versorgen, legen die angepflanzten Stauden an Wuchsleistung zu und besetzen den Platz.

Das einzig Beständige ist der Wandel

Einmal eingewachsen, bedarf jede Pflanzung einer lenkenden Hand: Manche Gewächse werden sich stark in die Breite ausdehnen und ihre Nachbarn bedrängen. Andererseits gibt es immer Ausfälle zu beklagen. Arten und Sorten, die im Garten offensichtlich nicht funktionieren, entfernen Sie am besten, anstelle sie mit Aufwand und dann doch nur mehr schlecht als recht am Leben zu erhalten. Dagegen wird sich innerhalb weniger Jahre herausstellen, welche Pflanzen Ihnen Freude bereiten, indem sie besonders gut gedeihen.

Manche Stauden wollen jahrelang an Ort und Stelle bleiben, um sich mit der Zeit immer schöner zu entwickeln. Andere dagegen verlangen alle paar Jahre einen Ortswechsel, um dann wieder in gewohnter Pracht zu erblühen (siehe auch Seite 123). So ist das Gartenbild von Natur aus und durch des Gärtners Zutun einem stetigen Wandel unterworfen.

Wiesen-Bocksbart

Wuchsfreude contra Schattengarten

Mit zunehmender Größe der Bäume und Sträucher wächst der Anteil schattiger Flächen. Die Zahl der kultivierten Arten geht zurück, dafür haben sich ausgedehnte Flächen robuster, zuverlässiger Stauden etabliert. Gänseblümchen, Ehrenpreis und Gundermann besiedeln den Rasen und malen darauf weiße, blaue und violette Farbtupfer. Wachsen die Gehölze zu hoch, sodass sie das Haus bedrängen und zu wenig Licht einlassen, wird man der Wuchsfreude behutsam Einhalt gebieten müssen. Geschieht dies rechtzeitig, bewahrt man die Gartenfläche vor der völligen Artenverarmung und sich selbst vor einem reinen Schattengarten, in den kaum noch Sonnenlicht eindringt. Damit Sie langfristig Freude an Ihrem Garten haben, sollten Sie ihn allmählich mitwachsen und altern lassen, aber dabei immer wieder einzelne Beete oder Gehölzbereiche sanieren.

Den Garten an die Lebensverhältnisse anpassen

Mit der Zeit ändern sich die Ansprüche und Bedürfnisse der Bewohner. Kinder wachsen rasch heran. So kann sich die ausgehobene Sandgrube nach einigen Jahren in einen Gartenteich verwandeln. Am einstigen Kinderspielort bauen Schulkinder eine Sonnenuhr, vielleicht kombiniert mit einer Wetterstation, und betreiben dort ihre Forschungen. Noch später entsteht hier vielleicht eine befestigte Fläche für den Liegestuhl. Wird der bespielbare Sportrasen nicht mehr benötigt, wird er mit Sand abgestreut und es entwickelt sich allmählich eine Blumenwiese, die nur über gemähte Pfade betreten wird. Flexibilität sollte daher von Anfang an die Gartenplanung mitbestimmen.

Am Rand der Hecke hat sich im Laufe der Zeit ein naturhafter Saum aus angesätem Mutterkraut, verwildertem Baldrian und Johanniskraut entwickelt.

Erste Hilfe im Hausgarten

Je nach Witterungsverlauf treten im Garten immer wieder Krankheiten und Schädlinge auf. Totalausfälle sind meist nur dann zu verzeichnen, wenn die Wachstumsbedingungen für die betroffenen Pflanzen ohnehin nicht optimal waren. Die beste Vorsorge besteht darin, die Pflanzen weit genug zu setzen, den Boden gut zu pflegen, aber nicht übermäßig zu düngen.

Ursachen für **Wachstumsprobleme**

Vor den ersten Maßnahmen gegen vermeintlichen Befall sollten Sie den Ursachen des Krankheitsbildes auf den Grund gehen.

In jedem, selbst im gut gehegten und gepflegten Garten kommt es vor, dass Pflanzen nicht so recht wachsen wollen. Die Ursachen hierfür sind naturgemäß vielfältig: Bevor jedoch ein diffuser Verdacht auf bestimmte Schädlinge und Krankheitserreger fällt, sollten Sie klären, ob die Standortbedingungen mit den Ansprüchen der betroffenen Art übereinstimmen. Eine ausgesprochene Sonnenstaude wird im Schatten das Blühen verweigern. Gehölze des lichten Schattens dagegen erleiden in praller Sonne Hitzeschäden, die zu trockenen Blatträndern führen. Wassermangel kann ebenso der Grund für kümmerliches Wachstum sein wie zu viel Wasser. Staunässe im Untergrund bekommt den wenigsten Pflanzen auf Dauer. Kurzum: In gut aufbereiteten Böden und unter optimierten Wachstumsbedingungen werden die meisten Pflanzen willig gedeihen.

Wüchsige Pflanzen, die genügend Licht, Wasser und Nährstoffe erhalten, sind generell widerstandsfähiger gegenüber Krankheitserregern und Schädlingsbefall.

Überdüngen vermeiden

Ein Übermaß an Nährstoffen, insbesondere ein mit Stickstoff überversorgter Boden kann zum Nachteil umschlagen: Das Wachstum von Blättern und Trieben wird sehr stark zu Lasten der Blütenbildung angeregt; es bildet sich weiches Gewebe, auf dem sich Blattläuse bevorzugt ansiedeln. Auch viele Pilzkrankheiten wie die Mehltau-Erreger dringen mühelos in das weiche, schwammige Gewebe ein. Weniger schnell herangezogene Pflanzen sind im Gegensatz zu überdüngten, triebigen Kulturen wesentlich robuster.

Die Nährstoffversorgung der Pflanzen beruht auf komplexen Austauschvorgängen zwischen Feinwurzeln und Bodenteilchen. Zusätzlich zu den Hauptnährstoffen Stickstoff, Phosphat und Kalium benötigen alle Gewächse Magnesium und Spurenelemente wie Eisen, Zink, Kupfer, Bor. Wie diese Nährstoffe verfügbar sind und ob die Wurzeln imstande sind, sie aus dem Boden aufzunehmen, hängt maßgeblich vom pH-Wert des Bodens ab. Ein Musterbeispiel dafür sind die Moorbeetpflanzen, die sauren Boden für einen intakten Stoffwechsel benötigen. In neutralem oder gar alkalischem Boden können sie den Spurennährstoff Eisen nicht mehr in ausreichender Menge aufnehmen: Blattaufhellungen im Bereich zwischen den Blattadern, so genannte Chlorosen, sind die Folge (siehe Seite 149). Kurzfristig schafft ein spezieller Eisendünger Abhilfe, auf Dauer wird man die Bodenverhältnisse grundsätzlich ändern müssen – oder andere, an die vorherrschenden Bodenverhältnisse angepasste Pflanzen verwenden.

Leichte Folientunnel ermöglichen eine frühe Aussaat für eine baldige Ernte. Sie schützen die Kulturen zugleich vor Gemüsefliegen.

Kranke Pflanzenteile rigoros entsorgen

Um Probleme jeglicher Art rechtzeitig fest- und abzustellen, empfehlen sich regelmäßige, am besten tägliche Rundgänge im Garten. Kranke Blätter zupft man gleich ab, einzelne Blattläuse an den Triebspitzen werden im Vorbeigehen abgestreift. Offensichtlich erkrankte Pflanzen sind in jedem Fall sofort aus dem Bestand zu entfernen. Die betroffenen Pflanzenteile gehören dann aber nicht auf den Kompost, sondern werden über die Biotonne oder die Grünabfallstelle der Gemeinde entsorgt. Die großen Kompostierungsanlagen der Abfallwirtschaftsämter erreichen bei der Stoffumsetzung wesentlich höhere Temperaturen als der Komposthaufen im Hausgarten. Dadurch werden pilzliche und bakterielle Krankheitserreger abgetötet, auch ein Großteil der Unkrautsamen wird auf diesem Weg zerstört (siehe Seite 120 f.).

Problemkräuter bekämpfen

Unkräuter können einem Gärtner das Leben schwer machen. Kräuter wie Vogelmiere, Gundermann und Nelkenwurz sind zwar lästig, aber sie lassen sich rasch mit Hilfe einer geschärften Flachhacke oberflächlich entfernen. Problematischer wird es, wenn Wurzelunkräuter überhand nehmen. Quecke, Winde oder Giersch gelten als Schreckgespenster der Hobbygärtner. Sicher kann man immer wieder versuchen, die unerwünschten Kräuter auszureißen, auszustechen oder zumindest bodennah abzuschneiden. Beseitigen lassen sich Wurzelunkräuter dadurch nicht. Im Extremfall wird eine umfassende Bodensanierung erforderlich, also ein Ausbaggern und ein Bodenaustausch der betroffenen Fläche.

In hartnäckigen Fällen schafft vielleicht ein Kontaktherbizid Abhilfe, aber Vorsicht: Es darf nur auf die unerwünschten Pflanzen gespritzt werden, bei zu großzügiger oder ungenauer Ausbringung tötet es die gesamte Vegetation ab. Schon deshalb sollten Sie wirklich nur problematische Wurzelunkräuter mit den im Hausgarten zugelassenen Herbiziden behandeln! Umweltschonender, aber wesentlich langwieriger ist es, die verunkrautete Fläche für einige Zeit mit lichtundurchlässiger, schwarzer Folie abzudecken. Unter der Folie wachsen die Pflanzen weiter. Da jedoch kein Licht mehr zum Boden durchdringt, können sie keine Energie mehr gewinnen und bilden so ihre weißen Triebe aus, bis das Wur-

zelwerk ausgehungert ist. Zum Abdecken eignen sich feste Teichfolien oder so genannte Maypex-Folien. Gewöhnliche schwarze Mulchfolien haben nicht den erwünschten Effekt, weil sie noch etwas Licht hindurch lassen. Die Folie muss vier bis sechs Monate liegen bleiben.
Unter der Abdeckung entsteht dank der Bodenlebewesen während dieser Zeit wunderbar feinkrümelige Gartenerde.
Dennoch muss man in der Folgezeit bei der Bodenbearbeitung ständig jedes entdeckte Stückchen der weißen, dicken Wurzeln von Giersch, Winden oder Quecken entfernen, denn diese Pflanzen treiben selbst aus winzigen Wurzelteilen wieder neu aus.

WUSSTEN SIE SCHON?

Schädlinge – *wie viel ist zu viel?*

Rechtzeitig erkannte Probleme lassen sich angehen, bevor es zu tief greifenden Schäden kommt.

Studiert man einschlägige Fachbücher, entsteht schnell der Eindruck, unsere Gartenpflanzen seien durch ein Heer von Schädlingen bedroht. Tatsächlich ernährt sich eine unglaubliche Fülle an Spinnentieren, Insekten, Weichtieren und Kleinsäugern auf jedem Fleck Natur, sei es auf der Wiese, im Wald oder eben im Garten. Dennoch oder gerade wegen der Vielfalt an Lebewesen kommt es im Garten eher selten zu gravierenden Problemen oder zu Totalausfällen durch Schädlinge. Abgefressene Blätter und Knospen werden durch die Pflanze schnell wieder ersetzt, während sich Schäden im Wurzelbereich stärker auswirken können, da ein schwaches oder abgenagtes Wurzelwerk kein Wasser und keine Nährstoffe mehr in ausreichender Menge nachliefern kann.

Gefährliche Fresser im Untergrund

Zu den gefürchtetsten Gartenschädlingen zählen viele der Bodenbewohner wie Dickmaulrüssler, Drahtwürmer und Maulwurfsgrillen. Gegen Dickmaulrüssler und Drahtwürmer kann man rechtzeitig vorgehen, indem man geeignete Köder auslegt und die darunter lagernden Tiere regelmäßig absammelt (siehe Porträts Seite 143). Dagegen muss man Maulwurfsgrillen als Plagegeister hinnehmen, sofern man nicht auf teure Nematoden-Präparate zurückgreift (siehe Seite 149). Zum Glück der einen, zum Leidwesen der Betroffenen treten Maulwurfsgrillen nur örtlich auf. Sie verleiden unter Umständen jeglichen Versuch, Feingemüse im Garten anzubauen, da sie die Wurzeln von unten her abfressen.

Die wichtigsten Schädlinge im Hausgarten

1 Apfelwickler
befällt reifende Äpfel

Die Weibchen des kleinen, grauen Falters legen von Mai bis Anfang August ihre Eier an Blätter und Früchte von Kernobstbäumen ab.
Schadbild: Die Raupe („Obstmade") frisst sich in die Frucht ein und erzeugt einen mit Kot angefüllten Fraßgang zum Kerngehäuse und von dort zum Ausbohrloch. Befallene Früchte fallen ab.
Kontrolle: Vögel fördern, vor allem Blaumeisen und Specht picken die ausgeschlüpften Raupen weg. Spritzungen mit Tee aus Rainfarn oder Wermut überdecken den Apfelgeruch und führen die Weibchen in die Irre. Fallobst wegsammeln, damit die Larven nicht zum Baum zurück wandern. Fanggürtel aus Wellkarton im April/Mai am Stamm anbringen, im Juni abnehmen und verbrennen.

Schäden an den Blättern

Viele unauffällige, nur anhand ihres Schadbildes erkennbare Tiere entwickeln sich im Laufe der Vegetationsperiode an den Gartenpflanzen: Minierfliegen etwa legen Eier auf den Blättern von Astern, Chrysanthemen und Akeleien ab. Die geschlüpfte Larve bohrt sich in das Blattgewebe ein und frisst sich darin bis zur Verpuppung satt. Vom Punkt des Eis bis hin zur Puppe oder Austrittsstelle lässt sich ein über die Blattspreite geschlängelter Gang ausfindig machen. Solche Erscheinungen gehören zu den spannenden Entdeckungen beim Gartenrundgang. Wird einem die Anzahl der so gezeichneten Blätter zu viel, kann man betroffene Pflanzen zurückschneiden oder die Blätter entfernen. Chemische Pflanzenschutzmittel braucht es dafür nicht.

Dem natürlichen Gleichgewicht vertrauen

In aller Regel können Sie Gallenbildungen auf Blättern oder entlang der Triebe mit Interesse anstelle mit Pflanzenschutzmitteln verfolgen. Hier entwickelt sich die nächste Generation Gallmilben oder Gallwespen. Entdecken Sie jedoch an der Schwarzen Johannisbeere stark gekräuselte, braun verfärbte Triebspitzen, knipsen Sie diese aus. Dadurch verhindern Sie, dass sich der Verursacher des Schadbildes, die Johannisbeergallmilbe, zu stark ausbreitet. Ebenso verfahren Sie, wenn der Erdbeerblütenstecher wieder einmal Rosenstängel angeknabbert hat, sodass die Blütenknospe abgeknickt ist. Entfernen Sie die betroffenen Triebe; die weitere Regulierung können Sie getrost den Vögeln und den natürlichen Feinden der Pflanzenfresser überlassen.

---

2 Blattläuse

befallen Gehölze, krautige Zierpflanzen, Gemüse

Blattläuse entwickeln große Kolonien. Viele Blattläuse wechseln innerhalb eines Jahres ihre Wirtspflanzen, sodass ein starker Befall von selbst zusammenbricht. **Schadbild:** Die Läuse entziehen den Pflanzen Wasser und Nährstoffe, sie bewirken Wachstumshemmungen, Blatt- und Triebverformungen. Außerdem übertragen sie Viren. **Kontrolle:** Übermäßige Stickstoffdüngung und Wassermangel meiden. Marienkäfer, Florfliege, Schwebfliegen, Raubwanzen schonen und fördern. Befallene Triebe entfernen oder abstreifen, Pflanzen mit scharfem Wasserstrahl abspritzen, mit Schmierseifenlösung spritzen oder mit Algenkalk stäuben. Notfalls mit Naturpyrethrum oder Neemsamen-Extrakt spritzen.

3 Drahtwürmer

befallen bevorzugt Salat, auch Mais, Möhren, Erbsen, Erdbeeren

Bei dem dünnen, glänzend gelben Drahtwurm von 25 mm Länge handelt es sich um Larven der Schnellkäfer. Die Larven schlüpfen im Hochsommer und reagieren empfindlich auf Trockenheit. **Schadbild:** Drahtwürmer fressen Wurzeln an, die Pflanzen schwächeln oder welken. **Kontrolle:** Vor der Gartenanlage auf umgebrochenen Wiesenflächen Hühner eintreiben und grundsätzlich die Ansiedlung von Vögeln fördern. Bei starkem Befall für einige Jahre auf Salatanbau verzichten, Tomaten und Kohl sind weniger gefährdet. Boden häufig hacken, dabei Kompost einarbeiten. Köder aus Möhren oder Kartoffelstücken in den Boden eindrücken und immer wieder einsammeln.

4 Dickmaulrüssler

befällt Rosen, Kübelpflanzen, Erdbeeren

Der 10 mm lange, schwarze Rüsselkäfer überwintert als Larve und wird im Frühjahr relativ spät aktiv. **Schadbild:** Das erwachsene Tier frisst nachts an oberirdischen Pflanzenteilen und hinterlässt buchtenförmig angeknabberte Blätter. Die besonders schädlichen Larven nagen verborgen in der Erde Wurzeln und den Wurzelhals an. **Kontrolle:** Abends im Mai und Juni die Käfer im Schein einer Taschenlampe ablesen. Wurzelhals freilegen und mit Rainfarntee ausgießen. Während der Zeit des Reifungsfraßes erreicht man die Larven durch Spritzung eines Pyrethrum-Mittels. Nematodenpräparate wirken zuverlässig, wenn sie genau nach Anweisung im Mai und Spätsommer ausgebracht werden.

Hartnäckige **Schaderreger**

Wollen manche Kulturen im Garten einfach nicht funktionieren, hilft manchmal ein Standortwechsel – oder man verzichtet auf das Problemkind.

Was aber tun, wenn bisher gut gedeihende und willig blühende Pflanzen auf einmal kümmern, ohne dass sich eine bestimmte Ursache ausmachen lässt? Oft hat sich im Laufe von Jahren ein bestimmter Erreger im Boden angesammelt. Relativ häufig vermehren sich lange Zeit unbemerkt Nematoden im Boden. Diese mikroskopisch kleinen Fadenwürmer saugen an den Wurzeln, gelegentlich rufen sie Gallenbildung hervor. Die Saugtätigkeit schwächt die Pflanzen auf Dauer, und durch die Saugstellen dringen Krankheitserreger (Viren, Bakterien, Pilze) in das Pflanzengewebe ein. Nematoden treten an vielen Gemüse-Arten auf, wenn diese immer wieder am selben Platz angebaut werden. Sie sind außerdem eine charakteristische Krankheit des Stauden-Phloxes. Konsequenter Fruchtwechsel und bei Phlox ein Standortwechsel alle fünf bis sieben Jahre beugt einem Befall vor.

Erholungspause für den Boden

Nematoden werden auch mit der so genannten Bodenmüdigkeit in Verbindung gebracht: Der Begriff umfasst komplexe Vorgänge im Boden, die bewirken, dass manche Kulturen nicht mehr auf Stellen wachsen können, auf denen zuvor schon die gleiche Pflanzenfamilie angebaut wurde. Verschiedene Obstgehölze und vor allem Rosen leiden an dieser Erscheinung. Die Ursachen sind vielfältig: Neben einer einseitigen Nährstoffaufnahme aus dem Boden spielen toxische Stoffwechselprodukte eine Rolle, die an die Wurzelumgebung ausgeschieden werden. Außerdem reichern sich Krankheitserreger und eben auch Nematoden im Boden an.

Die wichtigsten Schädlinge im Hausgarten

1 Gemüsefliegen
Möhrenfliege, Kohlfliege, Zwiebelfliege befallen ihre Wirtspflanzen

Die Schädlinge, die der Stubenfliege ähneln, legen im Frühjahr ihre Eier dicht an den Wurzelhals ihrer Wirtspflanzen ab. Die Larven entwickeln sich in der jungen Pflanze.
Schadbild: Die milchig weißen Maden nagen braune Fraßgänge in Wurzeln, Knollen und Zwiebeln; junge Pflanzen welken oder kümmern, Möhren entwickeln einen schlechten Geschmack.
Kontrolle: Windoffene Flächen und lockere Bestände sind weniger stark gefährdet. Mischkulturen irritieren durch ihre Struktur und den Geruch die Weibchen auf der Suche nach Wirtspflanzen. Zwischen die Reihen stark riechende Kräuter oder Asche einstreuen. Eine Abdeckung mit Kulturschutznetzen verhindert die Eiablage.

2 Kohlerdfloh
befällt Kreuzblütler und wird bei Rucola lästig

Die wenige Millimeter großen, schwarzen Käfer können sehr gut springen. Ihre Eier legen sie ab Mai in die Erde ab. Nach dem Reifefraß verpuppen sich die Larven im Boden. Die Käfer überwintern im Boden oder unter Laub.
Schadbild: Die Käfer verursachen den markanten Lockfraß an den Blättern, die Larven fressen an Wurzeln, der Schaden bleibt gering.
Kontrolle: Frühe Saaten sind weniger gefährdet. In feuchtem Boden ist die Entwicklung gehemmt, daher gut gießen und den Boden bedeckt halten. Algenkalk oder Gesteinsmehl morgens auf die taufeuchten Pflanzen stäuben. Brühe aus Wermut oder Rainfarn wirkt als Abwehr. Kreuzblütler in Mischkultur anbauen.

Diese Zusammenhänge sollte man berücksichtigen, wenn Bäume und Sträucher im Garten gerodet werden und Neupflanzungen anstehen. Rosengewächse pflanzt man besser nie an Plätze, wo schon zuvor ein Gehölz aus der großen Gruppe der Rosenverwandtschaft wuchs.

Schneckenplage – zu Hilfe!

Was manche Hobbygärtner schon lange wussten, haben amerikanische Wissenschaftler bestätigt: Ausgestreuter Kaffeesatz wirkt mit seinen Gerbstoffen giftig auf Nackt- und Gehäuseschnecken.

Bleibt nur noch auf die wirklichen Zerstörer im Garten hinzuweisen: Schnecken vernichten unerbittlich den Neuaustrieb der von ihnen bevorzugten Pflanzen. Bei feuchter Witterung oder in wiesennahen Lagen haben Clematis, Rittersporn, Salatsetzlinge und Studentenblumen kaum eine Chance. Bierfallen und bloßes Absammeln reduzieren den akuten Befall, aber die Schnecken wandern von außerhalb des Gartens immer wieder zu. Wirkung zeigen die modernen Schneckenkorn-Produkte auf der Basis von Eisenchelaten: sie vergällen den Schnecken den Appetit, die Substanz tötet sie von innen. Produkte mit dem Wirkstoff Methiocarb („Mesurol") wirken eingeschränkt auch gegen Maulwurfsgrillen und andere Insektenlarven, die an der Bodenoberfläche fressen. Großer Vorteil dieser Präparate ist, dass die vergifteten Tiere für Igel ungefährlich sind – aber leider fressen Igel gar nicht so gern Schnecken.

Die beste abwehrende Wirkung erzielt ein Schneckenzaun. Seine Kanten sind so geformt, dass die Schnecken nicht darüber hinwegkriechen können. Der Zaun muss gefährdete Anzucht- und Gemüsebeete rundum dicht abschließen und schützt daher nur eine kleine Fläche. Nach dem Einbau der Barriere müssen Sie die im Beet verbliebenen Schnecken absammeln.

3 3 4

3 Schnecken
befallen nahezu jede mit Liebe gehegte Kultur

Bei feuchter Witterung kommt es zur Massenvermehrung, wenn natürliche Feinde wie Blindschleichen, Spitzmäuse und Vögel fehlen. **Schadbild:** Schnecken vernichten innerhalb einer Nacht ganze Aussaaten, sie zerstören Dahlien, Rittersporn, Feingemüse und jungen Austrieb von Funkie oder Clematis. **Kontrolle:** Krümeliger Boden bietet den Schnecken weniger Unterschlupf als rissige Erde. Häufiges Hacken legt die Eigelege für die Vögel frei. Nur getrocknetes Mulchmaterial ausbringen. Hüte aus Kunststoff oder Pappe schützen austreibende Stauden. Mit Bier gefüllte Lockfallen ausbringen und regelmäßig entleeren. Schneckenkorn nach Anleitung gleichmäßig über das Beet streuen.

4 Spinnmilben
befallen Gemüse, Obstgehölze, Zierpflanzen

Die winzigen Spinnentiere saugen bevorzugt an der Blattunterseite. **Schadbild:** In die angestochenen Blattzellen dringt Luft ein, dadurch entsteht ein typischer Bleiglanz. Die Blätter fallen vorzeitig ab, was mit der Zeit die Pflanzen schwächt. Spinnmilben bilden ein feines Netz aus. **Kontrolle:** Befallene Pflanzenteile möglichst entfernen oder die Blattunterseiten mit kaltem Wasserstrahl abspritzen. Mit Neudosan, starkem Zwiebelschalentee, Brennnesseljauche oder einem Pyrethrum-Mittel spritzen. An Nutz- und Zierpflanzen saugen Pocken- und Gallmilben, die typische Wucherungen auslösen, In denen sich die Larven entwickeln (z. B. Birnenpockenmilbe).

Krankheitserreger: *Pilze und Bakterien*

Neben den tierischen Schädlingen tritt eine Unzahl von mehr oder weniger spezialisierten Pilz- und Bakterienkrankheiten an Pflanzen auf. Im Hausgarten lässt sich ein Befall in aller Regel nicht mehr kurieren. Das heißt, dass Sie einmal erkrankte, krautige Pflanzen aus dem Garten entfernen müssen. Der Einsatz kostspieliger Bekämpfungsmittel lohnt sich nach Ausbruch einer Krankheit nicht mehr. Bei Gehölzen kann ein Rückschnitt ins gesunde Holz die weitere Verbreitung von Krankheiten wie Mehltau oder Obstbaumkrebs verhindern.

Nässe fördert Pilzkrankheiten

Ungünstige Wachstumsbedingungen wie zu niedrige Temperaturen und Wassermangel fördern die Ausbreitung von Krankheiten. Durch zu hohe Stickstoffdüngung weich und dünn ausgebildetes Gewebe ist anfälliger für Pilzkrankheiten (und ebenso für Blattlausbefall). Daneben sind die meisten pilzlichen Schaderreger für ihre Entwicklung an Feuchtigkeit gebunden.

Ein Musterbeispiel dafür ist der Erreger des Apfelschorfs, der nur dann keimt, wenn die Blätter bei 20 °C über 10 Stunden oder bei 10 °C mehr als 15 Stunden lang mit Wasser überzogen sind. Nur wenn diese Schwelle deutlich überschritten wird, sind Spritzungen mit einem amtlich zugelassenen Mittel sinnvoll. Dennoch beginnt die Vorbeugung im Hausgarten schon wesentlich früher, indem man von vornherein bewährte, krankheitsfeste Sorten pflanzt. Ebenso vermeidet man bei der Anzucht alles, was übermäßigen Taufall oder Nässe am Wurzelhals bewirkt:

Die wichtigsten Krankheiten im Hausgarten

1 Grauschimmel
befällt Beerenobst, Gemüse, Zierpflanzen

Die Schwächekrankheit tritt vor allem bei kühler, anhaltend feuchter Witterung auf.
Schadbild: Auf den befallenen Pflanzenteilen entsteht ein flächiger, pelzig grauer Belag. Das betroffene Gewebe stirbt bald ab.
Kontrolle: Weite Pflanzabstände sorgen dafür, dass die Blattmasse gut abtrocknet und genügend Licht erhält. Übermäßige Stickstoffdüngung vermeiden, dafür Basaltmehl oder (auf sauren Böden) Algenkalk streuen und für gute Wasserführung im Boden sorgen. Überbrausen der Pflanzen mit Schachtelhalmbrühe oder Angießen mit Brennnesseljauche fördert das Wachstum und stärkt das Blattgewebe. Kranke Pflanzenteile aus den Beeten sofort entfernen.

2 Echter Mehltau
befällt u. a. Erdbeeren, Stachelbeeren, Apfel, Rosen

Die verschiedenen Pilzarten sind auf bestimmte Pflanzen spezialisiert. Die Krankheit tritt auch bei feuchter Witterung auf.
Schadbild: Auf Stängeln, Blättern und Knospen entstehen zunächst mehlige Punkte, später bildet sich an Trieben und an den Blattober- oder -unterseiten ein weißlicher Belag, das Gewebe vertrocknet.
Kontrolle: Gute Durchlüftung und ausgewogene Nährstoffversorgung sicherstellen. Wenig anfällige oder resistente Sorten wählen. Befallene Triebe großzügig ausschneiden und entsorgen (verbrennen). Spritzungen mit Schachtelhalmbrühe stärken das Pflanzengewebe. Pflanzenstärkungsmittel auf Lecithin-Basis wirken vorbeugend, Netz-Schwefelit verhindert die Ausbreitung.

3 Falscher Mehltau
befällt u.a. Salat, Tomaten (Kraut- und Braunfäule), Zwiebeln, Rosen

Die Erreger-Arten sind an bestimmte Wirtspflanzen gebunden. Sie überwintern auf Pflanzenmaterial, die Infektion geht daher immer vom Boden aus. Die Krankheit breitet sich vor allem bei Nässe und niedrigen Temperaturen aus.
Schadbild: Auf der Blattoberseite bilden sich weißlich gelbe Flecken, die Blattunterseite ist mit weißem bis grauem Pilzbelag überzogen. Auf Tomatenfrüchten entstehen dunkle, harte Flecken.
Kontrolle: Befallene Pflanzenreste immer sorgfältig beseitigen. Morgens gießen, um eine Benetzung während der Nacht zu vermeiden. Bei Salat und Feldsalat auf resistente Sorten achten. Brennnesselbrühe spritzen. Spritzungen mit Kupferoxychlorid stoppen die Krankheit.

Gießen Sie morgens, damit das Laub bis zum Abend abtrocknen kann, Abdeckungen (Folien und Hauben) öffnen Sie tagsüber, damit sich möglichst kein Tauwasser bildet. Im Staudenbeet wie auch im Gemüsegarten sorgt man für offene Bestände, damit Luft zirkulieren und Licht eindringen kann. Empfindliche Kulturen wie Tomaten und Gurken setzt man in weiten Pflanzabständen und vermeidet beim Gießen, dass Wasser an den Wurzelhals gelangt. Auch organische Mulchmaterialien sollten weder den Wurzelhals von Gemüsepflanzen noch den Stamm von Gehölzen unmittelbar berühren.

Vorbeugender Schutz

Weite Pflanzabstände und lichte Baumkronen sorgen für eine gute Belüftung und verzögern dadurch die Ausbreitung von Krankheiten.

Zur Vorbeugung vor Krankheiten dienen Pflanzenstärkungsmittel, die im Handel angeboten werden (siehe Bezugsquellen Seite 157). Mittel aus Pflanzenextrakten stärken zum Beispiel das Pflanzengewebe, sodass pilzliche Schaderreger weniger leicht in die Zellen eindringen können. Netz-Schwefelit wirkt vorbeugend bei drohendem Befall durch Echten Mehltau und Schorf. Dagegen richten sich Kupfermittel (meist Kupferoxychlorid) gegen die Gruppe der Falschen Mehltaupilze. Die Anwendung geschieht immer nur zielgerichtet auf ein bestimmtes Problem hin, wobei man genau nach den Anweisungen auf der Packung vorgeht. Nur nützlingsschonende Mittel kommen im Hausgarten zum Einsatz, und selbstverständlich sind alle gesundheitsgefährdenden Produkte tabu. Pflanzenpflegemittel wie Brennnessel-Kaltwasserauszug oder eine Brühe aus Rainfarn, Acker-Schachtelhalm oder Wermut lassen sich kostenlos und ohne großen Aufwand selbst bereiten (siehe Seite 148).

4 Rost

befällt Bohnen, Pfeffer-Minze, Johannisbeere, Pflaumen, Rosen

Schadbild: Auf Blattunterseiten bilden sich gelbe bis braune Pusteln, die Unmengen an Sporen freisetzen. Auf den Blattoberseiten entstehen bei Rose und Birne gelborange Flecken. Birnbäume erleiden keinen dauerhaften Schaden. Die Rostpilze durchlaufen bis zu fünf Entwicklungsstadien, wobei sie ihre Wirtspflanzen wechseln. Der Erreger des Birnengitterrostes wechselt zwischen Wacholder im Winter und Birnbaum im Sommer.
Kontrolle: Abgefallenes Laub im Herbst gründlich entfernen und die Fläche offen halten. Sowohl bei Gemüse-Arten als auch bei Stauden den Standort wechseln. Vorbeugend im Frühjahr Schachtelhalmbrühe oder ein Pflegemittel mit Schwefelzusatz spritzen.

Gesundheits-Management im Garten

Wenn auch die Zahl zugelassener Wirkstoffe für den Pflanzenschutz im Garten ständig sinkt, so ist die chemische Industrie dennoch bestrebt, den Hobbygärtner mit Pflanzenpflegemitteln und Abwehrpräparaten zu versorgen. Diese Mittel sind intensiv geprüft, sodass gegen ihre Anwendung keinerlei Bedenken bestehen – sofern man die Anweisungen auf der Packung befolgt. Ein Pflanzenschutzmittel wird nur bei den angegebenen Kulturen und ausschließlich gegen die ausgewiesenen Krankheiten oder Schädlinge einsetzt. Ein flächiger Einsatz von Insektiziden und ein Spritzen „auf Verdacht" kommt nicht in Frage.

Nützlinge ausbringen

Verschiedene biotechnische Verfahren tragen dazu bei, einen massiven Schädlingsbefall auf ein erträgliches Ausmaß zu reduzieren. Weit verbreitet ist inzwischen der Einsatz von Raubmilben gegen die Gemeine Spinnmilbe. Die Methode, die einst für den Anbau unter Glas entwickelt wurde, lässt sich mittlerweile auch im Hausgarten wirkungsvoll einsetzen. Man erhält von den Nützlingsanbietern (siehe Bezugsquellen) die lebenden Raubmilben auf Bohnenblättern zugeschickt und lässt sie nach genauer Anweisung in der Nähe der Befallsherde frei.

Bewährt hat sich außerdem das Bakterienpräparat *Bacillus thurigiensis* zur Kontrolle von Schmetterlingsraupen. Das Bakterium enthält Stoffe, die bei verschiedenen Insektenlarven die Darmwand zerstören. Das Produkt wird in Pulver- oder gekörnter Form verabreicht. Die Larven von Frostspanner, Traubenwickler oder Gespinst-

Zubereitung von pflanzlichen Abwehr- und Pflegemitteln

Pflanze	Herstellung	Einsatz und Wirkung
Acker-Schachtel-halm	aus 10 l Wasser und 1 kg Frischmasse oder 150 g getrocknetem Kraut Brühe bereiten: einen Tag lang einweichen, dann 20 Min. auf kleiner Flamme kochen, abkühlen lassen	1 : 5 verdünnt: auf den Boden gespritzt gegen bodenbürtige Pilzkrankheiten; in die Pflanze gespritzt gegen Echten Mehltau, Rost, Schorf, Blattfleckenkrankheit der Tomate
Brenn-nessel	pro 10 l Wasser 1 kg Frischmasse oder 200 g getrocknetes Kraut in Regenwasser ansetzen; Kaltwasserauszug innerhalb von 3 Tagen verbrauchen, gärende Jauche entsteht in der Sonne nach 4 Tagen	unverdünnter Kaltwasserauszug gegen Blattläuse; als gärende Jauche 1 : 50 verdünnt gegen Spinnmilben und zur Pflanzenstärkung
Knoblauch	aus 75 g gehackten Knollen und 1 l Wasser Tee bereiten	1 : 10 verdünnt gegen Spinnmilben (speziell Erdbeermilben), Blattläuse, Pilzkrankheiten auf Pflanzen oder auf den Boden spritzen
Rainfarn	aus 10 l Wasser und 300 g frischem Kraut mit Blüten oder 30 g getrocknetem Kraut eine Brühe (siehe oben) bereiten	wirkt unverdünnt gegen Ameisen, Erdraupen, Blatt- und Wurzelläuse; wehrt zur Flugzeit ausgebracht Möhrenfliege, Kohlweißling und Apfelwickler ab
Rhabarber	Tee bereiten aus 1 kg Blätter auf 10 l Wasser	wehrt Schwarze Bohnenlaus und Lauchmotte ab
Wermut	aus 10 l Wasser und 300 g frischem oder 30 g getrocknetem Kraut Brühe (siehe oben) oder Tee bereiten	unverdünnt gespritzt gegen Brombeer- und Erdbeermilbe; im Frühjahr zur Geruchsüberdeckung gegen Möhrenfliege, Kohlweißling, Apfelwickler

Gelbe, „chlorotische" Blätter an Rhododendren zeigen Eisenmangel an.

motten nehmen es auf, hören auf zu fressen und verenden nach wenigen Tagen.

Zuverlässig wirken ebenso verschiedene Nematoden, die zur Bekämpfung von Problemschädlingen wie Schnecken, Dickmaulrüsslern oder Maulwurfsgrillen entwickelt wurden: Die weniger als 1 mm langen Fadenwürmer müssen gezielt ausgebracht werden. Sie dringen in die Schadtiere ein, die daraufhin absterben. Schädlinge erhält man im Gartenfachhandel oder direkt über die Nützlingsanbieter.

Die genannten Methoden wirken hervorragend bei korrekter Anwendung, allerdings sind sie alles andere als preisgünstig. Im Siedlungsgebiet mit vielen kleinen Parzellen lohnt sich ein Einsatz nur dann, wenn sich mehrere Nachbarn gleichzeitig an der Aktion beteiligen. Ansonsten wandern Schnecken oder Maulwurfsgrillen über die Grundstücksgrenzen wieder ein.

Großmutters Gartentricks

Wühlmäuse meiden unangenehme Gerüche: Legen Sie Knoblauch-Knollen oder Wacholderschnipsel in die Gänge, dann suchen sich die Nager ein anderes Revier.

Allein schon von der finanziellen Seite her lohnen sich althergebrachte mechanische Abwehrmethoden – vom ökologischen Nutzen ganz zu schweigen. Ein Fanggürtel bei Obstbäumen kann verhindern, dass bestimmte Schadinsekten lästig werden. Dafür wird ein gut 10 cm breiter Streifen aus Wellkarton beidseitig mit Teerpapier oder Klebefolie überzogen und am Stamm unterhalb der ersten Verzweigung festgebunden. Zum Schutz vor dem Apfelblütenstecher wird der Gürtel im März, gegen Obstmaden im April/Mai angelegt. Die Schädlinge suchen darunter Unterschlupf und werden mitsamt dem Gürtel nach einigen Wochen entfernt.

Tritt die Kohlfliege gehäuft auf, kann ein eng am Wurzelhals von Kohlpflanzen anliegender Pappkragen die Eiablage verhindern. Eine noch bessere Wirkung haben luft- und wasserdurchlässige Insektennetze, die zur Flugzeit der Gemüsefliegen über die Beete gespannt werden. Die Maschenweite sollte zum Schutz vor der Möhrenfliege unter 1,2 mm liegen, bei der Rettichfliege genügen 1,8 mm. Seitlich müssen die Netze dicht abschließen: Man fixiert sie deshalb mit aufgelegten Holzlatten oder man gräbt sie an den Seiten ein.

Hausmittel gegen Pflanzenleiden

Kostenfrei und mit geringem Aufwand kann man Mittel zur Pflanzenstärkung selbst herstellen. Einige gebräuchliche (und wirksame) Rezepte nennt die Tabelle auf der linken Seite. Schließlich stellt ein kräftiges Pflanzengewebe immer noch die beste Abwehrmaßnahme vor Schadpilzen und saugenden oder fressenden Insekten dar!

Schadbilder erkennen, Maßnahmen ergreifen

KRANKHEITEN UND SCHÄDLINGE

Problem	Betroffene Kulturen	Schadbild	Ursache	Maßnahmen
Abiotische Schadursachen				
Aufplatzen von Früchten	Kirschen, Stachelbeeren, Tomaten	reifende Früchte platzen nach plötzlichem Sommerregen auf	ungleichmäßige Wasserversorgung	bei Trockenheit in der Reifezeit immer wieder gießen
Boden- müdigkeit	Obstgehölze, Rosen	Pflanzen wachsen schlecht an, wenn in den Jahren zuvor an derselben Stelle die gleiche oder eine nahe verwandte Kultur stand	Anreicherung von schädlichen Ausscheidungen der Pflanzen, Nematodenbefall, einseitiges Auslaugen des Bodens	Standortwechsel, falls das nicht möglich ist, Erdreich auswechseln
Bormangel	Birnen, Erdbeeren, verschiedene Gemüse- kulturen	deformierte Birnenfrüchte mit braunen harten Stellen im Fruchtfleisch; schlecht wachsendes und nicht ausreifendes Gemüse	zur Unterversorgung mit dem Spurenelement Bor kommt es vor allem auf leichten Böden	im Frühjahr Borax in geringer Dosierung ausbringen
Chlorose	Kartoffel-Rosen, Moorbeet- pflanzen	Aufhellungen auf dem Blatt, häufig bleiben nur die Blattadern grün	Eisen- oder Manganmangel durch zu hohen pH-Wert des Bodens	Bodenreaktion senken durch Zugabe von saurer Moorbeeterde, Spritzungen mit Eisendünger helfen kurzfristig
Frostschaden	Obstbäume, empfindliche Stauden und Gemüse, Ziergehölze	erfrorene holzige Triebe verfärben sich schwarz und sterben ab, krautiges Gewebe wird weich, Blüten verfärben sich braun	die Frostfestigkeit variiert je nach Pflanzenart und Kondition der Pflanzen	in spätfrostgefährdeten Lagen nur geeignete Sorten setzen, Gehölze ab August nicht mehr düngen, damit das Holz ausreifen kann, zu hohe Stickstoffgaben vermeiden
Kälteschaden	Paprika, Tomate	blaue Blattadern, violett verfärbtes Laub, stockendes Wachstum	Phosphatmangel aufgrund zu niedriger Temperaturen	für zügiges Wachstum sorgen, im Freien nachts Schutz durch Tomatenhauben oder Vliesabdeckung
Schießen	Salatsorten	es entwickeln sich keine kompakten Köpfe, die Pflanzen bilden unmittelbar Blütenstände aus	die zunehmende Tageslänge im Frühjahr gibt den Impuls zur Blütenbildung	auf geeignete Sorten achten: zu Jahresbeginn nur Frühsommer- oder Sommersorten aussäen
Viren	Beerenobst, Rosen und viele andere Kulturen	verkümmerte oder verwachsene Pflanzenteile, Flecken, Streifen auf Pflanzenteilen, schwaches Wachstum	Infektionen mit Viren	Übertragung verhindern, indem Scheren und Messer desinfiziert werden, Blattläuse als wichtigste Überträger bekämpfen
Bakterienkrankheiten				
Bakterienbrand	Steinobst	klar umrissene Rindenstellen sinken ein, Harz tropft aus („Gummifluss")	Infektion durch *Pseudomonas*-Arten, vor allem bei feuchter Witterung	Schnitt im Sommer durchführen, wenn die Gehölze weniger anfällig sind
Blattflecken- krankheiten	Gurken, Kohlarten	graue oder braune, runde oder eckig begrenzte Flecken auf den Blättern	verschiedene Erreger, meist jedoch *Pseudomonas*-Arten	nicht von oben gießen, infizierte Blätter entfernen
Feuerbrand	Kernobst, Ziergehölze wie Eberesche, Felsenbirne, Feuerdorn, Weißdorn	einzelne Fruchtbüschel oder Zweige sterben ab, Blätter und Früchte wirken wie verbrannt, bei feucht-warmer Witterung: Schleimtropfen mit Bakterien	das Bakterium *Erwinia amylovora* wird vor allem durch Bienen übertragen	befallene Pflanzenteile sofort entfernen und vernichten, eine Probe an das nächste Pflanzenschutzamt einsenden. Die Krankheit ist meldepflichtig!

KRANKHEITEN UND SCHÄDLINGE

Problem	Betroffene Kulturen	Schadbild	Ursache	Maßnahmen
Pilzkrankheiten				
Birnengitterrost	Sommerwirt: Birne, Winterwirt: Zier-Wacholder (nicht die heimischen *Juniperus*-Arten)	leuchtend orangegelbe Flecken auf den Birnenblättern, später an der Blattunterseite trockene Aufwölbungen; am Wacholder walzenförmige Verdickungen im Frühjahr, die bei Regen eine schleimige Sporenmasse freisetzen	der Rostpilz *Gymnosporangium sabinae* wechselt zwischen dem Sommer- und Winterwirt; ein normaler Befall schädigt einen Birnbaum im Hausgarten kaum	keine Wacholder-Arten wie *Juniperus sabinae*, *J. chinensis* und *J. virginiana* pflanzen; die infizierten Stellen am Wacholder ausschneiden und verbrennen; zum Schutz vor Wintersporen das junge Birnenlaub mit Pflanzenpflegemittel plus Schwefelzusatz zweimal spritzen
Echter Mehltau	verschiedene Kulturen, häufig an Apfel, Erdbeere, Pfirsich, Rittersporn, Rose, Stachelbeere, Weinrebe	weißlicher Belag auf der Blattoberseite, später auch unterseits und an den Trieben, nachlassendes Wachstum, vertrocknende Blätter	verschiedene Erreger, die auf eine bestimmte Pflanzenart spezialisiert sind; Pilz überwintert in den Triebspitzen	befallene Pflanzenteile entfernen, Pflegemittel mit Lecithin und Schwefelzusatz spritzen, vorbeugend Schachtelhalmbrühe spritzen, wenig anfällige Sorten wählen
Falscher Mehltau	verschiedene Kulturen, vor allem an Apfel, Salat, Rose, Weinrebe, Zwiebelgewächsen	gelblich verfärbte Stellen auf der Blattoberseite, unterseits ein pelzig grauer Belag	verschiedene Erreger sind auf bestimmte Pflanzenfamilien spezialisiert, tritt vor allem bei feuchter Witterung und an jungen Pflanzen auf	infizierte Blätter sofort entfernen, für gutes Abtrocknen sorgen (weite Pflanzabstände), bei hohem Befallsdruck Kupfermittel spritzen, wenig anfällige Sorten wählen
Fusarium-Welke	Gemüse, Sommerblumen und Stauden	junge Pflanzen welken ganz oder teilweise, die Leitbahnen sind braun oder schwarz verfärbt	mehr oder weniger wirtsspezifische *Fusarium*-Arten	erkrankte Pflanzen mit der umgebenden Erde entfernen, Substrat trockener halten
Fußkrankheiten	Jungpflanzen von Gemüse, Sommerblumen und Stauden	Stängelgrund verfärbt sich dunkel und wird weich, die Pflanzen welken rasch	verschiedene Erreger, z. B. *Fusarium*- und *Verticillium*-Arten	erkrankte und benachbarte Pflanzen entfernen, Substratoberfläche trocken halten, vorbeugend mit Sand abstreuen
Grauschimmel	viele Kulturen, vor allem Erdbeeren, Gemüse, Sommerblumen	eine graue, pelzige Schicht bedeckt Blätter, Blüten oder Früchte; das Gewebe fault	die Infektion mit *Botrytis cinerea* geht von Pflanzenabfällen auf dem Beet aus	für gute Durchlüftung sorgen, zu dichten Stand meiden, infizierte Pflanzenteile entfernen, Gemüsebeete im Herbst sorgfältig abräumen, Strohunterlage für reifende Erdbeeren
Kohlhernie	Kohlarten, Goldlack und andere Kreuzblütler	krebsartige Wucherungen an den Wurzeln, schlechte Wurzelbildung, Pflanzen welken leicht	Schleimpilz *Plasmodiophora brassicae* gelangt über den Boden an die Wurzeln; er kann in der Erde jahrelang überdauern. Auf leicht alkalischen Böden entwickelt sich der Erreger nicht	Bodenbearbeitung für gute Durchlüftung, auf leicht sauren Böden Algenkalk untermischen, Zwiebelgewächse als Vorkultur setzen. Nach einem Befall mehrere Jahre keine Kreuzblütler anbauen
Kräuselkrankheit	Pfirsich	noch im Austrieb entwickeln die Blätter rötliche Beulen und Falten, Wachstum und Ertrag sind eingeschränkt	*Taphrina deformans* wird durch Wind und Spritzwasser verbreitet, überwintert an der Rinde	befallene Blätter und im Herbst Fruchtmumien entfernen, im Herbst Baum und Boden mit Schachtelhalmbrühe überbrausen, während des Knospenschwellens ein Kupfermittel spritzen

Schadbilder erkennen, Maßnahmen ergreifen (Fortsetzung)

Problem	Betroffene Kulturen	Schadbild	Ursache	Maßnahmen
Kraut- und Braunfäule	Tomate, Kartoffel	braune Flecken an Blättern, Früchten und Knollen, das Kraut stirbt ab, es entsteht eine flaumig weiße Pilzschicht	*Phytophthora infestans* gehört zu den Falschen-Mehltau-Pilzen, Infektion über tropfendes Wasser	für gutes Abtrocknen sorgen (Stängel von unten her entblättern, weite Pflanzabstände), befallene Pflanzen entfernen, notfalls mit Kupfermittel spritzen
Monilia-Fruchtfäule	Stein- und Kernobst	absterbende Triebspitzen und Blätter, weiche dunkle, faulende Stellen auf den Früchten, cremeweiße Pusteln erscheinen in konzentrischen Ringen	*Monilia frutigena* an Kernobst, *M. laxa* an Steinobst, die Sporen dringen über Wunden ein, sie werden durch Insekten und Spritzwasser übertragen	Wunden (vor allem Picklöcher durch Vögel) vermeiden, Vogelschutznetze über die Krone ziehen, infizierte, abgefallene und am Baum vertrocknete Früchte entfernen
Obstbaumkrebs	Kernobst	die Rinde löst sich im Befallsbereich mit abgetötetem Bast- und Kambiumgewebe, der Baum überwächst die Wunde mit krebsartigen Wucherungen	der Erreger *Nectria galligena* infiziert bei Nässe über Verletzungen der Rinde	Staunässe, Rindenverletzungen und Überdüngung vermeiden, Wunden sauber ausschneiden (Messer danach desinfizieren), Stammanstrich im Winter
Rost	Bohnen, Johannisbeere, Lauch, Löwenmäulchen, Malven, Nelken, Päonien, Pfeffer-Minze	an der Blattunterseite punktförmige, dunkle Pusteln, die sich zu Ringen und Flecken erweitern, eine große Anzahl Sporen wird freigesetzt	Rostpilze sind auf bestimmte Pflanzenarten spezialisiert; sie durchlaufen innerhalb eines Jahres bis zu fünf Entwicklungsstadien und wechseln häufig zwischen mehreren Wirtspflanzen	für gute Durchlüftung und trockenes Blattwerk sorgen (morgens gießen), nach einem Befall Standort wechseln, direkt: bei bedecktem Himmel oder abends Fenchelöl spritzen
Rotpustelkrankheit	Johannisbeeren und viele Ziergehölze wie Ahorn-Arten und Zierquitten	korallenrote, stecknadelkopfgroße Pusteln an der Rinde, zunächst an abgestorbenem Holz, später breitet sich die Infektion stammabwärts aus	*Nectria cinnabarina* überdauert an totem Holz (z. B. an Bohnenstangen), Sporen dringen über Wunden in lebendes Gewebe ein	infizierte Astpartien bis weit ins gesunde Holz ausschneiden, Schnittmaterial nicht kompostieren, Messer desinfizieren
Schwarzbeinigkeit	Sämlinge von Gemüse und krautigen Zierpflanzen	dunkle, eingeschnürte Stellen an der Stängelbasis, die Pflanzen kippen um	verschiedene Erreger, häufig *Pythium*-Arten	frische Anzuchterde verwenden, Aussaaten mit Sand abstreuen, nicht zu dicht säen, frühzeitig pikieren
Verticillium-Welke	Astern, Erdbeeren, Phlox, Rittersporn	einzelne Pflanzenteile oder eine Hälfte der Pflanze welkt, die Stängel sind im Innern braun verfärbt	verschiedene *Verticillium*-Arten dringen über den Boden in die Leitungsbahnen ein, es bilden sich langlebige Überdauerungsorgane (Sklerotien)	Wurzelverletzungen beim Pflanzen vermeiden, vor allem Astern immer wieder an einen anderen Platz setzen, Unkräuter beseitigen, an denen der Pilz überwintern könnte
Tierische Schädlinge				
Apfelwickler, Pflaumenwickler	Kernobst bzw. Zwetschen und Pflaumen	Fraßspur mit Kotresten in der reifenden Frucht, im Kernhaus oder am Stein findet sich oft noch die Obstmade (siehe Seite 142)	die grauen Falter legen ihre Eier in die jungen Früchte ab, die Larven bohren sich in die Frucht für ihren Reifungsfraß ein, die Larve überwintert an der Baumrinde	Blaumeisen und Spechte fördern, im Juni Wermut- oder Rainfarntee spritzen, Fallobst mit Maden absammeln, Fanggürtel ab April anbringen, nach einigen Wochen abnehmen und verbrennen

	Betroffene Kulturen	Schadbild	Ursache	Maßnahmen
Blattläuse	an fast allen Pflanzen, vor allem an jungen, weichen Trieben	Blattläuse saugen am grünen Gewebe, verursachen Verkrüppelungen und übertragen Viren, auf den zuckerhaltigen Ausscheidungen siedeln sich Schwärzepilze an, es entsteht „Rußtau"	Blattlaus-Arten sind mehr oder weniger spezialisiert auf bestimmte Wirtspflanzen, häufig wechseln sie zur Sommersonnenwende den Wirt, sodass große Kolonien dann zusammenbrechen; stark anfällige Pflanzen wie Kapuzinerkresse sind Fangpflanzen für die Schwarze Bohnenlaus	befallene Triebspitzen ausbrechen oder abstreifen, mit Algenkalk, Basaltmehl oder Asche stäuben, Abspritzen mit scharfem Wasserstrahl, Spritzungen mit Schmierseifenlösung oder Wermut-Tee, notfalls ein Pyrethrum-Spritzmittel einsetzen (siehe Seite 143)
Blattminierfliege	Chrysanthemen, Kopfsalat und andere Korbblütler	Larven entwickeln sich im Blattgewebe und höhlen dabei geschlängelte Fraßgänge aus	die nur 3 mm großen Weibchen legen die Eier im Mai/Juni ins Blattgewebe ab	Larven in den Blättern zerdrücken, befallene Blätter entfernen, Erzwespen als natürliche Feinde ausbringen
Blattwanzen	Astern, Dahlien, Erdbeeren, Gemüse, Kräuter	Blätter zeigen zuerst kleine helle Saugstellen, später ausgefranste Löcher, Triebspitzen sterben ab	Larven wie auch erwachsene Tiere saugen an den Pflanzen, bei Störung lassen sie sich fallen	Boden feucht halten, frühmorgens die noch unbeweglichen Tiere ablesen, bei starkem Befall mit einem Pyrethrum-Mittel spritzen
Brombeergallmilbe (auch „Brombeermilbe")	Brombeere	Beeren bleiben hellrot und hart, sie schmecken sauer	die Milbe saugt zunächst an Blättern, später an Blüten und Früchten, die Tiere überwintern unter der Rinde und in den Knospen	abgeerntete Triebe sofort zurückschnelden und entfernen, vorbeugend mit Rainfarnbrühe spritzen; mit Algenkalk oder Bentonit stäuben
Dickmaulrüssler	Kirschlorbeer, Kübelpflanzen, Rosen, Rhododendren und viele andere Pflanzen	buchtig angefressene Blattränder, die Pflanzen welken und können absterben	erwachsene Käfer fressen an oberirdischen Pflanzenteilen, den größeren Schaden richten die Larven an, die im Erdboden an den Wurzeln fressen	Käfer in der Dämmerung mit der Taschenlampe absammeln, Wurzelbereich wiederholt freilegen und mit starkem Rainfarntee ausgießen, Nematodenpräparat ausbringen (siehe Seite 143)
Drahtwurm	vor allem an Salat und anderem Gemüse	Wurzeln werden angefressen, der Wurzelhals durchgebissen, Larven fressen sich in Rüben ein	die dünnen gelben Larven mit braunem Kopf werden 25 mm lang und entwickeln sich besonders gut in feuchten Böden	natürliche Feinde wie Vögel fördern, Boden häufig hacken, Kompost einarbeiten, saure Böden mit Kalk versorgen, Kartoffelscheiben als Köder auslegen und absammeln (Seite 143)
Erdflöhe, Kohlerdfloh	Kreuzblütler, besonders häufig an Rucola	Lochfraß an den Blättern	die 1,5 bis 3 mm großen, schwarz glänzenden Käfer mit seitlichen hellen Streifen können gut springen, Wärme und Trockenheit fördern die Entwicklung	Boden locker und feucht halten, früh säen und pflanzen, taunasse Pflanzen mit Algenkalk oder Gesteinsmehl stäuben, mit Wermut- oder Rainfarnbrühe spritzen
Eulenraupen	im Boden, vor allem an Setzlingen	Fraßschaden an oberirdischen Pflanzenteilen, angefressener Wurzelhals	Larven unterschiedlicher Eulenfalter leben und verpuppen sich im Boden, die lichtscheuen Raupen fressen meist nachts, bei Störung rollen sie sich ein	abends in der Dämmerung absammeln, Amseln fördern, durch Wässern und Mulchen für stets feuchten Boden sorgen, gegen junge Raupen wirkt das Bakterienpräparat *Bacillus thuringiensis*

KRANKHEITEN UND SCHÄDLINGE

Schadbilder erkennen, Maßnahmen ergreifen (Fortsetzung)

Problem	Betroffene Kulturen	Schadbild	Ursache	Maßnahmen
Gespinstmotte	Apfel, Pflaume, Weißdorn, einheimische Schneeball-Arten	abgefressenes Laub bis hin zum Skelett- oder Totalfraß, im Mai und Juni weiße Gespinste in den Kronen	Raupen fressen ab April an Knospen und Blättern, die Gespinste dienen dabei als Schutz vor Vogelfraß, der Schaden sieht dramatisch aus, aber die Gehölze treiben wieder neu aus	Vögel fördern, die rechtzeitig die jungen Larven abfangen, Gespinste ausschneiden und verbrennen, spritzen mit *Bacillus thuringiensis*
Laufkäfer	Rasen, erwachsene Käfer auch an Rosen und Obstbäumen	die Grasdecke kümmert und wird braun, bei einem starken Befall kann sich die Grasnarbe flächig abheben	die 15 mm langen Larven des Gartenlaufkäfers entwickeln sich gelegentlich in großer Zahl im Rasen; viele andere Laufkäfer-Arten leben räuberisch und gelten im Garten als Nützlinge	Vertikutieren reduziert den Besatz, vor einer Neuansaat den Boden gut durchfräsen, insektenparasitäre Nematoden laut Anleitung mit der Gießkanne ausbringen
Napfschildlaus	Buchsbaum, Johannisbeere, Nadelgehölze, Obstgehölze, Oleander	Schildläuse mit krustigem braunem Schild stechen die Rinde an, der Saftentzug stört das Wachstum, Verkrüppelungen sind die Folge	unter dem Schutzschild der Weibchen entwickeln sich aus den Eiern die jungen Larven, die Tiere überwintern im Larvenstadium unter der Rinde	Stammanstrich bei Obstbäumen, häufige Kontrollen, Schildkrusten abschaben, danach mit Schmierseifenlösung plus Brennspiritus spritzen
Nematoden	können an fast allen Kultur- und Wildpflanzen auftreten	Wachstumsveränderungen: Gallen, Zysten, Verkrüppelungen; Pflanzen kümmern, vergilben, welken; Stängelälchen rufen an Astern, Bart-Nelken und Primeln die Stockkrankheit mit gestauchten Trieben und fädigen Blättern hervor	mikroskopisch kleine Fadenwürmer saugen an Wurzeln, Stängeln und Blättern, sie werden über die Erde verschleppt und reichern sich bei einseitiger Kultur im Boden an	Mischkulturen und regelmäßiger Fruchtwechsel, Rosengewächse nicht nacheinander an dieselbe Stelle pflanzen, Tagetes als Abwehrpflanzen setzen, Kultur für mehrere Jahre aussetzen
Spinnmilben	Bohnen, Obstgehölze, viele Zierpflanzen	Blätter wirken hell und durchscheinend, an den Unterseiten feine Gespinstfäden mit winzigen Spinnentierchen (siehe Seite 144)	Milben leben vorwiegend an der Blattunterseite, durch ihre Saugtätigkeit zerfällt das Blattgewebe	zurückhaltende Stickstoffdüngung, gute Belüftung des Pflanzenbestandes, Abspritzen der Blattunterseite mit kaltem Wasserstrahl, starken Tee aus Zwiebelschalen oder Pyrethrum-Mittel spritzen, Raubmilben ausbringen
Thrips, Blasenfuß	Gemüse wie Erbsen, Lauch, Zwiebeln; auch Gladiolen, Rosen	angesaugte Blätter zeigen silbrig weiße Fleckungen, die Blattunterseite fühlt sich schmierig an	helle Larven leben an der Pflanze (häufig in Blüten), die erwachsenen Insekten sind braun oder schwarz, sie überwintern an Pflanzenresten, Thripse entwickeln sich besonders gut in warm-trockenem Klima	Blattunterseiten mit kaltem Wasserstrahl abspritzen, Erbsen und Lauch früh säen oder setzen, nur gesunde Gladiolenknollen pflanzen, Raubmilben einsetzen

Problem	Betroffene Kulturen	Schadbild	Ursache	Maßnahmen
Vogelfraß	Baumobst, Beerenobst, Gemüsesaaten	Früchte oder junge Pflanzen werden angepickt und beginnen bald zu faulen	verschiedene Vögel naschen Beeren von Sträuchern und picken reifende Früchte an, Amseln holen sich die offen liegenden Samen und Sämlinge	während der Reifezeit über Heidelbeeren, Erdbeeren und kleinkronige Obstbäume ein Vogelschutznetz ziehen, junge Saaten im Gemüsebeet mit Insektenschutznetz abdecken
Weiße Fliege	Erdbeeren, Fuchsien und andere Sommerblumen, Kohlgewächse, Tomaten	schwarzer Belag auf klebrigen Honigtau-Ausscheidungen, beim Berühren der Pflanzen fliegen kleine weiße Insekten auf	Insekt saugt am Pflanzengewebe, vor allem in geschlossenen Räumen kommt es zu starkem Befall	Bodenfeuchtigkeit erhalten durch Gießen und Mulchen, gelbe Leimtafeln zur Kontrolle anbringen, Schmierseifenlösung oder Rainfarntee wiederholt spritzen, notfalls Spritzungen mit einem Pyrethrum-Mittel
Wolllaus	Laub- und Nadelgehölze, Obstbäume	Blätter oder Zweigpartien sind mit einem weißen, watteartigem Belag überzogen	die Läuse saugen an Blättern, Triebspitzen und Rindenverletzungen	befallene Triebe ausbrechen und vernichten, Stäuben mit Algenkalk oder Gesteinsmehl, Spritzungen mit Rapsöl oder Mineralöl im Winter und kurz vor dem Austrieb im Frühjahr
Wurzellaus	Endivie, Kopfsalat, Zierpflanzen	schlechtes Wachstum, Salat bildet keinen Kopf, starker Befall bringt die Pflanzen zum Welken	helle runde, gepuderte Läuse entwickeln sich in Kolonien am Wurzelhals, die Rote Wiesenameise sammelt den Honigtau und verschleppt die Läuse auf geeignete Wirtspflanzen	Boden regelmäßig hacken, Pflanzen gründlich wässern, freigelegten Wurzelbereich mit Rainfarnbrühe ausgießen, Rote Wiesenameise durch Backpulver oder Kreidemarkierungen fern halten

Störende Erscheinungsbilder

Problem	Betroffene Kulturen	Schadbild	Ursache	Maßnahmen
Flechten	ältere Gehölze	krustenartige Überzüge am Stamm und an den Ästen, oft auffällig gefärbt	Flechten sind eine Lebensgemeinschaft aus Algen und Pilzen, diese Symbiose entwickelt sich sehr langsam und fügt dem Baum keinen Schaden zu	das oft praktizierte Abbürsten von Flechten ist völlig unnötig! Manche Flechten gelten als Bioindikatoren: sie gedeihen nur bei schadstoffarmer Luft
Moose	schattig feuchte Bereiche unter Gehölzen und im Rasen	vor allem im Frühjahr bilden sich breite, dunkelgrüne Moospolster	Moos entwickelt sich bei zusagenden Bedingungen, mit zunehmender Sommertrockenheit verschwindet Moos von kultivierten Plätzen	an störenden Stellen wie Steintreppen (Rutschgefahr) abkratzen, Belag reinigen; Lebermoos von Töpfen und Aussaaten abzupfen; Rasen vertikutieren und phosphorbetont düngen; in schattigen Randbereichen ungestört wachsen lassen
Schleimpilze	Staudenbeete, Mulchauflagen	nach Niederschlägen entwickeln sich während der Sommermonate schleimige braunschwarze Gebilde	Schleimpilze entwickeln sich bei hoher Feuchtigkeit auf verrottendem organischem Material, sie sacken bei anhaltender Trockenheit wieder in sich zusammen	Rindenmulch entfernen, Beete mit Sand oder Splitt abstreuen, Kalk stäuben

KRANKHEITEN UND SCHÄDLINGE

Hier hilft man Ihnen weiter

Als Hobbygärtner ist man gerade in der Anfangsphase recht unsicher, wie man in punkto Gartengestaltung und -pflege richtig vorgeht. Der einst selbstverständliche gute Rat über den sprichwörtlichen Gartenzaun hinweg funktioniert in der heutigen Zeit kaum mehr. Dafür bietet der Handel eine breite Auswahl von Gartenbüchern unterschiedlichster Qualität an. Es ist aber nicht jedermanns Sache, zunächst viele Seiten Text zu lesen, bevor es ans aktive Pflanzen und Pflegen geht.

• Wer Kontakte zu Gleichgesinnten sucht, kann sich an die **örtlichen Obst- und Gartenbauvereine** wenden. Oft gibt es dort einen Schaugarten, in dem man sich vieles abgucken kann, wo man auch „dumme" Fragen stellen kann – und eine gute Antwort erhält. Gerade während der Herbst- und Wintermonate werden hier fachkundige Beratungen und Praxislehrgänge zum Thema Baumschnitt angeboten. Auch die **Volkshochschulen** sowie die Ortsgruppen von **Naturschutzvereinigungen** (NABU, BUND) bieten immer wieder hilfreiche Seminare für den Hobbygärtner an.

• Eine fundierte Beratung kann man beim Einkauf in einer **Baumschule** oder einer **Staudengärtnerei** erwarten, während das Verkaufspersonal in Gartencentern oder Baumärkten einen sehr unterschiedlichen gärtnerischen Hintergrund besitzt.

• Gut beraten ist man bei schwierigen Planungsthemen und aufwändigen Baumaßnahmen, wenn man einen **Fachbetrieb des Garten- und Landschaftsbaus** konsultiert. Der Betriebsinhaber sollte unbedingt einen Meistertitel tragen oder ein Landespflege-Studium absolviert haben.

• Bei Problemen mit Krankheiten und Schädlingen wendet man sich am besten an das nächste **Pflanzenschutzamt**, die Adresse teilt das örtliche Landratsamt mit.

• Wer in sich den Staudenliebhaber erwachen fühlt und mehr über Pflanzen, ihre natürlichen Wachstumsgemeinschaften oder zur Gestaltung mit Pflanzen erfahren möchte, findet hoch motivierte Partner bei der **Gesellschaft der Staudenfreunde** (Kontaktadresse: Klaus Zimmermann, Eichenstraße 5, 67259 Beindersheim).
Auch zu vielen anderen Pflanzengruppen finden Sie Interessengemeinschaften oder Liebhabergesellschaften.

• Informationen über Samen und Pflanzen lassen sich außerdem über die **Fördervereine der botanischen Gärten** austauschen.

• Fortbildungsveranstaltungen für Hobbygärtner führen die **Gartenakademien** der Bundesländer durch. Außerdem bieten die **Lehr- und Versuchsversuchsanstalten** Kurse für Hobby- wie Erwerbsgärtner zu speziellen Themen an. Interessante Seminare organisiert das ganze Jahr über die **Bildungsstätte Gartenbau in Grünberg/Hessen** (Kontaktadresse: Gießener Straße 47, 35305 Grünberg, www.Bildungsstaette-Gartenbau.de).

• Kontakt-Foren für Hobbygärtner finden sich zuhauf im **Internet**. Dort können sich Pflanzenfreunde in eigenen Chatrooms über Gartenthemen auslassen, gegenseitige Besuche im eigenen Garten organisieren und Rat suchen, beispielsweise auf der Website „www.offene-pforte.de".

• Zahlreiche **Zeitschriften** bietet für ihre Leser eine Beratung zu Gartenthemen an. Als Beispiele seien genannt: „Mein schöner Garten", „Flora", „GartenZeitung", die Gartenredaktion der Neuen Pressegesellschaft Ulm („Schwäbisches Tagblatt").

Staudensichtungsgärten in Deutschland

Bernburg
Hochschule Anhalt (FH), Landespflege, Strenzfelder Allee 28, 06406 Bernburg

Düsseldorf
Botanischer Garten der Heinrich-Heine-Universität, Universitätsstraße 1, 40225 Düsseldorf

Erfurt
Fachhochschule, Fachbereich Gartenbau, Leipziger Straße 77, 99085 Erfurt

Hannover
Berggarten Hannover, Herrenhäuser Straße 4, 30419 Hannover

Heidelberg
LVG Heidelberg, Diebsweg 2, 69123 Heidelberg

Höxter
Universität/Gesamthochschule Paderborn, Fachbereich 7, An der Wilhelmshöhe 44, 37671 Höxter

Hohenheim
Universität Stuttgart-Hohenheim, Staatsschule für Gartenbau, Schloss Westhof-Nord, 70599 Stuttgart

Marquardt
Bundessortenamt, Prüfstelle Marquardt, Hauptstraße 36, 14476 Marquardt

Nürtingen
Lehr- und Versuchsgärten Landschaftarchitektur, Schelmenwasen 6, 72622 Nürtingen

Osnabrück
FH Osnabrück, Fachbereich Landschaftsarchitektur, Am Krümpel 33, 49090 Osnabrück

Quedlinburg
LVA für Gartenbau und Technik, Feldmark rechts der Bode, 06484 Quedlinburg

Weihenstephan
Institut für Stauden und Gehölze, Staatliche Versuchsanstalt für Gartenbau, Am Staudengarten 7, 85350 Freising

Weinheim
Schau- und Sichtungsgarten Hermannshof e.V., Babostraße 5, 69469 Weinheim

Interessante Internet-Adressen für Hobbygärtner (Auswahl)

www.bba.de
Informationen der Biologischen Bundesanstalt Braunschweig: Berichte über die Arbeit der Bundesanstalt, Pflanzenschutzmittel-Verzeichnisse, Aktuelle Berichte zu Krankheiten und Schädlingen

www.bio-gaertner.de
Viele nützliche Tipps und Informationen sind über ein alphabetisches Stichwortverzeichnis abrufbar.

www.fachschule-gartenbau.de
Umfassende Datensammlung zu allen Bereichen des Hobby- und Erwerbsgartenbaus der Staatlichen Fachschule für Agrarwirtschaft in Landshut-Schönbrunn. Enthält viele interessante Links, wird immer wieder ergänzt und aktualisiert.

www.galabau.de
Internetseite des Verbandes deutscher Garten-, Landschafts- und Sportplatzgärtner.
Im Adressenverzeichnis lassen sich kompetente Garten- und Landschaftsbetriebe der näheren Umgebung ermitteln.

www.gartenlinksammlung.de
Verzeichnis von zahlreichen Webseiten zu Gartenthemen. Hier finden sich Hinweise auf viele Spezialseiten.

www.gds-Staudenfreunde.de
Wertvolle Informationen zu Stauden und deren Verwendung im Garten, Veranstaltungshinweise der Gesellschaft der Staudenfreunde und deren Ortsgruppen.

www.fh-weihenstephan.de
Umfangreiche Textesammlung zu allen Themen rund um den Gartenbau, die immer wieder durch die Fachhochschule Weihenstephan erweitert wird. Hier finden sich auch die Adressen aller Pflanzenschutzdienststellen der einzelnen Bundesländer.

www.lwg.bayern.de
Tipps für Erwerbs- und Hobbygärtner durch die Bayerische Gartenakademie in Veitshöchheim.

www.lwk-hannover.de/gartenbau/
Die Info-Seite der Landwirtschaftskammer Hannover enthält übersichtliche Tipps zu vielen Gebieten des Gartenbaus.

www.neudorff.de
Informationen zu den wichtigsten Krankheiten und Schädlingen im Hausgarten, Verzeichnis umweltschonender Pflanzenschutzmittel und Pflanzenpflegemittel.

www.nuetzlinge.de
Wichtige Tipps für den Einsatz von Nützlingen.

www.wdr.de/tv/ardheim/thema.html
Hier finden sich viele wertvolle Hinweise für zahlreiche Tätigkeiten im Garten, allerdings ist die Textesammlung schlecht strukturiert. Beratung für Hobbygärtner auf der Grundlage eines Chat-Forums mit interessanten Themen.

Bezugsquellen für Nützlinge und Pflanzenpflegemittel

Flora Nützlinge
Biologischer Pflanzenschutz
Wulkower Weg 03,
15518 Hangelsberg

Hatto & Patrick Welte GbR
Nutzinsekten-Vertrieb
Maurershorn 18 b,
78479 Insel Reichenau
Tel.: 07534/ 7190 und 7400,
Fax: 07534/ 1458
E-Mail: info@welte-nuetzlinge.de

Katz Biotech Services
Industriestr. 38, 73642 Welzheim
Tel.: 07182/ 93 53 73,
Fax: 07182/ 93 53 71

ÖRE Bio Protect
Biologischer Pflanzenschutz GmbH
Neuwührener Weg 26-40,
24223 Raisdorf
Tel.: 04307/ 69 81, Fax: 04307/ 71 28
Internet:
http://www.nuetzlingsberater.de

Regenwurmfarm Tacke GmbH
Klosterdiek 61, 46325 Borken-Burlo
Tel.: 02872/2066,

Sautter & Stepper GmbH
Rosenstr. 19, 72119 Ammerbuch
Tel.: 07032/ 95 78 30,
Fax: 07032/ 95 78 50
E-Mail: info@nuetzlinge.de
Internet: http://www.nuetzlinge.de

W. Neudorff
Postfach 1209, 31857 Emmerthal
Tel.: 05155/ 62 42
Fax: 05155/ 60 10
www.neudorff.de

Register

Bildquellen

Bärtels, Andreas: Seite 38 o., 38 u.
Beucher, Patricia: Seite 88, 95 (Freisteller).
Böswirth, Daniel: Seite 85 u.
Briemle, Helga: Seite 8, 128.
Buchter-Weißbrodt, Helga: Seite 96, 99 li., 103, 107.
Caspersen, Gisela: Seite 23.
Ferret, Philippe: Seite 75.
Fischer, Ellen: Seite 43, 70/71.
Floraprint: Seite 26/27.
Frank Boucourt: Seite 9.
Fuchs, Hermann: Seite 47.
Gardena: Seite 124 o., M., u.
GBA Strauß/Brigitte Thomas: Seite 126/127.
GBA Strauß/Engelhardt: Seite 119 (Freisteller).
GBA Strauß/GPL: Seite 77, 114 li. o.
GBA Strauß/Juliette Wade: Seite 18 re.
Heißel, Kaspar: Seite 44.
Himmelhuber, Wolfgang: Seite 113 o.
Jahns, Johanna: Seite 17.
Köhlein, Fritz: Seite 68 li.
Muer, Thomas: Seite 28 o., 29 o.
Pahler, Agnes: Seite 11, 24 o., 58, 63, 68 re., 71 u., 72, 106, 129, 149.
Pforr, Manfred: Seite 28 u., 39 u., 49 u., 62 re. o., 63 re. u., 67 (Freisteller), 113 u., 136, 142 re. o.
Redeleit, Wolfgang: Seite 4, 6, 7, 16 o. und u., 22, 40/41, 46, 51, 67 u., 99 re., 118, 132, 133.
Reinhard, Hans: Seite 20 (Freisteller), 21 o., 24 u., 29 (Freisteller), 29 u., 30, 33, 34, 36, 39 o. und Freisteller, 45, 48 o. und u., 49 o., 50, 52/53, 54 li. und re., 57 und Freisteller, 59, 61, 62 li. o. und li. u., 64, 65 re. o., li. o. und li. u., 70 u., 74 li. o., li. u., re. o. und re. u., 76, 78, 82, 84, 85 o., 86/87, 90 re. und li. u., 93, 94 li. o., li. u., re. o. und re. u., 99 u., 108/109, 111, 121, 130, 135 o. und u., 137, 138/139, 145 o.
Reinhard, Nils: Seite 80, 131.
Ruckzio, Manfred: Seite 37.
Schaefer, Bernd: Seite 142 li. o., li. u. und re. u., 147 re. u.
Stein, Brigitte: Seite 141.
Strauß, Friedrich: Titelbild, Seite 16 M., 18 li., 65 re. u., 81 (Freisteller).
Veser, Jochen: Seite 144 o. und u., 145 u., 147 re. o. und li. u.
Weiler, Andrea: Seite 117.
Wirth, Peter: Seite 14, 21 u.
Wolfram, Brigitte: Seite 105.
Alle Zeichnungen fertigte Helmuth Flubacher, Waiblingen nach Vorlagen der Verfasserin an.

Bibliografische Information der Deutschen Nationalbibliothek
Die Deutsche Nationalbibliothek verzeichnet diese Publikation in der Deutschen Nationalbibliografie; detaillierte bibliografische Daten sind im Internet über http://dnb.d-nb.de abrufbar.

© 2005, 2010 Eugen Ulmer KG
Wollgrasweg 41, 70599 Stuttgart (Hohenheim)
E-Mail: info@ulmer.de
Internet: www.ulmer.de
Lektorat: Karin Wachsmuth
Innengestaltung: Atelier Reichert, Stuttgart
Umschlagentwurf: Freiraum K, Karen Neumeister, Stuttgart
Reproduktion: Repro Schmid, Stuttgart
Druck und Bindung: Firmengruppe APPL, aprinta druck, Wemding
Printed in Germany

ISBN 978-3-8001-6929-0

Vom Grundstück zum Gartenparadies

- **Neues** Layout, **neue** Texte
- Über **1000** Pflanzen-
  beschreibungen
- Planung, Anlage,
  Bepflanzung, Pflege

Dieser opulente Band begleitet zuverlässig durch den Gartenalltag! Der renommierte Gärtnermeister Wolfgang Kawollek informiert Sie umfassend über die Grundlagen des Gärtnerns, die Planung, Anlage und Pflege der verschiedenen Bereiche. Die Themen reichen vom Ziergarten mit Sträuchern und Bäumen über den Blumen- und Wassergarten, den Obst, Gemüse und Kräutergarten bis hin zum mobilen Grün in Form von Kübel und Balkon pflanzen. Alle Gartenthemen werden ausführlich und leicht verständlich erläutert und mehr als 1000 Pflanzenarten, die besonders gut für den Haus und Kleingarten geeignet sind, beschrieben.

Das Ulmer Gartenbuch.

W. Kawollek. 2009. 608 S., 3. Auflage, 585 Farbf., 129 Farbzeichn., geb. ISBN 978-3-8001-5744-0.

 **www.ulmer.de**

Arbeitskalender Nutzgarten

	Gemüse	Obst
Januar	■ Wintergemüse unter Folie oder Vlies auf Fäulnis kontrollieren	■ Schnittwerkzeuge reinigen, ölen und nachschärfen ■ vielleicht einen Schnittkurs besuchen
Februar	■ falls im Herbst nicht geschehen, freie Flächen umgraben oder (bis März) mit der Grabegabel lockern ■ nicht winterharte Kräuter wie Basilikum aussäen ■ Wintersalate allmählich abernten	■ an milden Tagen Obstbäume, Stachelbeer- und Johannisbeersträucher schneiden ■ Kompost unter den Baumkronen und unter den Sträuchern ausbringen und leicht unterharken
März	■ mehrjährige Kräuter zurückschneiden ■ erste Aussaaten im Freien: Dicke Bohnen, Radieschen, Speiserüben, Möhren ■ Mulchfolie für eine frühe Gemüse-Ernte auslegen ■ im Haus vorziehen: Tomaten, Paprika	■ Obstbaumschnitt abschließen ■ Himbeeren pflanzen ■ Beerensträucher auf einen Befall durch Johannisbeergallmilbe oder Stachelbeersägewespe kontrollieren, befallene Triebe entfernen
April	■ satzweise, jeweils in kleinen Mengen, Blattsalate säen ■ Erbsen, Bohnen, Rote Bete direkt aufs Beet säen ■ Mangold, Salate und Kohlgewächse pflanzen ■ an den Beetrand einjährige Kräuter wie Ringelblume, Borretsch säen	■ Erdbeeren und selbst gewonnene Ableger pflanzen ■ zu dicht stehende Himbeerruten auslichten ■ Beete jäten und mulchen ■ letzte Gelegenheit für die Neupflanzung von Obstbäumen und Beerensträuchern ■ Fanggürtel zum Schutz vor Pflaumen- und Apfelwickler am Stamm anbringen
Mai		■ Zweige mit Frostschäden auf gesunde Knospen zurückschneiden ■ Nützlinge fördern, z. B. mit Stroh gefüllte Tontöpfe in die Kronen hängen (Ohrenkneifer, die Blattläuse fressen, verkriechen sich darin) ■ Kontrolle auf Ameisen und Blattläuse, bei Bedarf mit Gesteinsmehl stäuben oder stark befallene Triebspitzen ausbrechen ■ Gelbtafeln in Kirschbäume hängen, um den Befall durch die Kirschfruchtfliege zu kontrollieren ■ Ende des Monats überreichen Fruchtansatz bei Kernobst auslichten (Faustregel: zwei Früchte pro Blütenbüschel in 10 bis 15 cm Abstand)
	■ Amarant und Zuckermais aussäen oder vorgezogene Pflanzen setzen ■ Erbsen rechtzeitig mit Reisig stützen ■ nach den „Eisheiligen" Tomaten und andere wärmebedürftige Gemüse-Arten pflanzen ■ Mulchen ■ Möhren, Mangold, Kohlrabi auslichten ■ an freien Stellen immer wieder Dill, Kerbel und Frühlingszwiebeln einsäen ■ Blattsalate regelmäßig abernten und nachsäen ■ zwischen den Reihen häufig hacken, um den Unkrautaufwuchs zu kontrollieren ■ regelmäßige Kontrolle auf Schädlingsbefall